고통스러운
감정을
넘어서

Transforming Our Painful Emotions:
Spiritual Resources in Anger, Shame, Grief, Fear and Loneliness

Evelyn Eaton Whitehead and James D. Whitehead

Copyright © 2010 by Evelyn Eaton Whitehead and James D. Whitehead
Published in 2010 by Orbis Books, Maryknoll, New York 10545-0302
Korean translation copyright © 2014 by ST PAULS, Seoul, Korea

화, 수치심, 슬픔, 두려움,
그리고 외로움이 주는 선물

고통스러운 감정을 넘어서

발행일 2014. 11. 26

글쓴이 에벌린 이튼 화이트헤드 · 제임스 D. 화이트헤드
옮긴이 문종원
펴낸이 서영주
총편집 한기철
편집 손옥희, 권양희 **디자인** 강은경
제작 김안순 **마케팅** 김용석 **인쇄** 영신사

펴낸곳 성바오로
출판등록 7-93호 1992. 10. 6
주소 서울특별시 강북구 오현로7길 20(미아동)
취급처 성바오로보급소
전화 944-8300, 986-1361
팩스 986-1265
통신판매 945-2972
E-mail bookclub@paolo.net
www.**paolo**.net
www.facebook.com/**stpaulskr**

값 18,000원
ISBN 978-89-8015-852-2
교회인가 서울대교구 2014. 7. 15 **SSP** 1003

이 도서의 국립중앙도서관 출판예정도서목록(CIP)은 서지정보유통지원시스템 홈페이지(http://seoji.nl.go.kr)와 국가자료공동목록시스템(http://www.nl.go.kr/kolisnet)에서 이용하실 수 있습니다. (CIP제어번호 : CIP2014033539)

이 책은 저작권법의 보호를 받으므로 무단전재와 무단복제를 금합니다.
이 책 내용의 전부 또는 일부를 재사용하려면 반드시 저작권자와 성바오로출판사의 동의를 얻어야 합니다.

화, 수치심, 슬픔, 두려움,
그리고 외로움이 주는 선물

고통스러운 감정을 넘어서

에블린 이튼 화이트헤드 · 제임스 D. 화이트헤드 글

문종원 옮김

차례

1 부 ° **우리 열정의 전환**
감정, 친구 같지 않은 친구 + 008
감정과 사귀기 + 031

2 부 ° **화 : 위기 시의 감정**
분노라는 호랑이를 추적하기 + 058
우리는 우리의 화를 어떻게 다루는가? + 081
화의 영성 + 102

3 부 ° **수치심과 죄책감 : 소속의 대가**
소속의 경계선 + 126
죄책감의 모습 + 144
건강한 수치심 + 168
사회적 수치심의 전환 + 186

4 부 ° **감추어진 선물 : 슬픔, 외로움, 두려움**
슬픔의 선물 + 210
외로움에서 배우기 + 229
친구로서 두려움 발견하기 + 254
두려움에 관한 그리스도인의 성경 + 274

결 론 ° **고통스러운 감정의 길**
고통스러운 감정의 길 + 294

보충 자료 + 308
참고 문헌 + 327

1부°
우리 열정의 전환

인忍

인내를 뜻하는 한자 '인忍'은
마음에 드리운 칼로 표현된다.
'인내'란 지금 느끼고 있는 것이 무엇인지
알 때까지 위협을 받으면서도
견디어 낼 수 있는 능력을 말한다.

감정, 친구 같지 않은 친구

감정이 세상을 변화시킨다.
— 장 폴 사르트르 Jean Paul Sartre

'인간답다.'라는 말은 우리가 흥분할 수 있다는 뜻이다. 감정은 우리가 할 수 있는 최선의 행동을 하게 하며, 위험에 직면했을 때 용기를 발휘하게 하고, 자신에 대한 강한 애착과 불의에 저항하는 분노를 일으킨다. 반면에 감정은 아주 나쁜 힘을 남용하도록 이끌기도 한다. 폭력을 수반한 분노, 성적 학대 등은 우리를 좀먹게 하는 죄로 이끈다. 사실 고통스러운 느낌을 지니고 사는 것은 힘든 일이지만, 이런 감정 없이 살아갈 수는 없다. 왜냐하면 이런 감정 없이는 성숙한 삶을 영위할 수 없기 때문이다.

느낌이라는 수수께끼

"어떻게 들릴지 모르겠지만, 사실 난 어떤 것에 대해서도 확실하고 순수한 느낌이 없어요. 이건 마치 나의 느낌을 온통 휘저어 놓은 것 같아요. 내 모든 감정의 색깔이 뒤섞여 진흙색이 되어 버린 것 같아요." 리처드 보쉬Richard Bausch의 소설 「반항하는 힘Rebel Powers」에 나오는, 어느 십대가 한 이 말은 우리가 지닌 감정이 얼마나 혼란스러운 것인지를 다시 한 번 생각하게 해 준다. 불편한 생각이 우리를 화나게 하고 또 혼란스럽게 한다. 하지만 여기서 우리가 느끼는 것은 무엇인가? 분노가 치밀어 오르지만, 도대체 어떻게 하는 것이 가장 적절하게 반응하는 것인가? 혹은 기대하지 않은 기쁨이 마음을 가득 채우기도 하는데, 도대체 어디서 이런 놀라운 만족감이 솟아나는 것인가? 앞으로 우리는 이 장에서 감정이라는 수수께끼를 탐구하려 한다. 분노, 죄책감, 부끄러움, 우울과 같은 부정적 감정에 초점을 맞추어 살펴볼 것이다.

부정적 감정이라는 말은 무엇을 의미하는가? 어떤 감정들은 우리에게 고통을 느끼게 한다. 분노는 우리를 극단적인 흥분으로 치닫게 한다. 부끄러움은 자신을 가치 없는 존재라고 생각하게 함으로써 우리를 조롱한다. 기습적으로 일어나는 죄책감에 마음을 뺏기고 낙담하기도 한다. 우울함은 삶의 모든 기쁨을 앗아 간다.

이런 나쁜 느낌을 뛰어넘어 감정은 우리를 비참하게 만드는 결과를 초래하기도 한다. 화가 나서 치솟는 분노는 폭력을 일으켜 상처를 입힐 수 있으며, 부끄러움과 죄책감은 순간적으로 약물이나 성행위, 또는 과식을 하는 데서 안도감을 찾는 것 – 결코 안도감을 찾을 수는 없지만 – 과 같은 중독적인 행위에 사로잡히게 하며, 두려움은 우리의 면역 체계를 약화시키고 체력을 소진시켜 다른 질병에 무방비 상태가 되게 하기도 한다.

문화가 지니고 있는 부정적 메시지들은 이런 개개인의 경험에 영향을 미친다. 흔히 심리 분석에서는 우울을 정신병과 연결시킨다. 자기 스스로 치유할 수 있는 방법을 가르치는 전문가들은, 죄책감은 미성숙함에서 오는 것이라고 한다. 종교에서 분노는 칠죄종 중의 하나이다. 많은 사람이 부끄러움을 이야기하면서 부끄러움은 치유되어야 할 상처, 어린 시절에 받은 학대에서 비롯된 해로운 것, 혹은 피해를 입히는 행동의 이면에 자리 잡은 숨겨진 힘으로 간주한다.

이런 부정적인 접근 방법에서 오는 중압감으로, 우리는 이런 감정들을 부적절하고 약하기 때문에 느끼는 것으로 받아들이게 된다. 다시 말해, 나쁜 느낌을 가지는 것에 대해 나쁘다고 생각하게 되고, 죄책감이나 분노가 일어날 때마다 자동적으로 '이런 생각을 가져서는 안 돼!'라고 거부하게 된다. 우리는 부정적 감정을 부끄러워하면서 어떻게든 이런 감정을 빨리 없애 버리려고 한다. 그러나 나쁜 느낌을 없애는 것이 제대로 이루어지는 경우는 매우 드물다.

왜 부정적 감정에 주목하는가?

이러한 부정적 감정을 이해하려는 동기는 먼저 개인의 필요에서 출발한다. 우리 모두는 감정이 지니고 있는 혼란스러움에 사로잡힌다. 그런 내적 움직임에 당황해하면서, 자신에게 일어나고 있는 일이 무엇을 의미하는지 알려고 애쓴다. 우리가 비록 만족스럽고 보람된 삶을 영위한다 하더라도, 이 강력한 정서적 힘과 타협해야만 한다. 또한 부정적 감정을 이해해야 하는 필요성은 우리의 공적인 삶과 관련이 있다. 최근의 한 연구에서, 의료 계통이나 다른 이들을 돕는 일에 종사하는 사람들은 다른 사람들의 고통 앞에서 자신의 고통은 묻어 둔다는 사실이 밝혀졌다. 다시 말해, 그들은 자신들이 지닌 슬픔과 비탄을 무시한다는 것이다. 미국 중환자간호사연맹 American Association of Critical-Care Nurses의 한 대변인은 "우리 직업은 다른 사람들을 돕는 일이기 때문에, 전통적으로 우리 자신의 욕구는 그냥 얼버무려 왔어요. … 전문인으로서 저희가 겪는 슬픔과 직업상 드러나지 않게 요구되는 침묵을 지켜야 한다는 규범 사이에서 긴장을 느껴요. 이 긴장은 저희로 하여금 육체적·정신적 고통을 겪게 하지요."라고 말한다. 암 환자를 돌보는 한 간호사는 "전문가가 된다는 것은 모든 것을 삼켜 버릴 수 있는 강력하고 금욕적인 능력을 가진다는 말이기도 하지요."라고 덧붙인다. 사람들에게 봉사하는 수많은 전문인이 자신들의 직무에 동반되는 정서적 고통을 알아채지 못하고, 완전히 자신을 소진시킴으로써 그들 중 몇몇은 자신의 분야를 떠나기도 한다. 또한 일에 대한 투신은 물론 효율성에 부정적 영향을 미치는 이러한 방어 기제들로 말미암아, 그들은 냉소주의와 정서적 퇴행을 보이기도 한다. 그러므로 정신적 건강과 경제적인 측면에서 고통스러운 느낌을 다루는 방법을 배우는 것은 필수적인 일이다.

사회과학자들은 부정적 감정에 대해 깊은 관심을 보인다. 「언제나 외로운 사람들 Lonely All the Time」의 공동 저자인 랄프 얼 Ralph Earle과 그레고리 크로우 Gregory Crow는 성 중독에 대한 분석을 통해, 성 중독과 부정적 감정을 통제하지 못하는 것 사이의 관련성을 밝혀냈다. 성폭력에 대한 연구에서 "강간을 하는 사람들은 강간하기 며칠 전 혹은 몇 달 동안 강한 분노나 자신에 대한 무가치함을 자주 느꼈음을 토로한다."는 사실을 밝혀냈다. 어린아이를 학대하는 사람들의 감정과 생각, 그리고 행동 유형을 연구하는 학자들은 "이런 반복적인 학대 행위들은 대개 분노나 외로움, 또는 우울함에서 시작된다."고 말한다.

마약 복용에 대한 보고들도 부정적 감정과 중독 행위 사이의 밀접한 연관성을 보여 준다. 많은 청소년들이 술과, 법으로 금지되어 있는 약물에 손을 대기도 하지만, 성인이 되어서도 몸을 쇠잔시키는 이런 행동을 계속하는 사람들은 소수에 불과하다. 사회과학자들은 이런 현상을 통해 젊은이들이 부정적 감정을 어떻게 다루느냐에 따라 그 결과가 아주 달라진다는 것을 밝혀냈다. 감각적으로 나쁜 느낌을 없애기 위해 약물을 사용했던 청소년들은 시간이 지나면서 약물 사용을 늘려 나갈 가능성이 있고, 이런 청소년들 중 많은 이가 성인이 되면서 심각한 중독자가 된다. 이와는 대조적으로 나쁜 감정을 어떻게 다루어야 하는지, 혹은 이를 어떻게 극복해야 하는지에 대해 효과적인 방법으로 대처한 젊은이는 단번에 약물을 끊어 버리거나 제한적으로 친구와 어울릴 때만 약물을 사용하는 경향이 있다. 여기서 다시 한 번 부정적 감정을 어떻게 다루는가가 중요한 관건이 된다는 것을 알 수 있다.

부정적 감정은 종교인들에게도 특별한 질문을 던지게 한다. 곧 이런 느낌들이 하느님과 함께하는 우리의 삶과 어떤 관련이 있는가? 우울함이 우리를 하느님에게서 멀어지게 하는 것은 아닌가? 영적 여정 중에 있는 사람들도 화를 내거나 부끄러움을 느끼는가? 우리는 열정의 하느님을 따르는 것인가, 아니면 통제하시는 하느님을 따르는 것인가? 등이다. 이런 질문들을 정리해 나가는 것은 종교적인 유산과 또 오늘 우리의 체험이 바탕이 된 부정적 감정에 대한 올바른 영성을 가꾸어 가도록 하는 데 도움을 준다.

감정은 우리의 친구

나쁜 느낌은 우리를 비참하게 만들지만, 우리에게 주어지는 선물이기도 하다. 부정적 감정이 우리에게 주는 선물은 이런 감정 때문에 하게 되는 자기 검증 안에서 드러나며, 이런 정서적인 고통은 우리로 하여금 이미 익숙해진 패턴에 도전하게 한다. 곧 '무언가 잘못되었다.'고 알려 주면서, 일상적으로 하는 생각과 행동의 방식들이 더 이상 제 기능을 발휘하지 못하게 한다. 걱정하고 혼란스러워하면서 우리는 자신이 가지고 있는 기대들을 다시 보고, 가치를 재점검하고, 삶이 어떻게 나아가고 있는지에 대한 질문을 하게 된다. 우리가 하는 이런 묵상들은 중대한 변화의 계기가 된다. 개인적인 변화 혹은 사회적인 변화가 바로 여기서 시작되기 때문이다.

종종 부정적 감정은 '난 기분이 나빠, 뭔가 조치를 취해야 되겠는데….'라고 하면서 행동하게 함으로써 우리에게 혜택을 주기도 하지만, 때로는 행동으로 드러내는 것이 사태를 악화시킬 수 있기에 올바른 판단이 필요하고 행동 요령을 아는 것이 중요하다. 그러나 부정적 감정이 효과적으로 행동할 수 있는 힘을 줌으로써, 보다 바람직하게 사태를 수습하는 데 도움을 줄 수도 있다.

부정적 감정이 주는 중요한 도움 중 하나는 가끔 신비에 대해 배우고 익힐 수 있게 해 준다는 것이다. 감정은 때때로 삶이 우리의 통제에서 벗어날 때가 있음을 기억하게 해 준다. 또한 우리의 감정, 특히 고통을 가져다주는 감정들은 우리를 보다 더 깊은 곳으로 이끌어 준다. 두려움이나 분노와 씨름하고 부끄러움과 죄책감으로 복잡하게 얽혀, 우리는 보다 깊은 깨달음을 맛보게 되면서, "눈으로 보는 것보다 더 심오한 것이 여기에 있다."고 말할 수 있게 된다. 삶의 신비에 대해 깊이 존중하는 마음이 생겨 자신과 다른 사람들을 보다 더 잘 받아들일 수 있게 하고, 스스로 끊임없이 요구하는 것에 대해 자유롭게 행동하게 해 주며, 삶을 있는 그대로 받아들이게 해 준다. 시인 토마스 S. 엘리엇 Thomas S. Eliot이 "바위들 틈새에서조차도 편안히 앉을 수 있도록 하게."라고 한 대로, 감정은 세상 안에서 편안하게 존재할 수 있도록 우리를 돕는다.

앞으로 계속되는 장에서 분노, 죄책감, 부끄러움, 우울함이 우리의 삶과 자신의 안녕에 기여하는 보다 구체적인 점들을 살펴보고자 한다. 여기에 제시하는 박스 안의 글은 이러한 부정적 감정들을 친구로 환대할 때 얻을 수 있는 선물들을 보여 준다.

부정적 감정이 주는 선물

화   잘못된 것을 바로잡도록 우리에게 도전한다. 우리에게 진정한 가치가 있다고 생각하는 것에 해를 끼치는 것을 막기 위한 단호한 행동을 하게 한다.
화는 정의를 추구는 행동으로 이끈다.

수치심 우리의 자의식을 지지해 주는 경계들이 필요하다는 사실을 확인시켜 준다. 미성숙한 자기 노출의 위험성을 경고해 준다. 진정한 의미의 친밀한 관계를 가능하게 하는 개인적인 영역을 보호해 준다. 개인의 존엄성을 이루는 근간 중의 하나이다.

죄책감 자신이 할 수 있는 최선의 모습을 상기하도록 해 주며, 이상과 행동 사이의 모순에 대해 깨어 있게 한다. 우리가 투신하도록 보호해 주고, 삶의 의미를 부여하는 가치를 선택하도록 보호해 준다.
죄책감은 자주 개인의 도덕성을 지지해 준다.

외로움 우리 관계의 세계를 평가하게 한다. 다른 사람들과의 유대가 적절한지 질문하게 한다. 외로움을 느낌으로써 우리는 우리의 관계들을 강화하는 행동을 할 수 있다.
외로움은 친근함을 찾는 데 필요한 동맹군이 된다.

두려움 다가 올 위험을 알려 준다. '미리' 준비하라고 경고한다. 이것은 우리가 우리의 과거의 경험을 통해 얻은 지혜를 미래에 적용할 수 있게 한다.
두려움은 성숙한 용기의 한 부분이다.

슬픔 중요한 어떤 것이 사라진 까닭에, 무섭다는 느낌에 불을 붙인다. 고수해야 하는 것과 떠나보내야 하는 것을 평가하도록 촉구한다. 새로운 약속으로 충만한 미래로 향하게 한다.
비탄을 통해서, 슬픔은 진정한 희망으로 나아가게 한다.

부정적 감정이 주는 이런 선물들은 많은 수련과 실패를 통해 얻을 수 있는 교훈을 통해서만 받을 수 있다. 이런 각각의 부정적인 느낌들이 점검되지 않을 때, 이들은 우리를 파괴시키는 정서로 확대될 수 있다. 화가 분노와 복수에 대한 열망으로 피어날 수 있고, 죄책감이 강박적인 자기 학대로 퍼져 나갈 수 있다. 부끄러움을 아는 건강한 도덕적인 관념은 사회생활에서 우리를 주눅 들게 하거나 머뭇거리게 하는 것으로 변질될 수 있고, 돌보지 않고 방치된 우울함은 자신에게만 빠져 있는 무기력함으로 변질될 수 있다. 심리적, 영적 성장을 위해서는 이렇게 흐트러진 정서를 자기편으로 만드는 노력이 요구된다. 우리는, 우리가 지니고 있는 이러한 부정적 감정들이 불행의 원인이 아니라 선물이 될 수 있다는 확신, 불행의 원천이 아니라 은총의 원천이라는 확신으로 이 책을 이끌어 갈 것이다. 우리가 이러한 감정들이 지닌 암호를 풀어낼 때, 느낌은 자신에게 진실한 모습을 드러낼 것이다. 이런 느낌들은 성인으로 살아가는 위험천만한 인생이라는 모험의 길에서 우리의 친구가 되어 준다.

감정에 적대적인 문화의 입장

인간의 감정은 "모르긴 해도 늘 마음의 질병인 것 같다. 왜냐하면 감정이나 열정은 이성의 주도권을 없애 버리기 때문이다. … 감정은 사람을 눈멀게 한다."는 18세기 철학자 임마누엘 칸트의 이러한 견해는 오늘날 두 가지 문화적 선입견 안에서 그 명맥을 유지하고 있다. 곧 감정을 개인적 열정으로 보는 것과 비이성적 충동으로 보는 것이다.

감정은 개인적인 것인가?

느낌이라는 것은 자기 자신만의 아주 독특한 것이다. 죄책감과 부끄러움은, 우리가 지닌 개인적 집착이며, 분노와 우울 역시 우리 자신 안에서 일어난다. 미국 문화에 만연되어 있는 개인주의 역시 감정을 점점 더 개인적 사건으로 보도록 유혹한다. 우리는 나쁜 기분에 눌려 가장 가까운 친구에게조차도 "날 그냥 내버려 두란 말이야!"라고 경고하면서, 자신 속으로 숨어 버리려고 한다. 다른 사람들은 이해할 수 없을 거라는 잘못된 믿음으로, 자신의 고통에 대한 자신만의 치유 방법을 찾기 위해 더 깊이 숨어 버리려 한다.

그러나 감정은 단순히 개인적 열정 이상의 것이다. 이 책에서 우리는 감정이 사회적 실재라는 또 다른 관점을 살펴볼 것이다. 뒷장에 나올 '분노라는 호랑이를 추적하기'를 비롯해 그 외의 다른 장에서도 보게 되겠지만, 느낌을 지배하고 있는 규칙들은 주로 그 근본이 사회적인 것이다. 곧 감정을 표현하는 행동들은 사회적 기능을 가지고 있다. 우리의 느낌은 자신만을 위해 존재하는 것이 아니라 다른 사람들과의 상호관계로 나아가기 위한 사회적 전략이기도 하다. 느낌은 서로를 연결시켜 주는 관계망에 조화를 이룰 수 있도록 해 준다. 윌러드 게일린Willard Gaylin이 상기시켜 주듯이, "감정은 단순히 자신에게만 관여된 것이 아니라 우리가 다른 사람들에게 알려지고, 이해받고, 존중받는다는 사실과 그들과 접촉하고 있다는 사실을 드러내 준다. 곧 감정은 다른 사람들을 통해 자신을 표현하는 것이다".

또한 감정은 사회생활에서 일어나는 문제들에 대해 경고해 준다. 내면의 고통인 우울증조차도 '우울증, 기쁨으로 바꾸기'이다. 사회적인 관계가 무너지기 시작할 때, 몸은 지혜롭게 불안, 우울, 슬픔이라는 것으로 표현한다. 때론 부정적 감정이 내적 문제들을 드러내 주지만, 개인적인 고통은 사회생활에서 일어나는 위험들을 경고해 준다. 신학자 바바라 해리슨Babara Harrison이 주장하는 것처럼, "우리가 아무것도 느끼지 못할 때, 그야말로 우리는 세상과의 관계성을 잃게 된다".

열정은 우리를 수동적으로 만드는가?

감정은 개인적인 것일 뿐만 아니라 우리를 수동적이 되도록 해 주는 지혜로 여겨지기도 한다. 언어와 문학에서도 감정은 어원적 의미에서 열정passion으로 표현되는 경우가 많다. 곧 감정은 우리에게 일어나는 것으로, 우리는 죄책감에 휩싸이고, 분노로 소진되며, 두려움으로 무력하게 된다. 여기서 사용되는 각각의 동사들은 수동태로 쓰이면서, 강렬한 느낌에 우리가 항복한 상태를 나타낸다. '나는 할 수 있는 게 아무것도 없어.'라고 인정한 상태이다. 사실 자신을 감정의 피해자로 보는 것이 위안이 되기도 한다. 느낌이라는 것이 우리의 통제를 넘어서는 것이라면, 또한 우리의 책임을 넘어서는 것이기도 하다. 이러한 감정에 대한 이해를 통해, 우리가 우리의 느낌들을 소유하는 것이 아니라 느낌들이 우리를 소유하고 있음을 알 수 있다.

오늘날 사회과학자들과 철학자들은 이와는 다른 시각을 갖는다. 철학자 로버트 솔로몬Robert Solomon은 우리가 감정을 능동적으로 해석하고 형성한다는 관점을 주장하는 대표적 인물이다. 솔로몬은 그의 저서 「열정The Passions」에서 "감정은 자신의 판단이며, 우리는 감정을 가지고 감정이 지닌 목적에 따라 감정의 세계를 구성해 나간다."는 점을 깨달아야 한다고 주장한다. 우리가 무엇을 느끼고 있는가에 대해 판단할 때, 단순히 객관적으로 신체적인 자극만을 살피는 것이 아니라 자신의 감정의 세계에 대해 이해하고 있는 것이다.

존 치버John Cheever는 정기간행물에 기고한 글에서 "우리는 자신의 열정을 따른다."고 지적한다. 감정은 우리가 겪는 자동적인 반응 이상의 것이다. 우리는 단순히 감정의 피해자가 아니라 감정을 지니고 삶을 살아가는 사람들이다. 우리가 우리 자신의 느낌을 이해할 때, 어떻게 반응해야 하는지 결정할 때, 우리는 우리 자신의 열정을 따르게 된다. 우리에게 흔히 일어날 수 있는 다음의 예가 도움이 될 수 있다.

교차로에 들어서면서 리처드의 맥박이 뛰기 시작했다. 이미 차들은 네 방향으로 난 교차로에 꼬리를 물고 서 있었다. 차 한 대가 서서히 교차로로 진입하는데 다른 차들은 마치 순한 양처럼 기다리고 서 있다. 그러고 나서 다른 차 한 대가 기어가듯 좌회전을 했다. 이런 식으로 하다가는 교차로를 지나는 데 하루 종일 걸릴 것 같았다. 그는 재수가 없다고 불평하면서, 다른 운전자들에게 악담을 퍼붓기 시작했다. "도대체 어디서 이 많은 차들이 온 거야?" 그는 약이 올랐다. "왜 하필 내가 집으로 돌아가는 시간에 이 초보 운전자들이 길을 막고 있는 거야?" "이런 길에서도 쩔쩔매고 있으니, 도대체 운전을 하는 거야, 마는 거야?" "이놈의 교통 체계는 늘 이 모양이라니까."

수년 동안 리처드는 이 교차로에서 화를 내곤 했었다. 하지만 이 날, 머뭇거리는 운전자들이 자신에게 길을 열어 주기를 조바심치며 기다리다가 그는 다음과 같은 새로운 깨달음에 놀랐다. '난 늘 다른 운전자들이 나를 화나게 만든다고 생각했었지.' 후에 그는 친구들에게 이렇게 고백했다. "무엇인가 번쩍 스쳐 지나가는 것이 있었지. 내가 모퉁이를 돌 때, 길이 뻥 뚫렸어. 그때 나는 나의 화를 교차로에 쏟아 부었지. 갑자기 거리가 내가 일으킨 분노와 혼란으로 가득 채워졌어. 나는 이 감정의 희생자가 아니라 감정의 가해자였던 거야."

감정은 비이성적인 것인가?

전통적 이론으로는 사고와 감정은 서로 적대적이다. 몸과 정신을 나누는 이원론은 이성에게 제멋대로 일어나는 열정과 상관없이 이를 잘 다룰 수 있는 냉정한 지배자의 역할을 부여했다. 그러나 자연스럽게 이성과 감정을 적대적인 것으로 여기는 시각은 더 이상 증명될 수 없게 되었다. 윌러드 게일린은 인간의 감정을 연구하는 다양한 사회학자 사이에서 많은 사람이 공감하고 있는 내용을 다음과 같이 말한다. "느낌은 누군가가 이야기하듯이 이성의 대안이 아니라 이성의 도구이다." 그는 "감정은 환경에 직면하여 변화해 가는 방법들에 주파수를 맞추는 것이다."라고 덧붙인다.

로베르토 웅거 Roberto Unger는 감정이 할 수 있는 특별한 기여에 대해 보다 폭넓게 주장한다. 비록 열정이 "이성에 반항하는 것"으로 판단되기는 하지만, 감정은 이성으로는 전혀 이해하지 못할 우리의 가장 깊은 곳의 욕망과 밀접한 관련이 있다는 것이다. "이성은 우리에게 세상에 대한 지식을 주지만, 무엇을 원하는지, 무엇을 할 것인지에 대한 결정적인 대답은 주지 못한다."고 웅거는 말한다. 인간 여정에서 떼어놓을 수 없는 이성은 우리의 체험을 분석하고 분명히 하도록 도움을 준다. 그러나 이성만으로는 용기를 낼 수 없고, 무언가를 감수하려는 노력을 하게 할 수 없다. 이성은 욕구를 촉발하지 못하기 때문이다.

게다가 "이성은 가장 이상적인 목표를 추구하는 데 필요한 지속적인 투신을 할 수 있는 내적 힘을 제공하지 못한다". 투신은 냉정한 인식보다는 직감적인 원천에서 생겨나기 때문이다. 약속을 지키려는 우리의 끈질긴 노력도 이성적인 계획이나 분명한 목표들보다 더 심오한 무엇에 뿌리를 두고 있다. 감정은 우리의 열정을 건드림으로써, 어둡고 메마른 고통의 시간 중에도 우리로 하여금 계속 투신할 수 있게 해 준다.

또한 "우리의 인간성 안에는 열정의 경험을 통해서만 이룰 수 있는 것들이 있다". 공감은 열정의 본보기로써 우리에게 다른 사람의 고통을 살펴볼 수 있는 특권을 준다. 바로 이것이 이성만으로는 온전하게 힘을 발휘할 수 없다는 깨달음이다. 부정적 감정 역시 이러한 깨달음을 준다. 죄책감은 우리가 무시하고 싶어 하는 개인적 실패를 드러내 준다. 화는 싸움을 해서라도 지키고 싶은 중요한 가치들을 상기시켜 준다. 슬픔은 가슴 아픈 이별이 지닌 삶의 또 다른 측면으로 나아가도록 우리를 달래 준다.

느낌은 우리가 지닌 열망을 일깨워 준다. 열망은 우리로 하여금 계속 투신하게 하고, 우리가 어떤 사람이 되어야 하는지를 제시한다. 웅거는 삶의 여러 모습이 증명해 보여 주는 "사고와 충동 사이에 풍요로운 상호 연관성이 있음"을 통해 열정과 이성 사이의 관련성을 확인시켜 준다.

감정이 일어나는 과정

동료인 제임스 줄로James Zullo는 모든 감정에는 흥분Arousal과 해석Interpretation과 움직임Movement이라는 세 경로가 있다고 얘기한다. 이 세 가지 요소를 살펴보는 것은 정서생활을 구성하는 결정적 요소들을 추적하는 데 도움이 된다.

흥분이라는 것은 우리 몸에서 일어나는 무언가를 지칭한다. 느낌은 신체적인 것에 기초한다. 몸의 변화는 감정을 동반하고 촉발시킨다. 곧 호르몬이 분비되고, 근육이 수축되거나 이완되며, 피의 흐름이 두뇌에 공급하는 산소의 양에 영향을 미친다. 그러나 이러한 신체적 변화가 주는 의미는 아주 모호하다. 맥박이 빨라졌을 때 화가 난 것인가, 아니면 두려운 것인가? 속이 편치 않은 게 슬픔에서 온 것인가, 죄책감에서 온 것인가? 얼굴이 붉어지면 부끄럽다고 느끼는 것인가, 아니면 분노하고 있다는 것인가?

몇몇 신체적 흥분은 분명 어떤 감정과 연결되어 있는 것으로 보인다. 곧 부끄러움을 느끼면 대부분 보통 사람들의 반응은 아래를 내려다보는 것이다. 그러나 대부분의 신체적 흥분은 감정을 담고 있기는 하지만 매우 모호하다. 대체로 우리는 숨이 가쁘거나 어깨의 통증을 느끼지만, 이렇게 몸이 보내 주는 신호가 무엇을 의미하는지 확실히 알지 못한다. 이런 느낌을 "난 두려워." 혹은 "난 슬퍼."라고 구별하여 표현함으로써, 이 신체적 반응이 의미하는 것을 밝혀낸다. 우리가 느끼는 것이 무엇인지 알기 위해서 우리는 이런 신체적 흥분에 이름을 지어 주어야만 한다.

그러므로 감정은 해석과 관련이 있다. 우리가 신체적 흥분이 무엇인지 판별할 수 있을 때에만 느끼는 것이 무엇인지도 알게 된다. 다음의 예가 도움이 될 수 있다.

집으로 돌아오는 길에 릴리안은 친구와 맛있는 저녁 식사를 했다. 집에 도착해서 그녀는 자동 응답기의 메시지를 확인했다. 세 번째 메시지는 릴리안이 기다리면서도 두려워하고 있던 소식이었다. 아주 절친한 친구인 안나가 떠날 날짜를 알려 온 것이었다. 지난 두 달 동안 안

나는 아주 먼 곳에 있는 직장으로 옮길 것인지 결정하려고 애써 왔다. 둘은 그 직장을 잡을 때 생기는 좋은 점과 나쁜 점들에 대해 장시간 이야기를 나누었다. 새 직장을 택한다면 확실히 안나의 경력에 도움이 되고, 또 그녀가 성공할 수 있다는 분명한 보증도 될 수 있었다. 새로운 직장을 택하는 데서 오는 가장 나쁜 점은 이곳에서 태어나 성장한 안나가 집과는 아주 먼 지역으로 옮겨 가야만 한다는 점이었다. 안나가 계약서에 서명했을 때만 해도 릴리안은 진심으로 그녀를 위해 행복을 빌어 주었다. 그 후 3주 동안 그들은 안나의 이사에 대해 구체적으로 계획하면서 많은 시간을 함께 보냈었다. 자동 응답기를 통해 흘러나오는 친구의 목소리를 듣고 처음에는 기뻤으나, 얼마 지나지 않아 좋은 느낌이 다소 우울함으로 바뀌었다.

릴리안은 무엇인지 모를 우울함에서 벗어나기 위해 아파트를 정리하기 시작했다. 빨랫감을 모으고 책장의 먼지를 털어 내면서 점점 더 마음이 무거워지는 것을 애써 외면하려 했다. 잠시 휴식을 취하려고 앉아 있자 그녀는 더 우울해 오고 있음을 느꼈다. 이런 느낌을 없애기 위해 그녀는 다음날 해야 할 일을 생각하면서 시간을 보냈다. 그러나 우울함이 되살아났다. 릴리안은 부엌으로 가 냉장고를 열고는 무엇이 들어 있나 살펴보았다. '배가 고픈가? 뭔가 좀 먹어야겠는 걸!'

우리는 대부분 이런 장면들을 연출해 낸다. 혼돈을 일으키는 느낌은 이름 모를 불쾌감에서 온다. 처음에 우리는 이를 무시하려 한다. 정체 모를 고통이 사라지지 않으면, 우리는 이런 불쾌감을 해결하기 위해 '배고픔'이라고 이름을 짓는다. 이는 방금 무엇을 먹었다는 사실과는 상관이 없다. 여러 번 냉장고 문을 여닫은 후에야, 우울함에 이름을 잘못 붙였음을 깨닫는다. 절친한 친구가 곧 떠나야 한다는 소식에 대해 릴리안이 느끼는 외로움과 슬픔은 음식으로 해결될 수 있는 것이 아니었다. 아주 다른 영양분이 필요한 것이다.

릴리안의 체험은 사회적 맥락과 개인적 기분이 우리의 해석에 얼마만큼 영향을 미치는가를 잘 보여 준다. 이러한 해석 안에서 소리 없이 일어나는 신체적 흥분을 이해하고, 자신의 감정 세계를 창조해 나가는 방법을 알게 된다.

감정은 먼저 신체적 흥분으로 우리를 움직인다. 그러고 나서 이런 흥분의 원인을 도출해 낸 다음 우리를 행동하게 한다. 감정은 움직이는 느낌이다. 다시 말해 감정은 우리를 움직이게 한다. 즐거울 때 우리는 기쁨에 겨워 춤을 춘다. 감사의 마음이 들 때 감사하는 마음을 전하는 따뜻한 글을 쓴다. 죄책감으로 괴로워할 때 친구에게 사과 전화를 한다. 감정이 일어난다는 것은 우리에게 경고하고, 우리를 행동하도록 준비시키는 것이다. '싸울 것인지, 도망갈 것인지'를 결정하는 순간에 우리 몸은 공격에 대항하든지, 위험으로부터 도망치든지 결정한 대로 움직일 준비 태세를 갖추고 서 있다.

때로 극적 행동이 요구되기도 한다. 곧 아이를 구하기 위해 불길에 휩싸인 집으로 들어가거나 강도의 공격으로부터 자신을 방어하기 위해 싸우기도 한다. 그러나 대개의 경우 감정적인 흥분에 적절하게 반응하는 것은 다소 불분명하고 복잡한 일이다. 한 동료의 인종 차별적 언사에 대해 지금 도전해야 하는가, 아니면 나중에 사적인 자리에서 이야기해야 하는가? 배우자와 점점 벌어지는 틈을 해결하려면 단순하게 사과하는 것만이 최선의 방법일까? 아니면 부부 사이에 문제가 되는 것을 살펴보면서 좀 더 지켜보아야 하는 것일까?

친분 관계를 이루고 사는 실제 상황에서는 직접적이고 즉각적인 행동이 항상 유익한 것도, 늘 가능한 것도 아니다. '아무것도 하지 않는 것'이 보다 옳은 반응이라고 판단되는 것은 어떤 경우일까? 어떻게 하면 좀처럼 풀리지 않는 긴장감을 풀 수 있을까? 어떤 행동들은 우리가 감정에 휩싸인 것을 풀어낼 수 있는 길을 제시해 준다. 오랫동안 산책하기, 집 안 청소하기, 체육관에 가서 운동하기, 때로는 휴식도 기분 전환에 도움이 된다. 깊이 심호흡을 하거나 마사지 치료를 받는 것, 혹은 따뜻한 목욕과 같은 것도 좋다. 때로 가장 최상의 응답은 자신이 참으로 강하면서도 약한 존재라는 것, 그리고 우리가 삶에서 고수하고 있는 것들이 참으로 깨지기 쉬우며 동시에 그토록 삶에서 고수해 온 것을 내려놓아야 한다는 역설을 경이롭게 음미하는 것이다.

신체적 흥분에 따른 우리의 해석은 때로 우리가 해야 할 일을 알려 준다는 것이다. 이 흥분이 외로움 때문이 아니라 배고픔에서 온 것이라고 해석을 한다면 냉장고를 향하게 된다. 우리가 스스로에게 말하는 이런 나쁜 느낌에 대한 해결책을 우정에서가 아니라 음식에서 찾는 것이다.

때때로 우리가 느끼는 것에 대한 해석은 또 다른 판단에 의해서 이루어지기도 한다. 만약 금욕주의 입장에서 외로움을 상처 입기 쉬운 느낌이라고 취급한다면, 우리는 이 느낌을 배고픔이라고 이름 지으려 할 것이다. 화를 내는 것이 옳지 않은 것이고 두려워하는 것이 약함의 표시라고 배웠다면, 이런 흥분이 일어날 때마다 부정적으로 반응하게 될 것이다. 우리는 자신의 느낌을 무시하고 "난 좀 피곤할 뿐이야."라고 중얼거리며, 일상의 삶으로 돌아가려고 노력한다. 때로는 이런 전략이 성공하기도 한다. 실망감이 사라지고, 화가 가라앉는다. 그러나 강력한 느낌이 단순히 사라지는 경우는 드물다. 흔히 이러한 감정들은 다른 돌파구를 찾는다. 제임스 줄로는 느낌을 감추려고 애쓸 때 우리 몸에서 일어나는 결과에 대해 다음과 같이 간결하게 표현한다.

> 느낌을 생각하면 편두통을 앓게 되고,
> 느낌을 속으로 삭이면 위궤양을 앓게 되고,
> 느낌의 무게를 짊어지면 요통을 얻게 되고,
> 느낌을 깔고 앉으면 치질에 걸리게 된다.

어떻게 감정을 잘 수용할 수 있는가?

그리스도인의 삶은 끌어안음, 곧 우리가 끌어안고 있다는 체험, 안겨 있다는 체험이다. 신앙은 우리를 양육시키시는 창조주의 끌어안음에서 시작된다. 신앙은 예수 그리스도와의 친교와 그리스도가 우리의 삶에 대해 갖는 영향력을 통해 확대된다. 우리의 연약한 신앙은 어둠 속에서 우리에게 다가오시는 신비로운 하느님과 씨름할 때, 마치 성경에서 야곱이 그랬던 것처럼 보다 혼란스러운 끌어안음으로 시험되고 정화된다. 이런 끌어안음이 신앙 공동체를 형성하고, 우리는 이 공동체의 사랑 안에서 사람들을 받아들이고 서로 협력하면서 다양한 이들과 함께하게 된다. 이런 투신이 성숙해 가면서, 우리는 서로서로를 믿을 수 있게 된다. 그러나 피할 수 없이, 갈등이라는 고통스러움을 끌어안아야 할 때도 있다.

그러면 어떻게 감정을 잘 수용할 수 있을까? 이 방법에 대해서는 두 가지 서로 상반된 영성적 관점으로 이야기할 수 있다. 그 하나는, 우리를 장님으로 만들고 이기적인 사람으로 만들어 버리는, 제멋대로 일어나는 '본능'이라는 파괴적 감정으로 보는 관점이다. 이런 파괴적인 감정을 잠재우기 위한 치유책은 감정으로부터 멀리 떨어져 있는 것, 그리고 그 감정이 일어나는 것을 막는 것이라고 한다.

이러한 영성의 핵심에는 이원론적인 악마가 숨어 있다. 곧 인간은 몸과 영혼, 육체와 정신으로 갈라져 있다는 것이다. 이런 시각에서, 성스럽게 되기 위해서는 깨지기 쉬운 정신을 몸의 파괴적인 열정으로부터 멀리 떨어뜨려 놓아야 한다는 생각이 싹트게 된다. 감정을 자제해야 한다는 이러한 신념은 우리가 매일 뉴스를 통해서 보는 악몽들 – 테러리스트들의 폭력, 가정 폭력, 내전 – 에 의해 더욱 굳어진다. 자신을 강렬한 감정에 내줄 때, 우리는 감정의 포로가 되고 만다. 우리가 두려움에 떨고 후회하면서 그 감정에 잠겨 버릴 때, 삶의 여정은 안정을 잃게 된다.

이런 영적 전통의 핵심에 자리 잡고 있는 비유들 중 하나는 지배mastery이다. 제멋대로 일어나는 감정은 마치 야생 동물과 같아서 우리가 반드시 길들여야 하고 다스려야 한다는 것이다. 감정을 지배해야 한다는 생각은 금욕주의와 그리스도교에 강한 매력을 주었다. 이러한 감정을 수세기에 걸쳐 통제해 오는 동안 우리는 이 지배가 얼마나 자주 우리로 하여금 거부감으로 다가오고 있었는지를 알아채지 못했다. 우리는 화를 잘 다스리는 것처럼 생각한다. 소리를 지르지도 않고, 다른 사람들을 때리지도 않으며, 적대자 앞에서 미소를 지으려고 노력한다. 그러나 한참 후에야 우리가 지배한 줄 알았던 화는 없어지는 일이 거의 없다는 사실을 알게 된다. 그 대신 화는 보이지 않는 곳으로 들어가 빈정거림과 분노의 모습으로 다시 드러나게 된다. 결국 다스리지 못한 화는 보다 더 나쁜 기분으로 대치될 뿐이다.

또 하나의 영적 전통은 부정적인 감정을 파괴적인 것으로 보기보다는 두 가지 가치가 있는 것으로 보는 것이다. 화와 두려움과 죄책감은 혼란스러운 것이며, 드러냄으로써 대가를 치러야 하는 부분이라는 것이다. 이 감정들은 비이성적인 충동이 아니라 우리로 하여금 최선의 것을 열망하도록 하는 흥분과 경고라는 것이다. 우리의 감정은 폭발하기 쉽고 위험한 것이 사실이지만, 성스러움과 건강함을 추구하는 데 있어 잠재해 있는 동반자가 된다.

이런 보다 낙관적인 영성은 우리가 자신의 감정을 자신감을 가지고 끌어안을 것을 주장한다. 감정이 일어나지 않게 억누르기보다 감정이 지니고 있는 엄청난 힘을 길들이고 이용할 수 있는 방법으로 끌어안아야 한다는 것이다. 우리는 감정을 지배할 수 없다. 왜냐하면 감정은 우리의 노예가 아니기 때문이다. 그러나 우리를 당황스럽게 하는 감정과 친해지는 법은 배울 수 있다. 감정과 친해진다는 것은 감정을 부정하거나 자신을 감정에 맡겨 버리고 싶은 유혹에 저항하는 하나의 수련이다. 감정과 친해지는 것은 자신이 느끼는 것이 무엇인지를 알아차리는 데서, 또 우리를 가장 두렵게 하는 흥분 역시 결국에는 우리의 적이 아니라는 확신에서 시작된다.

이런 영적 전통의 핵심에는 몸과 영혼이 서로 아무런 희망 없이 분리되어 있는 것이 아니라는 확신이 자리하고 있다. 감정과 이성은 상호 영향을 주고받는다. 상호 협력은 몸의 충동과 정신적인 통찰력 사이에서 가능하다. 여기서 영성은 몸과 그의 맹목적인 요구들을 피하는 것이 아니라 복합적인 욕구들을 정화하고 그것들과 조화를 이루는 것이다.

이러한 영성의 핵심에서 영^{spirit}은 적대적인 몸과 떨어져 있는 혼^{soul}이 아니며, 육체의 시련으로부터 해방되기를 갈망하는 영이 아니다. 이 영은 유다^{Jewish} 전통의 숨-영(the breath-spirit, ruach)이고, 중국 전통의 생기-영(the vitality-spirit, 氣)이다. 이 영은 삶의 원천이며 열정적으로 우리를 창조주께로 연결시켜 준다. 자주 우리의 개인적인 역사로 상처 입은 영은 사랑과 투신의 유대를 강화하려고 열망하는 우리 안에 있는 에너지이며, 죄책감, 외로움, 우울증, 두려움의 대가를 기꺼이 지불하려고 한다. 앞으로 나오는 내용을 통해 우리는 감정을 지배하기보다 친구로 삼으려고 하는 영성에 대해 살펴볼 것이다. 동양과 서양의 지혜를 모두 수용하는 이 영성은, 변덕스러운 감정을 신뢰할 수 있는 덕德으로 변화시키는 데 수련이 필요하다는 것을 알고 있다.

감정
스케치

첫 번째 자신을 돌아보는 수련을 통해서, 우리는 여러분이 지난주 혹은 과거 중 어느 때를 다시 방문해 보기를 권합니다. 조용한 분위기가 조성된 장소에서 함께 있었던 사람들, 당신과 관련되었던 일들, 당신을 지배하고 있었던 생각이나 기분들을 기억해 보십시오. 이 시기에 당신이 느꼈던 서로 다른 여러 가지 감정들의 목록을 만들어 보십시오. 이제 만든 목록을 보면서 그중에서 어떤 것들이 부정적이었는지 살펴보십시오.

　　마지막으로 이 부정적인 감정들에 대해 묵상하면서 얼마간 시간을 보내십시오. 경험으로 보아, 이 감정들이 왜 부정적이었는지, 이 부정적인 감정들을 느끼면서, 그 안에서 당신이 발견하게 된 긍정적인 면이 있었는지 묵상해 보십시오.

* 각 장의 마지막 부분은 독자들이 지니고 있는 부정적 감정에 대한 이해를 돕기 위해 마련하였습니다. 이 난은 개인적으로 자신을 돌아보도록 마련된 것이지만, 친구들이나 소그룹으로 함께 나눌 때 보다 더 큰 도움을 받을 수 있습니다.

감정과 사귀기

> 언어는 감정의 빛이다.
> — 폴 리쾨르 Paul Ricoeur

고통스러운 느낌은 우리 마음의 어두운 곳에서 일어난다. 부정적 감정들은 그림자 속에 가려져 말로 표현되지 않은 채, 그 무서운 힘을 발휘한다. 그리고 우리는 비참함을 느낀다. 이 비참함은 두려움에서 오는 것일까? 죄책감에서 오는 것일까? 아니면 슬픔에서 오는 것일까?

  언어는 어두움 속에 있는 자신의 느낌과 씨름하면서 우리의 감정과 친해지는 데 도움을 준다. 고통스러운 감정과 친구가 된다는 것은 마술처럼 고통 자체를 없애 주는 것이 아니다. 반면에 친해지려고 노력하는 것은 우리의 감정과 새로운 관계를 맺게 한다. 더 이상 부정적 감정을 없애려고 할 필요도 없고, 눌러 버리거나 아무런 느낌이 없는 것처럼 살 필요도 없다. 감정과 친구가 되도록 훈련하는 방법이 있는데, '이름 짓기'와 '길들이기'가 바로 그것이다.

감정에 이름 붙이기

첫 번째 도전은, 우리 안에서 일어나는 감정들에 이름을 붙이는 것이다. 우리의 열정들에 이름을 붙일 필요성은 긴급하고 보편적이다. 고대 그리스와 로마의 선조들은 마음의 힘을 인격화하기 위해서 거기에 이름을 붙였다. 시나 멜로디의 아름다움에 놀라, 그들은 뮤즈Muses가 예술가들을 도와주었다고 판단했다. 탁월하게 재능을 지닌 사람은 정령genie에 사로잡혔다고 생각했다. 이러한 사람들은 천재genius라로 불렸다.

그러나 악의 힘 또한 우리의 마음에 침입한다. 우리의 선조들은 사람들이 격노할 때, 격분하는 영fury이 그들에게 들어왔다고 믿었다. 그리스도교 성경은 사탄(어떤 파괴적 힘에 사로잡힌 사람들)의 이야기들을 열거한다. 부정적 감정들이 이러한 사람들 안에서 분출되어, 그들에게 난폭한 행동을 하게 했다. 예수님은 무덤 사이에서 쇠사슬에 묶여 날뛰는 사람과 마주치자, 그 안에 있는 사탄에게 물었다. "네 이름이 무엇이냐?"(마르 5,9) 사탄이 이름("제 이름은 군대입니다.")을 대자, 예수님은 해로운 영을 쫓아 낼 수 있었다. 뮤즈Muses, 정령genie, 격노furies, 사탄demons이라는 강한 세력들이 우리 안에서 움직인다. 두려움, 슬픔, 죄책감, 수치심이라는 폭발 직전 내면의 에너지가 이름을 붙여 우리를 길들이기를 기다리고 있다.

그 감정들에 이름을 지을 때 세 단계의 도전이 따라온다. 그 첫 번째는, '지금 혼란스럽게 하는 이 느낌은 무엇인가?'라는 것이고, 두 번째는, '어떤 가정이 우리가 붙여 준 그 이름들 안에 숨어 있는가? 분노는 이미 받아들일 수 없는 느낌을 포함하고 있는가? 외로움은 열등하다는 평가를 지니고 있는가?'에 대한 것들이다. 우리는 이 두 번째에서 우리가 느낌에 자주 붙여 준 이름들에 따라오는 숨겨진 판단들을 알아채야 한다. 세 번째 도전은, 우리 감정들의 원천들과 관련이 있다. 우리는 우리가 화가 난 것은 알지만 왜 화가 난지는 알지 못할 수 있다. 우리는 화가 난 일에 수치심을 느끼지만 이 수치심의 원천에 대해서는 알지 못할 수 있다. 충분히 이름을 지어 준다는 것은 우리 감정의 원천에 대한 이해를 포함한다.

한 친구가 우리와 나눈 이야기를 한 예로 보자.

지난해 연로한 부모님 집으로 가는 길에 있었던 일이다. 나는 사업상의 약속으로 아내와 아버지와 어머니를 태우고 차를 운전하고 있었다. 되돌아 올 때 나의 아버지는 앞좌석 내 옆에 앉아 있었다. 가장 빠른 길로 가려고 하는데 잘 모르는 길이라, 아버지에게 다음번 출구 쪽에서 회전해야 하는지 물었다. 아버지가 대답을 하지 않자, 나는 아버지를 흘끔 쳐다보았다. 그런데 아버지는 신경을 안 쓰는 것 같기도 했고, 길을 모르는 것 같기도 했다. 교차로를 통과했을 때(사실 우리는 회전했어야 했다), 나는 화가 끓어올랐다. 화를 엄청 냈고, 나는 다른 길로 해서 집으로 간신히 왔다.

무사히 집에 도착한 나는 아내에게 함께 걷자고 했고, 우리는 갑작스럽게 불시에 덮친 화를 알아내려고 애썼다. '왜 나는 그토록 분개했는가?' 우리는 그때의 장면을 다시 되돌아보았다. 나는 집으로 가는 길을 아버지에게 물었고 아버지는 몰랐다. 바로 그것이었다. 내 평생 나의 아버지는 집으로 오는 길을 아는 사람이었다. 나에게 아버지는 그런 사람이었다. 아버지는 늘 그래야 한다고 생각했다. 그리고 지금 80대 후반에, 그는 집으로 오는 길을 알지 못했다! 갑작스럽게 혼란스러워졌다.

나의 안전한 기둥 가운데 하나가 갑작스럽게 무너졌다. 나는 집으로 오는 길을 찾을 수 있다는 것을 잘 알고 있었다. 그러나 나의 아버지의 변화가 여전히 나를 놀라게 했다. 나의 화는 아내와 이야기하면서 금방 가라앉았다. 나는 이 숨겨진 계약(그는 항상 집으로 돌아오는 길을 알아야 한다는 것)에서 아버지를 놓아 드려야 한다는 것을 이해하기 시작했다. 아내와 함께 나는 우리의 길을 찾을 수 있었다. 그리고 지금 나는 전혀 화를 내지 않고 길을 찾는다.

우리의 감정들에 이름을 지어 주는 방식은 위험이 가득하다. 우리는 간혹 이름을 잘못 짓거나 단순히 기분을 알아내면 치유가 된다고 순진하게 믿음으로써 자신을 속인다. 그러나 이름을 지어 주는 것은 뒤얽혀 있는 감정으로 가는 유일한 길이다. 겸손하게, 실수와 자기-기만을 고려하면서, 우리는 계속해서 우리 안에서 들끓는 느낌들에 이름을 짓는다. 우리의 감정들에 이름을 지어 줄 때, 우리가 감정의 정복자가 되려는 환상에 사로잡힐 때라도, 우리는 덜 그들의 희생자가 된다. 점차적으로 이러한 감정들을 빛으로 가지고 가면서, 우리는 우리가 어떻게 해야 하는지를 이해하게 된다.

내면의 문제에 이름 지어 주기

비록 문제를 일으키는 어떤 감정의 이름을 안다 해도 감정을 일으키는 원인이 우리에게 즉시 드러나지 않을 수도 있다. 죄책감을 느끼기는 하는데, 왜 이 죄책감을 느끼는지 알 수 없을 때가 있다. 혹은 어떤 상황에서 뚜렷한 이유 없이 분노하기도 한다. 흔히 이런 느낌에 이름을 지어 주려는 노력이 그 이면에 숨어 있는 보다 깊은 문제를 드러내 주기도 한다. 앞장 '감정, 친구 같지 않은 친구'에 나왔던 리처드를 다시 생각해 보자.

리처드는 매번 교통 혼잡 때문에 화를 내면서, 자신이 느끼는 이 움직임을 '화'라고 정확히 이름 지었다. 그는 즉시 자신을 짜증나게 하는 상황들의 정체를 분명하게 알아냈다. 사람들이 많은 지역에 사는 일, 직장에 가기 위해 먼 길을 통근해야 하는 것, 자신의 바쁜 시간 계획에 맞추어야 하는 상황 등이었다. 그러나 그가 '화'라는 이름을 알았다고 해서 화가 지니는 부정적인 힘을 순화시킬 수 있었던 것은 아니다. 몇 달 후 한 워크숍에 참석하면서, 리처드는 자신이 운전할 때 또 다른 화가 있음을 알게 되었다. 워크숍 지도자는 그에게 상상력을 이용하는 연습을 소개하면서, 리처드에게 교통 체증이 아주 심각한 상황에서 운전하게 될 경우, 가능한 한 최선의 상황을 상상하도록 하였다. 그러자 갑자기 그에게는 교통 신호등이 모두 녹색인 세상이 떠올랐다. 상상 속에서, 그가 교차로에 들어설 때마다 교통 신호등이 녹색으로 바뀌었다. 상상은 더 나아가, 리처드의 삶에도 영향을 미쳐, 삶에서의 모든 길이 열렸다. 그가 방해받지 않고 앞으로 움직여 나가자 차들이 멈춰 섰고, 사람들이 그에게 길을 내주었다.

이러한 상상을 살펴보면서, 리처드는 '나를 방해하는 것이 있어서는 안 돼! 다른 사람들이 나를 불편하게 해서는 안 된단 말이야!'라는 유치한 반응이 매번 교통 신호가 있는 곳에서 일어났다는 사실을 발견했다. 밑에 깔려 있는 문제가 당혹스러웠지만 명확해지자, 리처드는 크게 웃고 말았다. 리처드는 그 세미나 후, 교차로에 들어서면서 화가 나기 시작하자 큰 소리로 아주 심각하게 "내가 기다려야 할 이유가 없어." 라고 소리쳤다. 이런 무모한 요구를 하는 자신의 소리를 듣고 그는 웃었고, 화가 사라짐을 느꼈다. 숨겨진 문제들을 구별하고 드러내게 해 주면서 리처드에게 자신의 화가 무엇인지 보게 해 주었고, 그의 행동을 어떻게 변화시켜야 하는지 깨달을 수 있는 식견을 갖게 해 주었다.

리처드의 아내는 운전을 하면서 좀 더 신사다워진 그를 보면서 그의 차에 '길에서는 부처님처럼'이라는 범퍼 스티커를 붙여 주었다. 이는 일종의 가족 주문처럼 되었다. 빵빵거리는 복잡한 교통 체증, 혹은 도로 공사로 야기되는 잦은 교통 불편을 겪을 때마다, 가족들은 서로에게 주문을 암송해 주었다. '길에서는 부처님처럼.'

우리를 난처하게 하는 감정이 그 스스로 지니고 있는 무언가를 우리에게 내주는 순간, 우리는 그 감정의 이름을 발견하게 된다. 이름을 지어 주는 것은 우리의 감정을 가슴 깊은 곳에서 구해 내고, 삶 안에 있는 감정의 힘을 포용할 수 있도록 우리를 준비시켜 준다.

부정적 감정 길들이기

부정적 감정은 고통의 느낌과 행동하려는 충동을 가지고 있다. 그중 고통스러운 느낌이 먼저 우리의 관심을 끈다. 만일 우리가 고통에만 관심을 집중한다면, 우리는 감정이 주는 판단이라는 선물, 곧 변화하는 데 필요한 힘을 잃게 되는 위험에 빠지게 된다.

이런 선물이 드러나도록 하려면 부정적 감정을 길들이는 것이 필요하다. 먼저 우리는 고통이 무엇인지 보아야만 한다. 곧 무언가 좋은 것을 위한 나쁜 느낌을 볼 수 있어야 한다. 고통은 생존을 위한 일종의 경고이며 표시판이자 신호이다. 우리가 느끼는 고통은 그 자체를 뛰어넘는다.

심리학자 윌러드 게일린은 아주 적절한 비유를 들려주고 있다. 부정적 감정은 마치 몸에서 나는 열과 같다는 것이다. 곧 긍정적 목적을 지닌 고통스러운 체험이라는 것이다. 열이 나면 우리는 관심을 가지게 된다. 열이 나지 않으면 의식하지 못하고 넘어가지만, 열은 무언가 잘못되었다고 하는 신호이기 때문이다. 때로는 열을 치유하는 방법을 훈련하는 것 자체가 중요하기도 한다. 환자의 생명을 위협할 만큼 높은 열이 날 경우, 특별히 환자의 체온을 낮추려고 노력해야 한다. 환자가 좀 더 편안한 상태를 유지하게 하여, 환자 스스로 치유할 수 있는 내면의 힘을 가질 수 있게 해 주어야 한다. 그러나 열에 대해서만 관심을 가질 때 우리는 중요한 점을 놓치게 된다.

열은 보다 심각한 또 다른 고통에서 오는 하나의 증상이다. 고열은 감염된 부위를 공격하거나 침입한 균을 박멸하려고 몸이 지닌 자원을 모으고 있음을 알려 준다. 그러므로 우리는 보다 더 깊은 원인에 관심을 가지게 되고, 치유의 노력을 증상 자체보다는 그 원인에 맞추려고 한다. 만약 우리가 열에만 집중하느라고 보다 정확한 진단이라는 복잡한 과정을 간과하거나 적절한 치료를 하지 못한다면, 한동안 고통은 완화시킬 수 있겠지만, 그러한 근원적 치료에 도움을 주지는 못할 것이다. 사실 환자가 더 나빠질 수도 있다.

열과 마찬가지로, 고통스러운 체험은 우리의 생존을 위한 경고이자 표시판이며 신호이다. 고통이 우리의 관심을 차지하게 되지만, 이 고통스러움은 그 자체를 넘어선다. 곧 우리가 미처 알아차리지 못하는 것을 알 수 있도록 경고해 주고, 고통이 없었다면 당연한 것으로 여겼을 무언가 중요한 것이 있다는 신호를 보내 준다.

고통을 하나의 신호로 존중하는 것이 부정적 감정을 길들이는 과정의 시작이다. 그러나 우리가 느끼는 고통은 종종 신호라기보다 정지 표시처럼 보인다. 감정적인 고통이 우리를 쇠약하게 하고, 삶을 멈추게 한다. 우리 중 많은 사람이 부정적 감정에 직면해서는 고통을 없애려고 애쓴다. 그러나 이러한 접근 방법은 성공하기가 어렵다는 데 문제가 있다. 문제가 해결되기보다는 더 소외되는 결과를 낳기 때문이다. 곧 고통스러운 느낌을 피하기 위해, 자신의 내면의 목소리를 내기보다, 자신을 위협하는 듯 느껴지는 어떤 관계나 체험을 무마시키려고 하기 때문이다.

부정적 감정을 길들이는 데는 고통에 압도당하지 않으면서 고통을 받아들이는 데 도움이 되는 개인적인 전략을 발달시키는 것이 필요하다. 스트레스를 받을 때, 우리를 진정시켜 주는 것이 무엇인지를 알아내는 것이 좋은 출발점이 된다. 수영을 하거나 해가 지는 것을 보는 것, 힘들게 운동을 하거나 안마를 받는 것, 묵상이나 기도를 하면서 자신을 고요하게 하는 것 등의 전략을 통해 고통이 지니는 의미를 분별할 만큼 충분히 자신의 고통을 진정시키는 법을 배울 수 있다.

그러나 감정적인 고통에 의도적으로 집중하는 것은 위험하다. 첫 번째 위험은 우리가 고통 속에서 뒹굴어야 한다는 것이다. 우리가 겪는 혼란에 너무 많은 관심을 집중함으로써, 삶에 대한 시야를 넓혀 주고 상황을 변화시킬 수 있도록 새로운 힘을 주는 부정적 감정이 주는 선물을 놓쳐 버릴 수 있기 때문이다. 고통은 변화하도록 우리에게 힘을 주는 것이 아니라 우리를 아무것도 할 수 없게 내버려 두기 때문이다.

고통을 없애는 데 관심을 집중하는 것 역시 '인간적인 해결책'으로 우리에게 상처를 남기게 된다. 곧 처방에 의한 것이든 불법적인 것이든 고통을 없애 버리기 위해 약물에 눈을 돌린다면, 우리는 감정이 지닌 긍정적인 힘을 다시 한 번 끊어 버리게 되는 것이다. 그렇게 되면 감정을 통해서 아무것도 배울 수 없고, 또 효과적인 행동도 할 수 없게 된다.

고통스러운 느낌을 없애려고 관심을 기울이는 것에는 또 다른 위험이 도사리고 있다. 곧 피하는 것이 최선의 전략이 되어 버리는 것이다. 때로는 피함으로써 효과를 볼 수도 있다. 우리를 두렵게 하는 분명한 상황과 수치를 자극하는 사람들, 그리고 분노를 일깨우는 기억들을 피하는 것이 종종 이로울 때도 있다. 그러나 회피가 일상적인 것이 될 때는 그 대가가 요구된다. 두려움을 피하기 위해 우리는 어떤 위험스러운 일도 하지 않는 생활 방식 안에 안주하기도 한다. 우리는 죄책감을 피하기 위해 부정이라는 자기 방어의 벽을 쌓고, 자신을 면밀히 살펴보기를 마다한다. 부끄러움을 피하기 위해 자신을 드러내야 하는 상황을, 곧 자신의 생각, 희망, 진정한 자아를 드러내야 하는 다른 사람들과의 절친한 관계를 피한다. 이 각각의 경우와 같이 부정적 감정을 피하려는 노력은 우리의 삶을 좀먹는다. 우리에게 이런 속이 빈 고요함은 대부분 엄청난 대가를 요구한다.

고통스러운 감정은 우리로 하여금 생각하게 하고 행동하도록 이끌면서, 한편으로는 우리의 동료로서 우리에게 나타난다. 그러므로 부정적 감정과 친해진다는 것이 고통을 피하는 것을 의미하는 경우는 드물다. 대신에 길들인다는 것은, 감정이 주는 메시지를 분별하고, 그 의미를 평가하고, 감정이 지닌 힘을 필요한 행동으로 옮길 수 있도록 충분한 시간을 내어 그 감정을 끌어안는다는 것을 의미한다. 감정을 길들인다는 것은 우리의 감정을 가축처럼 길들인다는 뜻이 아니다. 곧 말 잘 듣게 하고, 집 안에 가두어 기르고, 중요한 것을 잘라 내는 것이 아니다. 길들임은 긍정적인 변화를 일으키고 우리에게 도움이 되는 행동으로 옮겨 갈 정서적 힘에 초점을 맞추는 것이다.

길들임은 우리가 무엇을 느끼고 있는지 깨닫는 것에서 시작된다. 길들이는 연습이 감정을 부정하는 것(난 화난 게 아니야!)과 감정에 압도당하는 두 극단적인 상황 사이로 우리를 이끈다. 아주 예전부터 우리가 이해해 온 것처럼, 여기서도 덕德은 중용에 자리하고 있다. 곧 어떤 것도 느끼기를 거부하는 것과 감정이 지닌 즉각적인 요청에 자신을 맡겨 버리는 것 사이의 중간에 있다. 이런 덕스러운 반응은 많은 형태를 지니고 나타날 수 있다. 우리는 화가 지닌 힘을 보다 생산적으로 도전하는 힘으로 바꾸는 법을 배움으로써 화를 길들일 수 있다. 성급한 분노와 잘못된 죄책감이 일어날 때, 이들이 지닌 힘을 약화시키는 기술을 배움으로써 길들일 수 있다. 길들이는 내내, 우리는 우리 자신을 힘없이 처지게 하는 느낌으로 나아가게 하려는 유혹에 저항해야 한다.

정박해 있는 감정

길들임은 부정적 감정을 정박시키지 말라고 경고한다. 정박한다는 비유에는 외로움 혹은 자기 연민, 질투라는 느낌들이 머무를 곳을 찾아 떠돌다가 들어오는 항구의 어귀를 생각하게 한다. 우리 수업에 참석한 어떤 사람이 다음과 같은 이야기를 해 주었다.

우편물들이 배달되었을 때, 나는 정원에서 일하고 있었어요. 배달된 편지 중 하나는 이제 곧 출판될 결혼에 대한 에세이 모음집에 대한 리뷰를 써 달라는 것이었지요. 편지를 보면서 정원으로 다시 돌아갈 때 처음엔 으쓱한 기분이 들었어요. 그러나 정원에 있는 잡초를 뽑으면서, '으쓱했던 기분'이 또 다른 감정으로 바뀌는 것을 느꼈죠. '도대체 이 책의 편집자들이 왜 나에게 이 책에 수록될 글을 써 달라고 부탁하지 않은 거지? 결혼생활이라는 주제에 대해서는 다른 사람들보다 내가 더 많이 알고 있는데….' 하면서 의아해했어요. 그러자 '으쓱했던 기분'이 사라지고 마음이 불편해졌어요. 나는 화가 나고 — 미워했다는 게 맞는 말일 거예요 — 책에 멋지게 기고한 작가들에게 질투심을 느꼈어요. 나는 생각을 접고 잡초를 계속 뽑았지만, 얼마 지나지 않아 불쾌한 생각이 다시 들었어요. 질투가 마치 정박할 곳을 찾는 것 같았어요. 좀 더 오래 머물기 위해 닻을 내릴 곳을요. 나는 상처 입은 내 자존심 때문에 입을 삐쭉거렸지요. 다시 한 번 질투심을 잊기 위해 잡초 뽑기에 열중했어요. 십 분쯤 지난 뒤 그 감정이 내 자신이라는 항구 언저리에서 아래위로 출렁거리며 관심을 끌더군요. 이번엔 내가 느낀 실망을 깨닫고 상처 입은 자존심을 몇 분 동안 다독거렸어요. 그리고 나서 잘되기를 바라는 마음으로 이 감정이라는 방문객들이 자기 갈 길을 가도록 했지요. 오늘 '나'라는 항구에는 정박할 자리가 없다고요. 몇 분이 지나자 잡초를 뽑는 부드러운 리듬이 마음의 평화를 가져다주었지요.

정박하고자 하는 마음은 부정적 감정을 꾀어 감정이 지니고 있는 요구를 넓혀 가며 주의를 집중시킨다. 정박이라는 비유는 우리가 지닌 나쁜 느낌이 지닌 복잡성을 깨닫는 데 도움을 준다. 크리스라는 한 젊은이가 좋은 예를 보여 준다. 그는 종종 자신이 제일 두려워하는 외로움을 느낀다. 그러나 그가 깨닫고 있는 것처럼, 가끔 그는 그 느낌에 자신을 맡기곤 한다. "외로움이라는 느낌이 들기 시작하면, 전 대개 혼자 있으려고 노력해요. 아주 낭만적이고 슬픈 음악을 틀고, 전화선을 빼 놓고 아무와도 연락하지 않아요. 이건 내 슬픈 느낌을 방해받고 싶지 않은 것과 같은 거예요!"

다리 건너기

감정을 정박시키면서 우리는 감정에 얽매이게 된다. 우리는 도전에 직면하기 위해 감정이 지닌 힘을 잡기보다는 감정에 빠지게 된다. 곧 이런 감정의 힘을 도전에 대응하는 데 사용하기보다 오히려 거기에 빠져 들어 꼼짝 못하게 된다. 우리 마음에 정박한 감정은 만성적으로 우리의 내면을 좀먹게 하고, 다른 사람과의 관계를 망치게 한다. 작가 토머스 버클리 Thomas Buckley 는 화에 대한 지속적인 집착을 다음과 같이 묘사한다.

화가 '죄스러운 것'은 화 자체에 있는 것이 아니라 화에 대해 지속적으로 집착하는 데 있다. 곧 공포 때문에 우리는 슬픔이라는 다리 건너편에 서서, 상호관계라는 유한한 세상에 발을 들여 놓기를 거부하는 데 있다.

우리는 화나 외로움, 또는 죄책감이라는 느낌에 얽매이게 될 때 다리 건너기를 거부하게 된다. 그 대신 후회와 자기 연민이라는 자기만의 세상 안에 머물러 버린다. 버클리의 말을 빌리자면, "슬퍼하기를 거부함으로써 화와 슬픔을 견디어 낼 수는 있지만, 그 이상으로 나아갈 수 있는 가능성을 놓치게 된다". 그렇다면 도대체 이 슬픔의 다리란 무엇이고, 어떻게 이 다리를 건널 수 있을까?

　　　이 다리는 고통스러운 감정으로부터 우리가 무언가를 만들어 낼 수 있게 하는 모든 훈련에서 이루어진다. 이 다리의 한쪽 편에는 정제되지 않은 고통, 침묵, 우리 안에서 느껴지는 이름을 알 수 없는 상처들이 있다. 어떤 느낌, 곧 슬픔, 죄책감, 외로움이 우리를 가두어 놓고는 우리의 관심을 빼앗아 가고 우리를 행동하지 못하게 한다. 그러나 감정은 이동성을 지닌다. 감정은 우리를 움직이게 하기 위해 일어나 위험에 직면하도록 우리를 이끌고, 용서를 찾아 나서도록 한다. 곧 다리를 건너가게 해 준다.

　　　「아직도 가야 할 길The Road Less Traveled」에서 M. 스캇 펙Morgan Scott Peck은 고통이 아픔으로 바뀌는 것을 묘사한다. 고통은 어느 땐 무디게 드러나며, 또 어느 때는 가혹하게 아무 말도 할 수 없는 체험으로 드러난다. 우리는 이러한 고통을 느끼는지도 모르는 채 호된 아픔을 겪는다. 혹 우리가 왜 그런지 안다고 하더라도 – 아이가 죽었거나 결혼생활이 끝장났거나 – 우리가 할 수 있는 것은 아무것도 없다. 고통 때문에 굳어져 우리는 아무 말도 하지 못한다. 우리는 신음 소리를 내면서도 말을 할 수가 없다. 우리는 이 의미 없는 고통에 사로잡혀, 살아 있으면서도 슬픔과 죄책감 안에서 뒹굴 수 있다. 이렇게 고통은 우리에게 아무것도 말해 줄 수 없고, 우리를 어떤 곳으로 이끌지도 못한다. 이런 고통에 대한 유일한 치유 방법은 아픔을 무디게 하기 위한 약을 먹는 일밖에 없는 것처럼 보이기도 한다. 다리를 건너지 못한 채 남아 있으면서, 우리는 우울과 냉소주의, 혹은 자기 연민으로 고통스러운 마음을 채우게 된다.

자신의 아픔이 무엇인지 이름을 지어 주려고 노력하면서 우리는 다리를 건너기 시작한다. 의미 없는 고통이 아픔으로 변한다. 여기서 아픔은 수동적 수용을 뜻하는 것이 아니다. 그렇다고 우리가 받은 상처에 대해 관심을 가지거나 혹은 더 큰 상처를 감수하려는 의지를 말하는 것도 아니다. 고통이 아픔으로 변하는 것은 존 브래드쇼John Bradshaw가 말하는 것처럼 '우리가 실제로 나쁘게 느끼는 그 만큼의 나쁜 느낌을 느끼려는' 의지이다.

전쟁터에 참전한 간호사들에 대한 최근의 한 연구는 고통을 아픔으로 변화시켜야 할 필요성에 대해 보여 준다. 그곳의 간호사들은 전방에서 싸우는 병사들만이 그런 감정을 표현할 자격이 있다고 느끼면서 자신들이 느끼는 분노와 상실감을 표현할 수 없었다. 이 간호사들이 베트남 복무를 끝내고 돌아왔을 때, 그들은 지나치게 과민하거나 우울하게, 혹은 두 증상을 모두 보이며 살아야 했다. 심리 치료를 받기 원하는 간호사들이 점점 더 늘어났고, 의학계는 그들의 증상을 통해, 그들이 '외상 후 쇼크 증후군post-traumatic shock syndrome'을 앓고 있다는 사실을 알게 되었다. 그들은 심리 상담 과정과 서로를 도와주는 그룹에 참여하면서 자신들이 지닌 부정적 감정을 깨닫게 될 기회를 가지게 되었고, 미친 듯한 자신들의 행동과 우울함이 사라지기 시작했음을 발견하기 시작하였다. 의미 없던 전쟁의 고통이 아픔으로 변화되는 인간화 과정을 거친 것이었다.

변호사이자 신학자이며 시인인 윌리엄 스트링펠로우William Stringfellow는 고통에서 아픔으로 나아가는 다리를 넘는 여정에 대해 또 다른 이야기를 들려준다. 「슬픔이 주는 기쁨The Joy of Mourning」에서 스트링펠로우는 평생 친구였던 앤서니의 죽음에 대해 자신이 했던 반응을 기억해 낸다. 처음 그는 슬픔에 푹 빠졌다. 이 슬픔은 상실감, 화, 분노, 두려움, 후회, 침울함, 버려졌다는 느낌, 유혹, 떠나보내야 함, 개인적으로 느끼는 무력감 등과 같은 죽음에 직면한 한 인간이 표현할 수 있는 체험의 총체라고 이해했다. 그는 또한 우리의 이해를 돕기 위해, "슬픔이란 눈물을 흘리며 울고, 소리 내어 통곡하고, 고통으로 이를 악무는 것"이라고 덧붙였다.

스트링펠로우는 친구의 죽음을 받아들이는 최초의 충격 속에는 후회와 감사의 마음, 분노와 애정과 같은 모든 것이 뒤죽박죽 섞여 있음을 깨달았다. 자기 자신이 치유되기 위해서는, 친구의 삶을 기리기 위해서는 이렇게 뒤섞여 있는 감정들을 잘 가려내는 것이 중요했다. 스트링펠로우에게 이렇게 가려내는 것은 슬픔을 울음으로 바꾸는 것을 의미했다. "나는 우는 것을 회상과 기억, 애정과 존경, 감사와 고백, 공감과 기도, 묵상, 그리고 죽은 사람의 삶에 참여하는 하나의 전례로 이해한다." 또한 그는 "우는 것은 기뻐하는 것이라 할 수 있다. … 나는 앤서니를 위하여 우는 것을 즐긴다."고 말한다.

슬픔이라는 다리의 한쪽 끝에 우리를 기절시킬 만한 비통이 쌓인다. 기억과 눈물과 감사의 마음으로 드리는 전례를 통해 우리는 이 슬픔을 울음으로 변화시킬 수 있다. 우는 것은 슬픔이 이루어 내는 작품이다. 우리가 운다는 작업을 거부하면 슬픔이 우리를 소진시키지만, 우리가 울 수 있을 때, 고통을 아픔으로, 곧 우리를 병들게 하는 것이 아니라 풍요롭게 하는 슬픔으로 바꿀 수 있다.

우리가 마지막으로 건너야 할 다리는 자신의 죽음이다. 자신이 죽을병에 걸렸다는 사실을 알게 되면 분노와 후회, 더 나아가 비애라는 감정의 홍수가 밀려오게 된다. 왜 하필이면 내가? 왜 지금과 같은 때에? 죽음을 앞둔 고통과 공포에 대해서 어떻게 해야 할까?「내 병에의 도취 Intoxicated by My Illness」에서 아나톨 브로야드 Anatole Broyard는 단순히 자신에게 절박하게 다가오는 죽음의 희생자가 되기보다는 중요한 주체가 되기 위해 자신이 한 노력을 이렇게 이야기한다. "병은 근본적으로 하나의 드라마이다. 병은 즐길 수도 있고 또한 아파할 수도 있는 것이다." 병을 맛보기 위해 우리는 병에 목소리를 주어야 한다. "모든 환자에게 자신의 병에 스타일이나 목소리를 주기를 권하고 싶다." 다가오는 죽음을 능동적으로 끌어안으려는 이런 노력은 "자신이 처한 현재 위치에 서서 병을 받아들이고, 병을 자신이 하는 이야기의 한 부분으로 만드는 또 하나의 방법이다".

자신에게 다가오는 죽음에 대해 저술하면서, 브로야드는 모든 문학 작품이 목적하는 바를 시도한다. 곧 이 체험을 자신의 것으로 받아들일 수 있을 만큼, 충분한 거리를 두고 객관적으로 바라본 것이다. 브로야드는 자신의 죽음을 하나의 드라마로 바꾸고, 자신의 역할에 대해 써 나갔다. 죽음에 대한 이런 전망을 얻으면서 그는 자신의 역할을 받아들일 수 있었고, 열심히 그 역할을 수행했다.

병이 들었을 때, 더 나아가 죽을병에 걸렸을 때에도 능동적인 참여자가 됨으로써 우리는 우울해지거나 자기 연민에 휩싸이지 않고 그 상처를 끌어안을 수 있다. 브로야드의 아내는 "그가 암을 정복한 것은 아니에요. 하지만 그는 삶을 사는 방식에 있어서는 승리자였고, 바로 그에 대해 저술했어요."라고 말한다.

그리스도인들은 예수님의 삶과 죽음이 우리에게 부정적 감정이라는 다리를 어떻게 건너야 하는지 보여 주었다고 믿는다. 복음서는 우리에게 자신의 십자가를 지고 예수님을 따르라고 권고한다. 그리스도교 역사 안에서 종종 복음서의 이 권고는 우리가 피해자라는 의식을 심어 놓는 데 일조하였다. 신심 깊은 그리스도인들은 가난이나 자신을 괴롭히는 배우자를 당연히 받아들여야만 한다. 덕스러운 사람은 모든 불편함과 불의를 참아야만 한다. 그러나 십자가를 지라는 부르심은 수동성을 지니라고 권고하는 것이 아니다. 그보다 이 부르심은 우리 각자에게 고통스럽게 울부짖는 순간에, 이런 문제점을 풀기 위해 우리가 무언가 할 수 있다는 깨달음을 주는 것이다. 우리는 우리의 여정에서 만나게 되는 고통과 상실감을 예수님께서 그러셨던 것처럼 받아들일 수 있다. 친구 라자로의 죽음을 보시고 예수님께서는 눈물을 흘리시며 고통스러워하셨다. 삶의 마지막 순간을 맞이하면서, 그분은 처음에는 갈등하셨으나, 마침내 당신의 죽음을 모욕감이나 부끄럼 없이 받아들이셨다. 예수님께서는 금욕주의자도, 피해자도 아니셨다. 그분은 당신의 삶 안에 기쁨과 고통을 온전히 받아들이시고 누리셨다. 그리고 당신 스스로의 열정에 따라 사셨다. 그러므로 그분을 따르는 우리는 우리 자신이 지닌 슬픔이라는 다리를 건널 수 있는 방법을 찾기 위해 노력해야 한다.

  부정적 감정과 친해진다는 것은 평생에 걸친 모험이다. 우리는 아주 느리게 이런 강렬하고, 두렵게 하는 정서의 뿌리를 발견한다. 이름을 알아내는 것으로 무장하면서, 우리는 감정을 길들이고 건강한 것과 파괴적인 가능성을 식별한다. 아주 신중하게 화남, 부끄러움, 우울함에 자신을 익숙하게 한다. 자신에 대해 비탄에 빠져 있기보다, 그릇됨에 도전하는 분노의 힘에 고삐를 채울 때, 그리고 우울함의 근원을 알고 이런 상황을 바꾸려는 행동을 취하게 될 때, 우리는 다리를 건너게 된다. 기도를 통해 하느님 안에서 상처를 끌어안는 방법을 배울 때, 슬픔을 우리 마음에 정박시키지 않고 슬픔이라는 다리를 건너게 된다.

그러나 다리를 건너고자 하는 우리를 방해하는 것은 무엇인가? 이에 대해 버클리는 "두려움에서 벗어나고자 슬퍼하기를 거부"하면서 부정적 감정에 매달리는 것이라고 했다. 때로는 자기 연민 때문에 다리를 건너지 못하고, 때로는 도움이 부족해서 꼼짝하지 못하기도 한다. 이렇게 다리를 건너는 위험을 마다하는 것은 우리를 치명적인 구렁텅이로 몰아넣는다. 우리 마음에 정박한 화나 죄책감이나 후회는 조금씩 우리를 망가뜨린다. 아마 복음서가 곧 사라질 자신의 삶을 너무 사랑하지 말라고 경고한 것도 바로 이런 위험성을 두고 한 말일 것이다.

무엇이 슬픔이라는 다리를 건너는 데 도움이 되는가? 사회적 피조물인 우리는 다른 사람이 주는 용기에서 힘을 얻는다. 친구들과 가족 구성원들, 지혜롭고 성실한 조언자들, 사목자들이 어떻게 화나 죄책감, 또는 부끄러움이라는 감정을 길들여야 하는지에 대한 모델을 제시해 준다. 또한 우리는 사회나 신앙이 제공하는 전례에 의존한다. 슬픔과 화해의 예식은 우리를 올바른 방향으로 나아가게 하고, 하느님께 자신의 모든 것을 내맡기는 모험적인 여행 속으로 한 걸음 내딛게 한다.

마지막으로 우리는 언제 과감히 다리를 건너고, 그 어딘가에 도착하게 될까? 버클리의 말을 빌리자면 우리는 "상호관계라는 영원하지 않은 세상"으로 가게 된다. 여기 '영원하지 않다.'는 것이 핵심 단어이다. 우리는 다리를 건너 상실과 실패로 가득 찬 세상, 죄와 상처로 얼룩진 땅으로 다시 돌아간다. 우리는 완벽한 아름다움과 변함없는 우정이라는 환상을 떠나보내게 된다. 비록 우리가 다시 돌아가는 세상이 영원하지는 않더라도, 그 안에는 또한 화해가 기다리고 있다. 이곳은 미움이나 원한, 비참함이나 복수가 있는 곳이 아니다. 다리 이쪽에서 우리의 부정적 감정은 우리 여정의 특징인 위험과 마주하여 화해할 수 있도록 도움을 주는 우리의 동맹군이 된다.

그리스도교 신앙과 부정적 감정

그리스도인들은 애초부터 느낌이라는 세계에 강한 의심을 품어 왔다. 2세기 초까지만 해도 두 개의 목소리 – 세속적 목소리와 그리스도교적 목소리 – 가 열정에 대해 강하게 반대하는 목소리를 내면서 우리의 신앙 유산에 막대한 영향을 끼쳤다. 로마 황제이자 금욕주의 철학자였던 마르쿠스 아우렐리우스Marcus Aurelius는 그의 글에서 "열정의 꼭두각시"가 되는 것에 대해 명상했다. 우리는 이런 이미지를 쉽게 떠올릴 수 있다. 예를 들면, 갑자기 치미는 화로 친구에게 해를 입힐 수 있고, 두려움이 경련처럼 일어나 하려고 했던 일을 망칠 수도 있고, 갑자기 일어나는 성적 충동으로 자신이 이미 서약한 것을 깰 수 있다는 것 등이 있다.

마르쿠스 아우렐리우스의 금욕주의적 이상은 평정의 상태를 의미했다. 곧 감정의 혼란에 빠진 자신을 구해 낼 수 있는, 열정을 배제한 초연함이었다. 자신의 기분을 지배함으로써 평화와 평정을 찾을 수 있고, "어떤 악이나 열정, 또는 혼란스러움이 결코 내 영혼 안에 머물지 않게 하고, 모든 사물을 있는 그대로 보고 진가를 발휘하게끔 하는 것은 이제 내 힘에 달려 있다."고 그는 확신했다.

우리가 상실감이나 죽음이 삶의 자연스러운 리듬의 한 부분임을 잊을 때, 우리는 슬픔이라는 감정에 압도된다. "다른 사람들의 슬픔에 완전히 휩쓸리지 마라. 할 수 있는 대로 그를 도와주되, 그가 정말 상처 때문에 고통받고 있다고 생각하지는 마라. 이런 습관을 발달시키는 것은 악이기 때문이다." 이처럼 마르쿠스 아우렐리우스가 살았던 그 시대 로마 사람들에게 있어 슬픔은 방종이자 힘의 낭비였다.

그의 「명상록」 마지막 구절에서, 이 금욕주의 철학자는 인간이 삶의 마지막을 맞이하면서 느끼는 후회를 상기시킨다. 우주적 드라마의 연기자로서 우리는 커튼이 일찍 내려지는 것에 대해 "아직 다섯 번째 막까지 연기하지 못했어. 이제 막 세 번째 막을 끝냈을 뿐이야."라고 저항한다. 그러면 자연은 우리에게 "이제까지 잘 연기해 왔지만, 네 삶은 세 번째 막까지 연기하는 게 전부야."라고 대답한다. 만일 우리가 자신의 운명을 받아들인다면, 슬퍼해야 할 아무런 이유도 없고, 화를 내야 할 까닭도 없다. 마르쿠스 아우렐리우스에게 부정적 감정은 내적이고 아무 열매도 맺지 못하는 혼란스러움이었다. 우리로 하여금 조용하고 평정된 삶을 살지 못하게 하는 이런 감정들은 없애는 것이 좋다.

마르쿠스 아우렐리우스는, 클레멘스라는 한 젊은 그리스도인이 북아프리카의 대도시 알렉산드리아에 도착하던 해인 180년에 죽었다. 그리스도교 연구 센터의 장이었던 클레멘스는 종교적이고 세속적인 덕목들을 함께 묶어 주는 영성을 발전시켰다. 스토아 철학(금욕주의)은 클레멘스에게 이런 과제를 위한 용어를 제공해 주었다.

그리스도인의 삶을 위한 그의 지침에서, 클레멘스의 가르침은 식당 예절(음식을 삼키면서 버릇없는 행동을 해서는 안 된다)에서부터 공중목욕(위생을 위해 허용하지만, 쾌락을 위해서는 안 된다)에 이르기까지 망라된다. 클레멘스가 파괴적인 감정을 진정시키는 데(평정시키는 데) 이상적으로 생각한 것은 아파테이아(Apatheia: 무감동의 상태, 평정의 상태)라는 금욕주의 용어로 표현된다. 클레멘스에게 '아파테이아'는 생기 없는 무관심을 뜻하는 것이 아니라 분노와 공포 그리고 슬픔의 소용돌이 속에서 벗어날 수 있는 더할 나위 없는 자유로움을 뜻했다.

피터 브라운Peter Brown은 그의 역작 「육체와 사회The Body and Society」에서 클레멘스가 지닌 '열정'이란 말의 특별한 의미를 상기시켜 준다. "열정은 존재하지도 않는 두려움, 불안 혹은 희망으로 외부 세계에 대한 인식을 채색하거나 쾌락과 잠재된 만족이라는 그릇된 흥분으로 세상을 목욕시키는 왜곡된 감정이다." 슬픔과 같은 감정이나 성적 욕망은 우리에게 해가 되는 망상에 쉽게 휩싸이게 한다. "만약 주의 깊은 명상을 통해 이런 망상을 없애 버리지 않는다면, 이런 망상들은 마음의 내적 분위기를 흐트러트리고 '열정'이라는 짙은 안개 속에 갇히게 한다."

마르쿠스 아우렐리우스와 클레멘스에게 열정은 영적인 열망과 정반대의 목적을 지닌 육체적 충동이었다. 감정과 이성이 인간을 통제하기 위해 경쟁한다. 안식처를 갈망하는 인간의 영혼은 화나 슬픔, 또는 성적 열망에서 생기는 분열 현상에서 벗어나야 한다. 다른 금욕주의 작가들처럼 클레멘스도 플라톤Plato의 병거를 모는 사람과 말이라는 이미지에 매력을 느꼈다. 인간의 이성은 길들여지지 않은 열정을 다스리고 지배해야만 했다. 이런 감정과 이성 사이의 이원론, 육체와 정신 사이의 이원론이 정서적 삶에서 오는 건강한 영성을 연마하려는 그리스도인들을 혼란스럽게 했다.

부정적 감정은 지속적으로 그리스도인들을 아연케 했다. 오늘날까지도 우리 중 많은 사람이 성숙함이 평정심을 의미하고, 거룩함에는 감정을 지배하는 것이 요구된다는 이상 안에 머물고 있다. 그러나 오늘날 그리스도교 공동체는, 감정이 단순히 개인이 해결해야 하는 문제로만 머무는 것이 아니라 개인적 열정 이상의 것으로 인식될 수 있는 영성으로 발전시켜 나아가도록 해야 한다. 감정을 개인적인 열정으로 볼 것이 아니라, 그 열정이 우리를 다른 사람들과 연결시켜 주고 우리가 애정을 품고 있는 가치에 대해 경각심을 일깨우는 사회적 본능으로 다시 그려 보아야 한다. 우리는 몸의 충동이 일으키는 영적 통찰력을 밝혀 주는 신비로운 작용과 이성과 감정을 포용하는 비법을 밝혀내야 한다.

마음에 드리운 칼

부정적 감정의 영성은 인내라는 어려운 덕에서 힘을 받는다. 화나 두려움, 또는 외로움과 같은 고통스러운 느낌이 고요함과 통제된 마음을 위협할 때, 우리는 감정으로부터 도망치려는 경향이 있다. '인내忍耐'를 뜻하는 한자는 이런 위협이 지니고 있는 뜻을 배우기까지 견디어 나가야 한다고 강조한다. 이 글자는 마음에 드리운 칼로 표현되고 있다. 이 칼은 암살자의 칼인가, 혹은 의사의 수술용 칼인가? '이런 불길한 공격을 피하기 위해 도망쳐야 하는가? 아니면 머물면서 내 생명을 구해 줄 수도 있는 고통스러운 정화 과정을 수용해야 하는가?' '인내'란 지금 일어나고 있는 것이 무엇인지 식별할 때까지 위협을 받으면서도 견디어 낼 수 있는 능력을 말한다.

  인내는 수동성이나 온순함을 요구하는 것이 아니라 정말로 일어나고 있는 일에 대한 강한 관심을 요구한다. 중세 철학자 토마스 아퀴나스Tomas Aquinas는, 인내는 "지금 느끼고 있는 상처 때문에 기가 꺾이지 않고 견디어 낼 수 있도록 우리를 준비시킨다."고 말한다. 아퀴나스는 금욕주의자들과는 달리 슬픔tristitia이 정상적이고 고귀한 삶의 한 부분이라고 믿었다. 그러나 슬픔은 아주 빨리 침울함과 우울함에 휘말릴 수 있다. 인내는 어떤 면에서 상처가 더 나쁘게 확대되는 것을 막기 위해 그 상처를 견딜 수 있도록 우리를 준비시킨다. 아퀴나스에게 인내는 인간이 지닌 꿋꿋함 중의 하나였다. 온전한 삶을 살아가기 위한 용기는 살아가면서 점점 더 쌓여 가는 슬픔과 상실감에 직면하려는 의지를 필요로 한다. 아퀴나스는 "인내를 통해 인간은 영혼을 지니게 된다."고 결론 짓는다.

그러나 미국에서는 이런 인내를 달가워하지 않는다. 우리는 문화적인 야망 때문에 무언가를 견디어 내는 것을 어려워한다. 우리가 그렇게도 애정을 가지고 대하는 자발성과 자유를 인내가 저해하는 것처럼 보인다. 문제들과 부정 행위에 직면하게 되면 우리의 지도자들은 인내하지 못하고 '이제 그만 생각하고' 앞으로 나아가자고 우리를 부추긴다. 소비자는 사회의 구매 충동에 의존하며, 사람들의 관심이 아주 빠르게 다른 곳으로 이동해 가고, 대중매체 또한 이런 성향에 맞추어 움직임으로 인내심은 길러지지 못한다. 예를 들어, 유명 운동선수들이 나와 "지금 당장 해라 Just do it."라고 외치는 광고는 운동선수들의 성공을 찬양하지만, 그들이 운동 기술을 연마하는 데 필요했던 수많은 훈련과 그 과정에서 요구되었던 인내심은 그다지 중요하지 않은 것처럼 보인다.

부정적 감정과 친해지기 위해서는 인내심이 요구된다. 인내심은 삶을 살아가면서 좀 더 깨어 있도록 우리를 준비시킨다. 곧 고통을 삼켜 버리는 것이 아니라 부정적 감정을 맛보게 한다. 앞으로 계속되는 장들에서는 부정적 감정을 삶을 향한 긍정적 열정으로 바꾸어 주는 인내심을 훈련하는 데 대해 살펴보게 될 것이다.

감정
스케치

먼저 최근에 당신과 익숙해진 감정이 무엇인지 생각해 보십시오. 이 감정은 기쁨 혹은 자신감, 공감의 마음과 같은 긍정적인 것일 수도 있고, 질투, 후회, 두려움과 같은 보다 문제성이 있는 것일 수도 있습니다. 이런 감정을 친구로 삼는 데 도움이 되었던 것이 무엇이었는지 생각하면서 시간을 보내십시오. 될 수 있는 한 구체적으로 생각하고, 그 예가 무엇인지 생각하십시오.

그러고 나서 가끔 당신의 마음에 정박하기를 원하는 문제 있는 느낌을 찾아보십시오. 상상력을 동원해서 이 감정이 마치 항구에 정박하려고 오는 것처럼, 당신 가슴을 향해 헤엄쳐 오는 것을 상상해 보십시오. 이 감정이 닻을 내리도록 허락하겠습니까? 어떤 태도나 행동 혹은 신념들이, 이런 감정이 당신 가슴에 남아 있도록 힘을 줍니까? 왜 당신은 이 감정을 정박시킵니까? 이 감정이 당신에게 어떤 '괴팍한 요구'를 합니까? 앞으로 이 감정이 정박하는 것을 막기 위해 당신이 구체적으로 할 수 있는 행동은 무엇입니까?

2부°
화 : 위기 시의 감정

기氣

한자 '기氣'는 생명 유지에 필요한
인간 에너지를 의미하며,
이 에너지는 화로 표현된다.

분노라는 호랑이를 추적하기

> 기는 인간의 모든 활동을 추진하는 창조적 힘이다.
> — 서복관 Xu Fuguan

    거대한 나라 중국에서 새벽 공원이나 시골 들판에서는 젊은이나 노인 할 것 없이 함께 모여 '타이 치'라는 예로부터 전해 내려오는 리드미컬한 몸동작을 하면서 보조를 맞추는 모습을 쉽게 볼 수 있다. 이 전통적인 운동의 단순한 춤 동작 – 한편으로는 무술이기도 하고, 다른 면에서는 중국 춤 같기도 한 – 이 몸과 마음을 일깨워 준다. 이때 신비로운 치유의 기가 흐르기 시작한다.

    한 개념으로 표현하기에 어려운 중국 말 '기氣'는 '정신, 힘, 그리고 움직임' 등을 뜻한다. 중국 문자 '기'에서 볼 수 있는 핵심적 의미는 '솥 안에서 끓고 있는 쌀'의 모습이다. 이 함축적 이미지, 곧 온도가 올라가고 물이 끓기 시작하면서 마른 쌀이 풍부한 영양을 지닌 음식으로 바뀌기 위해 끓어 넘치는 위험을 감수, 그렇게 쌀은 익어 풍요로움을 더한다는 의미는, 우리에게 많은 것을 시사한다. 중국학자 리 이얼리 Lee

Yearley는 '기'를 생생한 자기 표현을 하도록 자극하는 물질적이고 영적 에너지라고 표현한다. '기'는 우리가 나누는 활기찬 대화에서 분명히 드러나고, 이상과 목표를 향한 영적 추구에서도 드러나며, 또한 우리가 분노할 때도 일어난다.

중국 말에서 '기'라고 하는 이 단어는, 인간이 지니고 있는 근본적 에너지를 나타내기도 하고, 분노라는 일시적 감정을 나타내기도 한다. 때로는 분노로 끓어오른 흥분이 우리의 결단력에 힘을 주기도 한다. 만일 우리가 외과 수술을 하는 것처럼 '기'를 도려낸다면, 우리는 결코 화를 내지는 않겠지만, 다른 한편으로 용기 있게 행동하도록 하는 중요한 힘 역시 부족하게 될 것이다.

부정적 감정 중에서 가장 빈번하게 일어나는 것이 화이다. 이 친근한 우리 인생의 동반자는 짜증이 나는 순간에, 역정을 내면서 불평하는 순간에, 분개해서 점점 화가 끓어오르는 순간에 그 모습을 드러낸다. 화에 대해 관심을 기울이지 않는다면, 매일 일어나는 이 화로, 우리는 후회로 지내거나 보복과 복수를 염원하며 불쾌하게 살아가게 될 것이다.

이런 화라는 느낌은 거의 항상 부정적으로 여겨진다. 우리는 문화적으로 화를 내는 것이 좋지 않다고 배워 왔고, "화내지 마라. 진정하라."는 말을 늘 들어 왔기 때문이다. 우리는 도덕적으로 화가 칠죄종의 하나라고 주의를 받았다. 또한 화를 내는 것이 건강에도 좋지 않다고 배워 왔다. 화는 혈압을 높게 하고, 소화를 방해하며, 면역 체계를 약하게 한다고 들어 왔다. 우리는 화를 냄으로써 파생되는 사회적 결과들에 대해 더욱 두려워한다. 화는 사랑하는 사람들과의 관계를 서먹서먹하게 만든다. 우리의 화가 잔인한 행동으로 드러날 때 사람들은 상처를 입고,

관계는 깨져 버린다. 분노는 미국 사회의 무례함과 폭력이라는 전염병을 부채질한다. 따라서 우리는 화를 내는 것은 나쁜 것이고, 그 결과 또한 당연히 나쁜 것이라고 결론짓는다.

그러나 이런 생각 외에 또 다른 측면이 있다. 우리로 하여금 생각하게 하는 화에 대한 또 다른 체험, 곧 화를 낼 능력이 없어져 버린 경험을 생각해 보자. 많은 미국인은 갈등과 마주하는 데 어려움을 겪는다. 상대의 기분을 상하지 않게 하려고 그와 의견을 달리하면서도 어설픈 미소를 지으려고 한다. 어딘가에 속하고 싶어 하는 우리의 갈망이 어떤 논란에도 도전하지 못하게 한다. 자신의 가치를 높이기 위해 힘을 모으거나 면전에서 모욕을 주는 것은 있을 수 없는 일이 된다. 이러한 사회적 분위기에 젖어 있는 많은 사람에게, 기도하는 거룩한 장소에서 환전상들을 몰아내신 예수님에 대한 기억은 우리의 비겁함에 대한 도전으로 다가온다. 이 성경 말씀은 싸워서 반드시 지켜야 할 가치에 대한 것과, 대응할 때 반드시 위협이 따른다는 사실을 상기시켜 준다.

예수님께서 태어나시기 3세기 전, 아리스토텔레스Aristotles는 화를 어려움에 직면하는 데 도움이 되는 힘이라고 서술하였다. '좋은 성품을 지닌 사람들'은 이 힘을 쓸 수 있는 사람들이었다. 곧 불의를 보면 화를 낼 수 있는 사람들이었다. 너무 지나친 화는 폭력을 일으킬 수 있지만, 지나치게 화를 내지 못하는 것 역시 위험하다. 이런 일시적인 에너지를 가지지 못하면, 우리는 화를 낼 수 없고, 아리스토텔레스의 말처럼 "자신을 저주하거나 친구를 저주하는 고통을 당하게" 된다. 이런 정신의 부족이 사회생활을 하는 데 있어 연대성을 약화시킨다.

아리스토텔레스의 사상을 그리스도교 사상의 주류로 끌어올렸던 중세 철학자 토마스 아퀴나스는 이러한 화에 대한 긍정적 시야를 더 넓혀 주었다. 아퀴나스에게 화가 난다는 것은 정상적인 것이었다. "화는 자연스러운 것으로, 자신에게 적대적이고 위협적인 것에 대항하여 일어나는 것이다."라고 말한다. 화가 일으키는 격앙은 상처를 치유하고 자신을 옹호하도록 자극함으로써 우리를 도와준다. 결국, 화는 우리로 하여금 용기를 낼 수 있도록 해 준다. 왜냐하면 화는 '한 사람이 소중하게 여기는 어떤 것에 대한 위협을 없애려는 마음의 움직임'이기 때문이다.

그러므로 화는 우리의 생존을 위한 신호이다. 화가 난다는 것은 우리에게 우리 자신과 우리의 이해와 가치를 방어하게 한다. 심리 치료사 윌러드 게일린의 말을 빌리자면, 화는 위협에 대한 경고일 뿐만 아니라 행동으로 옮길 수 있도록 힘을 줌으로써 "우리를 무장시키고, 우리에게 경고 신호를 보낸다."고 한다. 화는 자기 방어뿐만 아니라 사회 변화에도 도움을 준다. 신학자 바바라 해리슨은 "모든 윤리적 행동, 특히 사회 변화를 위한 행동이 인간의 분노가 지닌 힘으로부터 열매 맺어 왔다는 사실을 잊어서는 안 된다."고 상기시킨다.

화의 격앙

화가 날 때 우리의 몸이 통보를 해 준다. 그러나 흥미롭게도 모든 사람이 똑같이 느끼는 것은 아니다. 대부분의 사람들은 긴장감을 느끼지만, 어떤 사람들은 감각을 잃어버린 듯한 느낌을 갖는다. 땀을 흘리는 사람이 있는가 하면 소름이 끼쳐 닭살이 돋는 사람도 있다. 피부의 체온 변화로 어떤 사람은 얼굴이 붉게 달아오르는가 하면, 다른 사람은 창백해

지기도 한다.

　　이렇게 그 반응이 각기 다르게 일어나지만, 신체 안의 변화는 같은 것이다. 우리 몸이 '싸움을 하거나 도망갈' 준비가 되었다고 알려 주는 몸 안에 흐르는 아드레날린이 우리에게 경각심을 불러일으켜 주는 것이다. 심장 박동이 빨라지고 호흡이 가빠지며 혈압이 오르고 근육이 긴장된다. 우리의 마음 또한 영향을 받는다. 적당한 호르몬 증가가 우리의 주의력을 예민하게 하지만, 오랫동안 아드레날린이 많이 분비될 경우, 정신은 혼란해지고 몸은 지치게 된다.

　　실제적으로 화는 위기에 직면하도록 준비시켜 준다. 소화 기관들에 흐르던 피가 더 필요하게 된 근육과 뇌에 산소와 다른 영양분을 공급하기 위해 몰리면서 소화력이 감퇴된다. 이런 변화들이 우리의 힘을 강하게 하고, 스태미나를 강화시키고, 집중력을 모으게 해서, 긴박한 상황에서 반응할 수 있도록 준비시켜 준다.

　　그러나 화라는 느낌은 이런 신체적 반응 이상의 것과 관련이 있다. 곧 화를 낸다는 것은 이 반응이 뜻하는 것이 무엇인지에 대한 판단을 하게 한다. 우리 몸에 경고 신호를 보내는 호르몬들은 여러 가지 요소에 의해 자극을 받는다. 예를 들어, 육체적인 운동이나 상처, 카페인과 니코틴과 같은 약물, 스트레스를 받게 하는 익숙하지 않은 환경, 가족 간의 다툼이나 교통 체증 등과 같은 것들에 영향을 받는다. 이 분야를 연구하는 학자들은 이와 유사한 신체적 흥분들이 여러 가지 감정을 불러일으킬 수 있다고 보고한다. 그러므로 화와 두려움을 구분하는 것, 무언가에 참여하고 싶어 하는 간절한 마음과 불안을 구별하는 것은 생물학적 증거만 가지고는 구별하기가 어렵다.

　　화가 난다는 것은 몸의 상태와 이 흥분이 무엇을 의미하는지를 해석하는 것과 관련이 있다. 감정으로서의 화는 흥분과 해석이라는 복잡한 체험이다. 다음의 예가 이를 이해하는 데 도움을 줄 것이다.

슈퍼마켓에서 산 물건을 양손에 들고 복잡한 계산대 앞에 줄을 서서 몸의 균형을 잡으려고 애쓰며 기다리고 있었다. 계산대 앞으로 나가는 과정에서 뒷사람이 나를 밀었다. 몸이 휘청거리며 앞사람을 떠밀게 되자, 앞사람은 나를 쏘아보았다. 나는 흥분하였고, 이 흥분의 이름에 화라는 이름을 붙였다. 계산하고 있는 점원을 탓하고, 내 주위에 있는 어중이떠중이들을 탓하고, 또 하필 이런 바쁜 시간에 여기에 왔을까, 라고 자신을 탓하면서 내 안에서 치밀고 있는 느낌이 화라는 것을 알았다.

슈퍼마켓을 다녀온 그날 저녁 나는 근처 대학에서 열린 미식축구 경기를 관람하러 갔다. 경기장에 도착하여 자리를 잡기 위해 서둘러 가는 군중들과 부딪치게 되었다. 군중들과 휩쓸리면서 밀치고 떠밀리고 있었다. 하지만 그곳에는 미소가 만연했고, 날씨가 어떻다든가, 우리 팀이 이길 거라는 말들로 가득 차 있었다. 다시 흥분하게 되었고, 이 흥분으로 기분이 좋아졌다. 여기서도 사람들에게 밀리고 부딪쳤고, 슈퍼마켓보다 더하면 더했지 덜하진 않았지만, 이런 것이 나를 자극했다. 그러나 이 흥분은 화를 불러일으키는 것이 아니라 즐겁게 함께하는 것이라고 달리 해석되었다.

흥분 상태에서는 화뿐만 아니라 다른 감정들도 함께 온다. 이 흥분을 화라고 이름 짓든, 다른 어떤 것이라고 이름 짓든 흥분은 우리 몸 안에서 일어나고 있는 것일 뿐만 아니라, 마음 안에서 일어나고 있는 것 - 우리가 경험하고 있는 것에 대한 우리의 판단 - 에 의존한다. 화에 대한 경험의 한 부분인 이런 판단을 살펴보기 전에, 화가 지니고 있는 긍정적인 면을 반드시 상기해야 한다.

화가 일어나는 분야

우리가 자주 화가 나게 되는 세 가지 사회적 맥락에는 가까운 친구 관계, 공적인 나눔, 그리고 정의가 도전받는 환경이 있다.

가까운 관계 안에서의 화

화는 사랑의 반대말이 아니다. … 화는 관계를 맺는 한 양상이며, 항상 주의를 기울여야 하는 생생한 형태이다.
— 바바라 해리슨 Barbara Harrison

우리는 성숙해 가면서 화가 친밀한 관계에 붙어 다니며, 더 나아가 친밀한 관계가 지닌 장점이 될 수 있다는 것을 깨닫게 된다. "화는 소중한 관계가 위협받을 때 일어나며, 화가 나는 목적은 이 관계를 증진시키기 위한 것이지 망치기 위한 것은 아니다."라고 다나 크로울리 잭 Dana Crowley Jack 은 말한다. 더 나아가 심리학자 로셀 알빈 Rochelle Albin 은 "화는 사람들의 상처와 서로의 차이점을 극복하는 데 도움을 주고, 서로에 대한 이해를 증진시키며, 그들 관계에 보다 굳건한 토대를 마련해 주는 건설적인 감정이 될 수 있다."고 말한다. 그러나 이런 화가 주는 혜택을 받기 위해서는 화를 잘 다루는 법을 배워야 한다.

가까운 관계에서 화를 해결하려면 흔히 직접적인 접근 방법 – 곧 서로가 느끼고 있는 고통을 깨닫고, 아픔을 주는 주제에 대해 함께 도전하고, 함께할 수 있는 해결책들을 실행에 옮기면서 용서하는 방법 – 을 배우는 것이 요구된다. 그러나 우리 중 많은 사람이 친밀한 관계에서 오는 화를 다루는 것에 대해 주저한다. 우리는 자신이 의지하고 있는 사람들이 멀어질 것을 두려워하면서, 가까운 사람들에 대한 화를 인정하기를 주저한다. 그러나 화가 난 것에 대해 서로 이야기를 나누고 함께 해결 방안을 모색하는 것이 보다 깊이 서로를 이해하고 훌륭한 관계를 유지시켜 준다는 것을 경험으로 알 수 있다. 친밀한 관계에서 생기는 화를 해결하려면 먼저 화가 났다는 사실을 인정해야 한다. 그러고 나서야 우리는 그 화를 유발시킨 상대에게 다가가 함께 그 문제에 부딪칠 수 있고, 실제적인 해결책을 실행에 옮길 수 있다.

공적인 화

두려움과 화는 생존에 대한 위협에 대응하도록 설계된 것이다. 우리의 자존심이나 신분, 지위나 인간성, 또는 존엄성 때문이 아니라 살아남기 위해 설계된 것이다.
— 윌러드 게일린

　　　분노는 인간관계 이외의 상황에서도 일어난다. 때로 하루를 지내는 일이 아주 어려울 때가 있다. 심한 교통 체증으로 앞의 차가 움직이지 않을 때, 은행 컴퓨터에서 거래 기록의 에러가 수정되지 않을 때, 이웃집에서 늦은 시간에 시끄럽게 파티를 하며 떠들 때가 있다. 이렇게 복잡하고 빠르게 돌아가는 세상에서는 이런 불편들이 날로 늘어나고 있다. 만일 우리가 이런 분명한 무례함을 의도적인 도발이라고 해석한다면, "정말 화나게 하는군!" 하면서 화가 치밀어 오를 것이다.

현대의 삶에서 겪는 침범과 갈등에 대해 적절한 행동으로 반응함으로써 우리는 흥분하는 것을 줄일 수 있다. 스트레스를 덜 받는 생활을 하려면 자신의 삶에 몰두하는 것이 도움이 된다. 곧 하루 계획을 단순하게 짜는 것, "안 돼!"라고 이야기하는 법을 배우는 것, 되도록 좋은 사람이 더 많다고 볼 수 있게 자신의 시야를 넓히는 것 등이다. 흔히 실제적인 주장이 필요하기도 하다. 예를 들어, 고장 난 상품을 반환하는 것, 계약자에게 약속 날짜까지 완벽하게 수리해 주도록 확인 전화를 하는 것, 부근의 부동산 주인과 거래를 협상하여 조정하는 것 등이다. 우리가 이런 거래를 하는 의도는 우정을 심화하거나 직장 동료와 가까운 관계를 유지하기 위해서가 아니다. 보다 온건한 의미의 공중도덕으로 돌아가는 것이 그 목적이다.

공적 화는 흔히 우리 삶에서 발생하는 다른 긴장을 재는 바로미터이기도 하다. 바쁘게 지내면서 신체적으로 지치고 정서적으로 메말라 있는 날, 우리가 얼마나 짜증을 내는지 기억해 보자. 이런 지속적인 스트레스에서 오는 흥분은 화를 일으키는 도화선이 된다. 가슴 아픈 이혼을 했거나 실직과 같은 위협에 직면했을 때, 우리는 그런 일을 당하지 않았더라면 평온하게 넘어갈 수 있었던 상황에 대해 적개심을 가지고 대응한다. 최근의 한 연구는 도시에서 폭력이 증가하는 원인이 살인 무기를 쉽게 구할 수 있는 것 외에 또 다른 이유가 있다고 주장한다. 럿거스 대학Rutgers University의 형법 교수인 제프리 패건Jeffrey Fagan은 젊은이들의 폭력 증가가 그들이 일상에서 겪고 있는 가슴 아픈 어려움과 밀접한 관련이 있음을 밝혀냈다. 일상생활에서 부딪치는 축적된 스트레스가 반복적으로 두려움과 치욕스러움을 불러일으켜, 그 결과 도시 빈민가에 사는 수많은 아이가 신체적 흥분을 과민하게 드러낸다는 것이다. 어떤 작은 도발에도 이런 흥분은 폭력적 반응을 일으킬 수 있다.

공적인 화를 다룬다는 것은 사회 관계 속에 분명히 드러나 있는 마찰을 잘 통제한다는 것을 뜻한다. 곧 서로에 대해 참아 주는 힘을 발달시키고, 마찰을 잘 중개할 수 있는 데 도움이 되는 전략을 의미한다. 역설적으로 보이지만, 공적인 불화를 해결하는 데에는 자기 자신에게 관심을 집중시키는 것, 곧 참을성 없는 것을 극복하기 위한 훈련과 도발적 행동을 자제하며 자신의 삶을 살아가는 일들이 요구된다.

정의로운 화

화는 공감과 공평성을 이루기 위해 필요한 심부름꾼이다.
— 제임스 Q. 윌슨 James Q. Wilson

화는 또한 불의에 직면할 때 이글거린다. 곧 자신을 부당하게 대우하거나, 혹은 자신과 비슷한 사람들을 부당하게 대우할 때, 체면이 손상되는 행동에 직면하게 될 때, 또는 공정한 일의 진행을 방해하는 행동에 직면하게 될 때 그리고 자신의 세계관의 핵심이 되는 가치가 멸시당하는 상황에 처하게 될 때 화가 끓어오른다. 불의에 직면하게 되었을 때, 화는 그릇된 것을 바로잡으려는 우리의 투신에 힘을 실어 준다. 그러나 불의에 직면한 화가 잘못 일어나 자기 파괴적인 행동을 하게 하고, 잘못 짚은 적을 공격하게 할 수도 있다.

한 예를 들어 보면, 로드니 킹 Rodney King 을 구타한 경찰들에 대한 첫 번째 판결이 있은 후, 로스앤젤레스에서 일어났던 화재와 약탈은 폭력을 사용한 사람들이 자신들이 살고 있는 이웃과 그 공동체에 기본적인 서비스와 일자리를 제공했던 지역 사업체들에게 커다란 피해를 입히면서 그 지역 전체를 황폐화시켰다.

그때 아프리카계 미국인 신학자 코넬 웨스트Cornel West는 이런 종류의 폭력의 근원을 심도 있게 증명하면서, 인종차별주의가 흑인들의 의식 안에 심어 놓은 무차별적 공격성에서 그 근원을 찾았다. "이런 아픔과 상처가 쌓여 가슴 깊은 곳에 자리 잡은 화에 영향을 미쳐 분노가 끓어오르게 했고, 정의를 실현하려는 미국 사람들의 의지를 꺾어 놓았다." 전문가들과 정치인들은 억제되지 않은 화가 이와 같은 도시 폭력의 원인이라고 말하는 반면, 점점 더 많은 의식 있는 분석가들이 이런 폭력에서 작용하는 보다 더 위험한 역동성은 허무주의에서 비롯된다는 점에서 그 뜻을 같이했다. 곧 "유래를 찾기 힘든 희망의 상실, 전에 없던 가치의 붕괴, 인간의 삶(특히 흑인의 삶)에 대한 극도의 멸시라는 역동성"이 그것이다. 웨스트는 '회개의 정치'를 주장하면서, 집단 우울증에 빠진 지역 공동체를 일으켜, 다시 한 번 사회적 평등을 위한 운동 안으로 그들을 동참시켜야 한다고 주장한다. 이런 범국가적인 전환을 추구하는 정의로움에서 오는 분노는 우리의 희망을 살아 있게 한다.

체제에서 오는 불의에 대해 단기적인 해결책을 구하는 것은 거의 불가능하다. 이렇게 고쳐지기 힘든 상황에서 화는 중요한 역할을 하게 된다. 이런 상황에서는 그룹의 도움이 결정적 힘이 될 수 있다. 중남부 로스앤젤레스의 지역 교회에서 1992년에 결성된 폭동 대책위원회, 아니타 힐/ 클래런스 토마스 청문회(Anita Hill/ Clarence Thomas Hearing) 이후 전국적인 조직망으로 결성된 여성 정치 단체인 음주 운전을 반대하는 어머니들의 모임이나 라틴아메리카와 필리핀의 그리스도인 기초

공동체와 같은 단체에서 정의감에 끓어오르는 생기 있는 분노들이 연마되었다. 이렇게 서로 모여 도움을 주고받는 단체들은, 사람들이 무작정 좌절하거나 분노에 휩싸이는 일을 막아 준다. 그러나 이런 단체의 목적은 분노를 없애는 것이 아니라 분노가 지닌 힘을 살아 있게 하는 것이다. 함께 모임으로써 우리가 처한 상황에서 정의에 대한 확신을 새롭게 할 수 있다. 이와 같이 안전한 환경에서는 일시적으로 감정이 표출될 수 있고, 확인받을 수 있으며, 효과적인 행동에 초점을 맞추게 할 수 있다. 주의 깊게 연마된 정의감에서 오는 분노는 공동선을 분명히 하기 위해 오랜 과정 동안 우리를 지지해 주고, 행동하도록 계획을 세우고, 방해가 되는 것을 극복하고, 자그마한 결과에 대해서도 감사하게 한다.

병적인 화

비참함은 암과 같이 사람을 좀먹게 한다. 하지만 화는 불과 같다. 화는 모든 것을 깨끗이 태워 버린다.

— 마야 안젤루 Maya Angelou

　　　　화는 위기 상황에서 일어나는 감정으로 갑작스러운 위협 때문에 일어나, 신속한 반응으로 해결되는 것이다. 화라는 고통스러운 긴박함이 재빨리 자기 방어를 하게 한다. 일단 위험에 반응을 하고 나면, 우리 몸은 평정을 되찾고 긴박했던 느낌이 점차 사라지게 된다. 위기 상황을 맞으면서 우리는 화가 지니고 있던 것을 발산한다. 우리는 중압감을 덜어 내고, 때로는 새로워졌음을 느끼기도 한다.

　　　　그러나 늘 이런 일이 일어나는 것은 아니다. 우리가 느끼는 화는 때로는 빨리 해결되기도 하지만, 종종 우리 마음속에 사무치기도 한다.

이런 위기 감정은 병적으로 악화되어, 줄곧 화가 나 있는 경험을 하게 된다.

아리스토텔레스는 화에 대해 논하면서, "비참함은 완화되지만… 오랫동안 지속적으로 chronos 화가 난 상태가 된다. 왜냐하면 자신의 분노를 속에 감추고 있기 때문이다."라고 한다. 이런 감정에 대해 어떤 행동을 할 기회나 감정이 요구하는 것으로부터 벗어나는 기회를 잡기보다는, 분노를 속에 감추는 사람들은 자신을 분노 안으로 빠져 들게 한다. 상처에 아파하고 속이 상함을 느끼면서, 그들은 이런 느낌을 다른 사람들 모르게 키워 간다. 아리스토텔레스가 관찰한 바와 같이, "그들의 감정은 숨겨져 있기에, 아무도 이들을 달랠 수 없다". 자신들의 화를 안으로 삭이고 있는 사람들은 흔히 차분하고 통제된 상태로 보이기에, 다른 사람들은 그들이 지닌 분노를 눈치 채지 못한다. 적어도 처음 만났을 때는 더욱 눈치 채기가 어렵다. 그러나 이런 숨겨진 고통이 공적으로 표명되었던 차분함을 무너뜨릴 때, 그들이 지닌 분노는 악의적인 빈정거림이나 적개심으로 드러난다. 병적으로 화를 내는 사람들이 지닌 비참함이 주변 사람들에게는 상처의 원인과는 별개로 일어나는 것처럼 보이기에, 그들의 분노를 이해할 수 없고, 화가 난 사람들조차도 왜 화를 내는지 모를 때가 종종 있다.

병적인 화는 때로 분개라는 옷을 입고 나타나기도 한다. 분개하면서, 우리는 속에 쌓아 두었던 불평을 중얼거린다. 자신에게 해를 입힌 사람을 욕하며, 날카로운 말로 그들이 걷는 길을 막아서는 자신의 모습을 떠올린다. 우리는 다른 사람을 탓하기에 열중하지만, 모든 행동은 마음의 숨겨진 영역에서 일어나는 것이다. 로버트 솔로몬은 이런 분개를 어떤 권위적인 것에 패배한 화라고 말한다. 자신의 삶에 힘을 가하는 무언가에 분개하면서, 우리는 직접적으로 그런 것들에 맞서기에는 자신이 열등하다고 느낀다. 분개는 얼굴을 드러내기를 부끄러워하는 화이다. 그러나 이런 느낌은 빈정거림과 비꼬는 말로 가장한 채, 얼굴을 드러낸다. 이런 행동들은 우리가 가두어 놓은 내적 분노의 기세를 조금 분출하기는 하지만 결코 상처를 치유하지는 못한다. 강박적으로 적개심을 반복해서 드러내거나 비열하게 살피면서, 우리는 자신이 처해 있는 상황을 점점 더 나빠지게 한다. 병적인 화는 우리를 좀먹어 가고, 우리의 동료들을 우리에게서 떠나게 한다.

병적인 화는 또 다른 모습으로 위장할 수 있다. 수동적 적개심으로 우리는 타협하기도 하고, 또는 헛된 저항을 보이면서 화가 지니고 있는 건강하지 못한 모습을 드러내기도 한다. 습관적으로 비꼬는 말Irony을 하는 것은 아마도 교육받은 사람이 가장 쉽게 선택할 수 있는 병적인 화의 표현일 것이다. 월레스 스테그너Wallace Stegner는 자신의 소설「살아 있는 모든 작은 것들All the Little Live Things」에서 '감추어진 비꼬임irony'에 대해 다음과 같이 적고 있다.

연민을 느끼기에는 실패했고, 금욕주의로 사는 것은 간신히 통과했지만, 비꼬면서 사는 데는 모두 A학점을 받았다. 저주, 회피, 자기 방어, 똑똑한 척하면서 안전하게 살아남을 수 있는 데는 모두 A학점을 받았다.

분개와 비꼬는 것은 대개 화를 직접적으로 드러내는 것이 아주 위험하다는 판단에서 오는 것이다. 이런 판단은 우리로 하여금 자신의 화를 어떻게 평가해야 하는지 살펴보게 한다.

화의 평가

화는 무언가가 잘못되었기에 바르게 고쳐져야 한다는 윤리적(도덕적)인 요구를 한다. 그러나 이런 주장이 늘 정확한 것은 아니다. 흔히 자신의 즉흥적인 느낌대로 따르다 보면 실수를 하게 된다. 화가 난 상태에서 내린 결론들은 나중에, 곧 마음이 평정되었을 때 반드시 다시 살펴보아야 한다. 화에 대한 평가는 판단이 요구되기에, 이 판단 역시 검증되어야 한다. 그러나 화가 검증되어야 한다는 것은, 그 화가 요구하는 것을 즉시 없애도록 해야 한다는 것은 아니다. 오히려 화로 말미암아 내리게 되는 판단을 확인하고, 검토하고, 재평가해야 한다는 것이다.

받은 상처

화를 평가하는 첫 번째 판단은 받은 상처에 대한 것이다. 육체적인 상처는 우리를 미치게 한다. 예를 들면, 차 문짝에 손을 찧었거나 이웃에 사는 깡패가 육체적인 상처를 입히려고 협박할 때 등이다. 그러나 더 흔한 상처는 우리의 자존심에 가해지는 것이다. 노먼 로러 Norman Rohrer 와 필립 서더랜드 Phillip Sutherland 는 창피를 당하는 것에 대한 방지책이 '화'라고 정의한다. 비난과 빈정거림으로 개인을 공격하고, 우리의 자존심에 상처를 입힌다. 멸시를 당하는 것은 눈앞에서 자신의 존재가 사라지는 위협으로 느껴진다. 자존심이 없어지기 시작함과 동시에 또 다른 감정이 일어난다. 상처를 받았다고 느끼면서 우리는 화가 나고 또 다른 해석을 하게 된다. '내가 이렇게 당할 이유가 없어. 네가 날 이렇게 대할 수는 없는 거야!'라고 생각한다. 예를 들어, 매 맞는 여성들을 위해 일하는 사람들의 보고에 의하면, 이렇게 화가 남으로써 형성되는 확신이 지속적으로 매를 맞는 굴레에서 벗어나게 하는 전환점이 된다고 한다.

때로 상처는 우리의 세계관, 곧 진실의 힘에 대한 확신에 손상을 입힌다. 사람들이 우리의 자존감에 도전할 때, 어떤 사건이 우리 자신의 근본적 이념에 대해 문제를 제기할 때, 자신이 존중하는 관습을 다른 이들이 업신여길 때, 우리는 화가 난다. 여기서 입게 되는 상처의 정도는 '내가 틀릴 수도 있지!'라는 생각보다 훨씬 심각하다. 이런 의도적인 모욕은 자신에게 의미 있는 세계, 곧 우리의 삶에서 의미를 발견하면서 살아가도록 도와주는 확실한 것들을 위협한다. 무엇이 이런 화를 불러일으키는지 살펴보는 것이 중요하다. 1970년대 초반 베트남 전쟁 중 이러지도 저러지도 못하는 꽉 막힌 상황에서, 세계에서 미국이 누리고 있던 특권적 위치를 잃어버릴 것 같은 위협적 상황에서 당시 전역에 확산되었던 분노를 기억해 보라. 혹은 상대적으로 아무것도 아닌 것처럼 보이고 오늘날에는 하찮은 것으로 여겨지지만, 1960년대 당시 직장에 출근하는 여성이 치마 정장 규정을 어기고 바지 정장을 입고, 남성은 머리를 장발로 길렀던 것 때문에 야기된 화를 생각해 보라. 이런 화를 불러일으킨 것이 무엇이든 화는 기존의 질서와 그 안에서 우리가 안전하다고 느끼며 사는 것이 위험에 처할 때 일어난다.

탓으로 돌림

두 번째 화에 대한 평가는 화가 올바르게 방향을 잡았는지를 점검한다는 의미이다. 다시 말해, 책임 소재를 묻는 것이 화의 핵심이다. 제임스 애버릴 James Averill 은 "무엇보다도 화는 탓을 돌린다."고 말한다. 해를 입었다면 누군가가 책임을 져야 한다. 우리는 자신을 속일 수도 있고(자신에 대해 분노하는 것은 죄책감을 느끼는 데서 많이 비롯된다), 다른 사람을 속일 수도 있다. 아주 흔히 우리는 정확하지 않게 탓을 돌린다. 아무 죄도 없는 옆에 있는 사람에게 - 더 나아가 물건에게 - 탓을 돌린다. 어쨌든 탓을 돌린다는 것은 화가 난다는 것을 의미하는 것 중 하나이다.

  화는 우리가 좌절할 때 일어난다. 우리가 필요로 하는 것이 거부될 때, 원하는 무언가를 가질 수 없을 때, 자신의 목표를 이루지 못하게 될 때 일어난다. 스트레스를 받으면 우리는 이런 좌절을 개인적인 것으로 돌리면서, 여기에 끼어드는 것을 자신에 대한 직접적인 공격으로 해석한다. "저 부주의한 버스 기사 때문에 화가 나 죽겠다." "컴퓨터 안에 숨어 있는 악마 같은 천재 때문에 내가 이 고생을 한다."라고 말한다.

  탓을 돌릴 사람도 없이 화가 난 상태에 머물러 있는 것은 매우 어려운 일이다. 아무에게도 잘못이 없다는 사실을 알게 될 때, 화는 사라진다. 이런 상황에 대해 편하지 않게 느낄 수도 있고, 일어난 일 때문에 여전히 불편해하고, 자신이 한 행동 때문에 거슬릴 수도 있지만, 계속 화를 낼 가능성은 적다. 한 부부의 예를 살펴보자.

  쇼핑몰에서 누군가가 뒤에서 밀어 우리가 산 물건을 땅에 떨어뜨려 내용물이 다 바닥에 흩어졌다. 무진장 화가 나서 뒤돌아섰을 때, 우리는 우리 뒤에 있던 사람이 무언가에 걸려 넘어진 것을 발견했다. 화는 곧 관심으로 바뀌었고, "괜찮아요?" 하면서 그 사람을 도와주었다.

  원래 우리 부부는 이런 상황에서 불편함을 느끼곤 했었다. 거의 넘어질 뻔했고, 산 물건들이 바닥에 흩어져 나뒹굴고 있고, 시간 계획도 엉망이 되었다는 걸 알고 있었다. 우리는 아마도 이 상황이 성가시게 느껴졌을 것이다. 주변에 웅성거리고 있는 사람들이 더 혼잡하게 만든다고 생각했을 것이다. 그러고는 참을 수 없어져, "왜 쇼핑몰 경비원들이 와서 도와주지 않는 거지?"라고 말했을 것이다. 더 나아가 탓을 돌릴 누군가를 찾고 있었을지도 모른다. "이렇게 습기가 많은 날에 왜 바닥을 조심해서 걷지 못할까?"라고 했을 수도 있다. 하지만 이 사람이 정말 책임질 일이 없다는 판단이 서자, 우리는 부딪힌 사람에게 더 이상 화를 낼 수가 없었다.

화는 또한 탓을 돌린 사람이 실제로는 아무 잘못이 없다는 것을 알게 될 때 그 힘을 잃는다. 또 다른 예를 보자.

내 이웃에 사는 사람이 빌려 간 기계톱을 늦게 가져 왔다. 어제 내가 그에게 폭우로 생긴 잔해더미들을 내일 오후에 처리할 것이라고 말했을 때, 그는 오늘 정오까지 기계톱을 돌려 주겠다고 했었다. 오후에 일을 하려고 차고를 확인해 보았지만, 기계톱은 없었다. 나는 화가 났다. 씩씩거리면서 그 이웃이 사려 깊지 못하고 나쁜 사람이라고 탓을 하면서 전화를 하려고 꿍얼거리며 집 안으로 들어왔다. 바로 그때 아들 그렉이 톱을 들고 자기 방에서 뛰어나왔다. 내 이웃은 자신의 약속을 지키려고 일찌감치 들렀는데, 차고 문이 잠긴 것을 보고(나는 차고 문을 열어 놓겠다고 말했었다), 문으로 와 아들에게 톱을 주었던 것이다. 자기 일 때문에 바빴던 그렉은 톱을 자기 방으로 가져다 놓고는 까맣게 잊고 있다가 내가 화가 나서 언성을 높이는 소리를 듣고는 기억해 냈던 것이다. 이런 사정을 알게 되었을 때, 나는 이웃에 대한 화가 사라지는 것을 느꼈다. 난 그렉에게 왜 톱을 일찍 가져다주지 않았느냐고 소리치고 싶은 유혹을 느꼈다. 다행스럽게도 그 순간 나는 나 자신을 잘 누를 수 있었다. 이렇게 일이 꼬이게 된 책임은 전적으로 나에게 있었다. 차고 문을 열어 두지 않은 사람은 바로 나였다. 이런 잘못에 대해 부끄러워졌고, 이런 소동을 일으킨 나 자신에 대해 은근히 화가 났다.

확고한 대응

세 번째 화에 대한 평가는 화가 우리로 하여금 행동하게 한다는 것이다. 화가 난다는 것은 우리가 지금 대응할 수 있고, 대응해야 하며, 바로 지금 대응해야 한다는 깨달음이다. 어떤 상황에서는 이런 긴박성이 우리에게 나쁘게 작용될 수도 있다. 결과를 생각해 보기도 전에 행동으로 옮길 수 있기 때문이다. 예를 들면, 폭력을 휘두르거나 바보스러운 위험을 감수할 수도 있다. 그러나 화가 지닌 고집스러운 면은 보다 효과적으로 대응하도록 우리를 강하게 해 주는 데 있다.

화는 우리를 행동에 투신하도록 한다. 화와 행동 사이의 연관성이 아주 강해서, 만일 어떤 사람이 "나 정말로 화났어."라고 말하면서도 이런 불쾌한 상황을 바꾸려고 하지 않는다면, 정말 그 사람이 화가 났는지 의심하게 된다.

화를 내는 것은 우리의 몸과 마음에 힘이 솟게 한다. 우리 친구 중에 한 사람이 이런 경험을 했다. "난 화가 났을 때 강해진 것처럼 느껴져!" 신체적으로 화는 에너지를 만들어 낸다. 화가 났을 때 우리 몸은 강렬한 행동을 하도록 힘을 결집하기 때문에 실제로 자신이 강하다고 느낀다. 심리학적으로 화는 자신감을 갖게 한다. 화가 난다는 것은 '내가 옳다는 생각'을 보강해 준다. 자신이 하는 불평이 정당한 것이라는 확신으로 의심은 사라지고, 우리가 하는 행동은 정당화되며 '무언가 조치를 취해야 한다.'는 의식이 자라난다. 때로는 '어떤 행동을 하는 것'이

열 받은 것을 식힐 정도로만 이루어진다. 곧 자신의 운명을 저주하거나 큰소리로 불평을 하고, 소리를 내며 걷고, 방을 나가면서 문을 쾅 닫는 것 등을 말한다. 그러나 '어떤 행동을 하는 것'이 해로운 상황을 치유하는 방향으로 움직일 때 더 건설적인 것이 된다.

화는 우리에게서 열정적인 반응을 자아낸다. 우리는 자신의 확신에 따라 행동하고 정의를 실현하며, 변화를 유발시키려고 노력한다. 이러한 확고한 행동은 우리로 하여금 어떤 주장을 하게 하고, 우리를 예민한 문제의 상황으로 몰아넣는다. 그러나 화가 지닌 확고함이 반드시 공격적인 행동으로 이끄는 것은 아니다. 사실 처음부터 문제에 관심을 가짐으로써 사태가 더 악화되기 전에 적당한 해결책을 찾아낼 시간을 준다. 이런 확고함은 대개 공격적인 행동을 막아 준다.

공격적인 행동이란 해를 끼치기 위해 직접 습격하는 것을 말한다. 화가 났을 때의 일상적인 체험에 대한 연구를 통해, 심리학자 제임스 애버릴은 화와 공격적인 행동 사이의 연관은 그리 강하지 않다는 사실을 발견했다. 화가 났을 때, 대부분의 사람들은 비난받아 마땅한 범죄자를 직접 공격하는 것을 최후의 수단으로 생각한다. 보다 심하게 화가 난 사람들은 자신의 확신을 전달하려 하고(이게 중요한 문제야!), 자신의 권리를 지키려 하며(나는 더 대우를 받아야 해!), 잘못된 것을 고발하려 한다(무언가 잘못됐어!). 그들이 지닌 화는 나쁜 상황을 개선하기 위해 강력한 행동을 하게 한다. 이와 같은 단호함은 개인적으로 강해졌다는 느낌을 가지게 한다. 폭력은 자신이 무능력하다고 느끼거나 화를 효과적으로 표출할 길이 없거나 혹은 분노가 사태를 악화시킬 때 일어날 가능성이 많다.

희망의 느낌

마지막으로 화는 무언가 이루어질 수 있다는 확신과 함께 나타난다. 이런 희망은 화를 변화의 여정에서 필요한 친구가 되게 하고, 성숙의 과정에서 존중할 만한 역동성이 되게 한다. 많은 심리 치료사들은 화가 동료(친구)라는 사실을 알고 있다. 곧 화가 지닌 힘이 개인적인 변화라는 어려운 작업에 힘을 북돋워 줌을 알고 있다. 메닝거 클리닉(진료소, Menninger Clinic)의 해리엇 골드허 러너 Harriet Goldhur Lerner는 여성이 겪는 분노 체험을 다시 정의한 영향력 있는 글을 통해 "화는 관계 양상에 새로운 입장을 정의하는 데 사용되어야 하며, 이 입장은 자기 배반을 의미하는 것이 아니다."라고 말했다. 사실 대부분의 결혼생활 상담자들도 화가 나 있는 부부와 상담하는 것을 선호한다. 서로에게 화가 나 있는 사람들은 여전히 서로의 삶에 중요한 사람으로 남아 있기 때문이다. 오히려 화보다 무관심이 화해하는 데 더 커다란 방해가 된다. 왜냐하면 화가 난 사람들은 아직도 서로에게 관심이 있기 때문이다.

화는 또한 사회적 변화를 알려 준다. 화가 난 사람들은 사태가 달라지기를 바란다. 그들의 화는 현재 상황에 대해 "아니요!"라고 말하는 것이다. 변화가 가능하다는 희망에서 화가 일어난다. 사람들이 이 희망을 잃어버렸을 때는 화를 낼 수도 없게 된다. 이런 관련성으로 말미암아 화가 사회적 변화에 중요한 영향을 미치게 된다. 오랫동안 억압받아 온 사람들이 자신들의 운명을 거부하기 시작한다. 그들은 자신들이 처한 곤경에 직면해서 수동적이 되어 버렸기에 변화를 위해 움직이기를 주저한다. 그러나 화는 "우리는 보다 나은 대우를 받을 자격이 있다."고 권리에 대한 의미를 부여한다. 권리가 주어졌다고 느끼면서, 사람들은 행동을 하기 위해 모인다. 도전에 직면하고, 변화를 주장하며 개혁한다.

따라서 공동체를 조직하는 사람이나 변화를 선호하는 사람들은 화라는 고통에서 도망치지 않는다. "우리는 사람들이 화를 다시 느낄 수 있도록 노력하고 있다. 왜냐하면 화가 그들에게 희망을 되돌려 줄 것이기 때문이다."

화는 유쾌한 감정으로 남는 것도 아니고 안정감을 주는 감정으로 남는 것도 아니다. 화는 자신의 통제력을 위협하고, 평정심을 뒤엎는다. 대부분 우리는 화를 내지 않고 사는 것을 더 좋아한다. 그러나 화는 우리에게 필요한 동료(친구)이다. 우리가 무시당했을 때, 자존감이 위협당했을 때, 함께 나누는 삶이 불의로 위험에 처하게 되었을 때, 우리는 이런 침해에 대항하여 일어날 수 있어야 한다. 가까워진, 그리고 길들여진 화는 우리가 이 세상에서 책임감 있는 삶을 살아가는 데 도움을 주는 강력한 동료가 된다.

감정
스케치

　　최근 다른 사람에 대해 화가 났던 때를 기억하십시오. 몇 분 동안 이 사건을 마음속에 떠올리십시오. 무엇이 이 사람에 대해 분노를 일으켰습니까? 당신이 화난 것을 표현했습니까? 그렇게 했다면 어떻게 표현했습니까? 그렇게 하지 못했다면, 왜 표현하지 않았습니까? 결과적으로 어떤 일이 일어났습니까?

　　이제 득과 실의 차원에서 이 사건을 생각해 보십시오. 이 체험으로부터 얻은 것이 있습니까? 긍정적인 결과나 혜택을 받았거나 좋은 영향을 미친 게 있습니까? 마음에 떠오르는 것을 종이에 적어 목록으로 만들어 보십시오. 이런 체험을 통해서 잃은 것이 있습니까? 부정적인 결과, 해를 입은 것, 나쁜 영향들이 있었습니까? 다시 한 번 당신의 반응을 폭넓게 살펴보십시오.

　　다음으로 우리가 다른 사람에게 화의 대상이 되었던 적을 생각해 보십시오. 다시 한 번 이 체험을 되돌아보십시오. 당신의 어떤 면 때문에 그가 화를 냈다고 생각합니까? 어떻게 화가 표현되었습니까? 당신은 어떻게 느꼈습니까? 이런 화를 주고받으면서 결과적으로 어떤 일이 일어났습니까? 득과 실을 생각하면서 위에서 한 질문을 통해 묵상해 보십시오.

　　마지막으로, 화에 대한 위의 두 가지 예를 바라보는 당신의 입장을 비교하면서 잠시 시간을 보내십시오. 앞으로 화에 대한 당신의 체험을 긍정적으로 전환하기 위해서, 이 묵상을 통해서 알게 된 것 중 버려야 할 것은 무엇인지 생각해 보십시오.

우리는 우리의 화를 어떻게 다루는가?

> 어떤 어리석은 자라도 격분할 수 있다.
> 진정한 용기는 분노와 복수심을 가지고 무엇이든 하는 것이다.
> — 빅토르 빌라세뇨르 Victor Villaseñor

빅토르 빌라세뇨르는 몇 대에 걸쳐 멕시코와 미국에 거주하고 있는 대가족의 – 그 자신의 – 삶을 그린 서사시 「금 비 Rain of Gold」의 저자이다. 이 작품은 우아한 스타일로, 과하다 싶을 정도의 섬세한 묘사로 전 세계의 심금을 울린 작품으로 널리 알려져 있다. 최근에 빌라세뇨르는 1940년대와 1950년대에 남캘리포니아에서 성장한 자신의 이야기를 했었다. 멕시코인 부모를 둔 빌라세뇨르는 문화에 스며 있는 메시지 – 멕시코인은 다른 민족에 비해 좋은 사람이 아니라는 – 에 심한 중압감을 느꼈다. 19세에 그는 부모님의 고향에서 일 년 정도 지냈었다. 거기에서 그는 처음으로 조상들의 유산을 접할 수 있었다. 빌라세뇨르는 정부 관리자, 전문직에 종사하는 사람, 교사, 예술인 – 모든 사람이 자신과 같은 피부색으로 같은 말을 하는 사람 – 들을 만나 이야기를 나누며 굉장히 놀랐다. 미국에서 학교를 다니는 동안 심한 독서 장애를 겪었지만,

드디어 멕시코에서 빌라세뇨르는 그에게 책의 세계에 마음을 열고, 책 읽는 법을 가르쳐 주는 한 여인을 만난다. 가슴을 뛰게 하는 멕시코 문화와 문학을 접하게 된 순간 그는 자신감을 갖게 되었다. 그의 자존심이 라틴계 선조에 뿌리를 내리는 순간, 빌라세뇨르는 미국에서 지냈던 어린 시절을 회상하며 분노가 끓어오름을 느꼈다. "나는 분노에 차 복수심에 젖어 들고 있었습니다. 그리고 다시 미국으로 돌아가고 싶지 않았습니다." 빌라세뇨르는 그 당시 아버지와 나누었던 심각한 대화를 떠올렸다. "만일 내가 다시 돌아가면 나는 살인을 하게 될 거예요."라고 그는 선포했다. "내게 분노라는 것도 없는 줄 아시죠?"라고 어린 빌라세뇨르는 일그러진 얼굴로 이야기했다. 아버지는 이렇게 얘기했다. "어떤 어리석은 자라도 복수(격분)를 할 수 있다. 진정한 용기는 분노와 복수심을 가지고 무엇이든 하는 것이란다."

우리는 어떻게 우리의 화를 다루는가? 빅토르 빌라세뇨르의 아버지가 알고 있었듯이, 분노에 제한을 두지 않는 것은 거의 도움이 되지 않는다. 분노의 폭발은 순간적으로는 명예를 회복시켜 주겠지만, 엄청난 대가를 지불해야 한다. 우리는 상처 때문에 시달리는 사람들, 관계에 상처를 입은 사람들, 잠재적으로 소외된 이국인(거류 외국인)들을 가까이 하지 않으려 한다. 분노가 폭력으로 변하여 가족들에게 상처를 입히거나, 또는 무분별한 사회적 폭력으로 해를 입힌 경우에는 후회해도 소용이 없기 때문이다.

우리는 대부분 개인적 경험을 통해 다른 반응 – 부인(나는 화가 나지 않았어!), 죄책감(나는 화를 냈지만 그럴 필요는 없었어), 자책감(모든 것이 다 내 잘못인데 화를 낼 권리가 나에게 있나?), 또는 비난(아니야, 내가 화가 난 것은 당신 때문이야!) – 등이 효과가 없다는 것을 알고 있다. 이런 반응들은 처음부터 화를 내도록 되어 있는 것이다.

화를 효율적으로 다루는 것은 다른 출발점을 요구한다. 어쩌면 이를 수용이라고 이름 붙일 수 있다. 그러나 '수용'이라는 말은 생색을 내는 것처럼 들리기도 한다. 화로 인한 이익 - 그리고 위험 - 은 내키지 않는 동의나 마지못해 하는 허용보다 우리를 더 고무시킨다. 우리는 어떻게 우리의 화와 친해질 수 있을까? 먼저 우리는 화를 존중해 주고 평가하는 것이 바람직하다. 그렇게 한다면 화의 에너지가 우리로 하여금 변화를 위해 긍정적으로 행동하도록 도울 수 있다.

화 존중하기

화는 항상 형편없다. 하지만 화가 꼭 나쁜 것만은 아니다.
— 헨드리 웨싱거 Hendrie Wesinger

존중은 두려움을 딛고 화가 나는 것을 인정한다. "여기 두렵고 심지어는 위험하기까지 한 감정이 있다." 화는 사회생활의 섬세한 관계를 위협한다. 관심을 받지 못한 이 에너지는 관계를 무너뜨리고 복수로 이어지는 위험에 빠뜨린다. 하지만 이 에너지로의 접근은 반드시 필요하다.

사전에서 '존중하다 to honor'를 보면 '인정하다, 존경하다'라는 두 가지 뜻을 다 포함한다. 어떻게 화를 존중할 것인가? 화난 느낌이 정상이라는 것을 인식하는 것이 좋은 출발점이 된다. 존중은 이 두려운 감정을, 우리 인생에서 - 훗날 후회할 행동으로 연결되지 않고 - 예상할 수 있고 필연적인 것으로 받아들이도록 도와준다. 단순하게 "그래, 나는 화가 났어." 하고 인정하는 것만으로도 우리를 부정의 무게로부터 풀어 주기 시작한다. '존중'이라는 단어는 우리 중 많은 사람이 아직도 지니고 있는 상처 입은 마음을 위한 해독제로, 특히 화를 느끼는 스스로에게 벌을 주려는 경향을 타파하고자 한다. 우리는 금지된 감정에 대항하는 죄책감에 사로잡히기보다, 우리 자신의 화를 어떻게 할 것인가를 결정하는 어려움을 겪으면서도 화를 받아들이는 법을 배워야 한다. 화를 느끼는 것과 분노를 행동으로 옮기는 것의 차이점을 재확인함으로써 우리는 화의 힘을 다스리는 긴 여정으로 나아갈 수 있다.

분노는 '앞에 자리하고 있는 격정으로 주의 깊게 나아가도록' 신호해 준다. 화를 존중하는 것은 이러한 권한을 존중하도록 도와준다. 화를 존중하기 위해 우리는 우리가 느끼는 감정에 주의를 기울여야 한다. 주의를 기울이려는 노력은 충동에 대항하는 과정에서 아주 빠른 반응을 보인다. 이러한 훈련은 우리가 흥분함으로써 일어나는 위급함을 차단시키고, 그에 따른 결과를 고려할 수 있는 시간을 준다. 심리 연구에 따르면, 어떻게 주의를 기울이는가에 따라 사람들이 화에 잘 반응하도록 도움을 준다고 한다. 사람들이 자신의 분노를 어떻게 다루는가에 관한 10여 년간의 연구를 종합 분석한 심리학자 레너드 버코위즈 Leonard Berkowitz 는 부정적 감정을 효율적으로 다스릴 줄 아는 사람들이 하는 반응의 형태들을 묘사하고 있다. 버코위즈는 "주의를 기울이는 것"이 중요한 식별 단계의 시작임을 발견하였다. 예를 들면, 사람들이 화에 직면했을 때의 첫 반응은 "약간은 혼란스러워하거나 놀라움을 표시하는데, 이는 비교적 높은 수준의 인지 활동을 유발시킨다. 그들은 자신의 감정에 대한 원인이 무엇일까 생각하고, 대응할 수 있는 가장 좋은 방법은 무엇일까에 대해서도 숙고하게 된다. 이러한 숙고는 그 후의 행동을 조정해 준다."는 것이다. 조심성이 개입되지 않으면 "부정적 감정으로 인한 적대적이고 적극적인 경향은 과격한 행동과 거친 언어로 공공연하게 표현된다."는 것을 버코위즈는 알아냈다. 화를 존중한다는 것은 자신의 감정에 주의를 기울일 수 있도록 우리를 격려한다. 그리고 주의를 기울이는 것은 분노를 적절하게 파악하고, 그 힘을 생산적으로 사용하도록 도와준다.

화 평가하기

한 친구가 분노에 대한 자신의 경험을 들려주었다.

분노는 내게 있어 항상 다루기 어려운 것이었다. 내 친구들 중 몇 명은 나를 성급한 사람이라고 한다. 나 역시 만약 누군가가 나를 이용하려 한다거나 무시하려는 듯 느껴진다면 곧바로 반응하리라는 것을 인정한다. 가끔 그렇게 하는 것이 유익하기도 하지만, 그렇지 않을 때도 있다. 최근 나는 분노를 그대로 두는 것에 있어 점점 익숙해지고 있다. 이제는 내게 효과가 있는 무언가가 있다. 화가 나기 시작한다는 느낌이 들면, 나는 스스로에게 "나의 분노가 내게 무언가를 말하려고 하는구나!" 하고 말하는 것이다. 그리고 주문을 외우는 것처럼 그 말을 계속 반복한다. 이렇게 하는 것은 마음을 가라앉혀 주고, 나를 다른 방향으로 바라볼 수 있게도 해 준다. 그 일에서 손을 놓게 만드는 것이 아니라 무엇이 화나게 하고 왜 화가 나는가를 더 자세히 들여다보게 한다. 그리고 그것이 진정한 나의 모습이다!

"나의 화가 나에게 무언가를 말하려고 한다." 화는 항상 정보를 가지고 있지만, 그 메시지는 거의 직접적으로 오지 않는다. 화와 친해진다는 것은 이러한 메시지를 찾아내는 방법도 포함한다. 화를 평가하는 첫 번째 단계는 우리가 하는 전형적인 반응의 형태를 차단하는 것이다. 우리 중 몇몇 사람이 하는 자동적인 반응은 희생양을 찾아내어 그들로 하여금 화에 희생당하도록 하는 것이다. 피의자(희생양)를 찾아내는 것은 자신이 감당해야 할 문제를 회피하는 것이다. 이 방법은 자기 방어를 위해 자기기만이라는 전략으로 화의 힘을 왜곡시키는 것이다.

또 다른 전형적인 반응은 화가 났을 때 화에 굴복하는 것이다. 아마도 우리는 분노가 전혀 여성답지 않다거나 심각한 죄 또는 원래부터 미성숙한 것이라고 배워 왔을 것이다. 또한 자신이나 다른 사람이 내는 화의 결과에 대해 두려움을 느낀다. 그래서 우리는 순순히 묵인하면서 자신의 주장을 하지 않는 것이 그러한 느낌을 사라지게 해 줄 것이라고 생각한다. '나는 그 누구도 화나게 하고 싶지 않아. 내 권리를 요구하는 것은 위험한 일이야. 저항하는 것은 정중한 태도가 아니야.' 이런 식으로 불평하는 자세 또한 화가 표출되지 못하도록 우리의 힘을 약화시킨다.

치료사들은 우리가 하는 자동적인 반응을 찾아내도록 도와주는 간단한 전략을 자주 권고한다. '자신이 겪는 분노 체험을 간단히 메모하는 것, 곧 누구 때문에 화가 났는지, 아니면 누구에게 그 화풀이를 하는지, 화풀이를 못한 사람들은 누구인지, 얼마 동안 화가 지속되는지, 화가 났을 때 어떠한 생각이 드는지… 등을 적어 보는 것이다. 이러한 작업을 통해 분노가 어떠한 모습을 하고 있는가를 잘 보여 주는 패턴을 알게 된다.' 이러한 패턴을 평가하는 것이 우리가 다른 어떤 행동을 원하는지 결정하도록 도와준다.

"나의 화가 나에게 무언가를 말하려고 한다." 화와 친해질 때, 우리가 하는 반응은 무언가를 배울 수 있도록 준비시켜 준다. 무엇을 배우기 위해? 자신에 관한 어떤 것을, 곧 자존심에 대해 우리가 느끼는 위험, 또는 개인 역사가 우리로 하여금 상처를 방관하도록 했던 다양한 수법들, 아니면 사건과 상황이 어떻게 이 상처를 복수로 변화시켜 왔는지 등을 배우도록 준비시켜 준다. 화란 깊이 간직하고 있는 죄책감이 위협받을 때 폭발하므로, 화가 난다는 것은 우리가 지니고 있는 소중한 것들을 지키기 위해 싸울 가치가 있다는 것을 드러내 준다. 화의 근원을 찾아내는 것 또한 우리가 추구하는 가치와 지금 살고 있는 현실 사이에서 벌어진 틈을 찾아내는 것이다. 여기서 말하는 화는 우리가 원래의 자리로 돌아가는 데 없어서는 안 될 필요한 변화에 도전하게 하는 우리의 완벽한 동료이다.

또한 화는 우리가 살고 있는 세상에 대해 무언가를 알려 주려고 한다. 화를 낸다는 것은 좌절감에 대한 우리의 반응이다. 우리 대부분에게 좌절감이란 기회가 부족하다는 것이다. 왜냐하면 우리가 느끼는 초조감은 우리가 남보다 뒤쳐지고 있다는 느낌에서 오는 것이기 때문이다. 우리는 가족과 직장에 대한 책임감에서 오는 끝도 없는 요구에 지치게 된다. 또 몇몇 사람은 다른 사람들의 기대에 대한 부담으로 화를 내기도 한다. 우리는 많은 사람이 우리가 성취해야 하는 목표를 세워 놓고 그 기준에 도달하지 못한 것에 대해 우리를 지시할 권리가 있다고 느끼는 세상에 살고 있다. 우리가 느끼는 절망감은 소중한 직장 동료가 내 권리를 남들 앞에서 과소평가하는 것에서, 또는 십대 아들이 침묵으로

만 일관하거나 언어 폭력을 쓰는 것과 같은 잘못된 인간관계에서 비롯되었을 수도 있다. 또한 화는 우리에게 이웃 간에 만연해 있는 인종 차별 분위기, 직장에서 일어나는 사기를 저하시키는 성희롱 등과 같은 위험한 주변 상황에서 올 수도 있다. 살펴보면 화는 우리의 환경이 어떻게 적대적으로 변해 가는지 간파할 수 있게 해 주며, 우리에게 그에 대한 효율적인 반응의 구체적인 형태를 보여 주기 시작한다.

"나의 화가 나에게 무언가를 말하려고 한다." 이 메시지를 분별하는 것은 우리의 노력을 요구한다. 우리는 화를 유발시키는 것이 무엇인지를 성찰하기 위해 멈추어야 한다. 우리는 어떤 문제가 제기되어야 하는지, 도전을 해야 하는지, 또는 무시해야 하는지를 질문하기 위해 습관적인 응답 패턴을 차단시켜야 한다. 자신의 화를 평가하는 것은 화의 지혜가 생길 수 있도록 여지를 남겨 놓으면서, 흥분한 상태에서 잠시 멈추는 것이다.

적절한 반응에 대한 분별

화가 나서 하는 행동을 분별하는 것은 우리의 목표에 맞춤으로써, 곧 화를 통해 무엇을 성취하고자 하는가에 맞춤으로써 시작된다. 가끔 그 목적은 대화에 초점을 맞춘다. 곧 우리는 자신의 기분이 어떻다는 것을 누군가가 알아주기를 원하기 때문이다. 때로 그 목적은 변한다. 곧 우리는 나쁜 상황을 고치기를 원하기 때문이다. 그리고 어떤 때는 그 목적이 전환되기도 한다. 곧 우리는 화로부터 벗어나 앞으로 나아가길 원하기 때문이다. 이러한 각기 다른 선택에는 우리의 결정이 뒤따른다.

화가 난 행동을 단순히 통제를 넘어서는 자연스러운 감정의 폭발로 보는 것은 잘못된 것이다. 왜냐하면 분노의 행위는 항상 선택과 관련이 있기 때문이다. 화가 난다는 것은 다른 사람을 대하는 것을 배우는 방법 중의 하나인, 대인 관계에 대한 전략으로 이해하는 것이 좋을 듯싶다. 예를 들면, 우리는 화가 난 모습을 보여 주어야 하는지 아닌지를 결정하고, 어떻게 화를 표현하며, 누구에게 그 화의 초점을 맞출 것인가 – 배우자, 애완동물, 또는 길에서 만난 낯선 사람 – 를 결정한다. 화와 친해진다는 것은 자신의 흥분을 효율적 반응으로 변화시키는 선택을 어떻게 해야 하는지를 배우는 것을 의미한다.

우리는 대부분 어린 시절 '아니요.'라고 말할 수 있는 우리의 선택권에 제한을 받고, 대항할 수 있는 선택권을 억압당하면서 '화를 내는 것은 나쁜 것이다.'라는 교육을 받아 왔다. 그러나 우리를 흥분하게 하는 화를 억누를 때 화의 에너지를 빼앗기고, 침착하기 위해 너무 큰 대가를 치르고 있음을 깨닫게 된다. 여기에서 가장 중요한 훈련은 우리에게 일어나는 흥분을 효과적인 행동으로 밀고 나가는 것이다. 그러나 많은 미국의 가정에서 아이들은 화에 대해 다르게 교육받는다. 어려서부터 화와 폭력 사이의 연관성이 강조된다. 화가 난 부모로부터 받는 심한 육체적 체벌, 특별히 비난을 퍼부으며 절망을 표출하는 어른들, 가정에서 일어나는 난폭한 말다툼과 폭력 등이 우리가 어려서부터 겪는 경험이라면 화에 대한 편견을 갖게 된다. 그러나 화와 친해진다는 것은 분노의 흥분을 자동적으로 폭력적인 행동으로 연결짓는 패턴을 깨는 것을 의미한다.

폭력에 물든 젊은이들이 이러한 연결 고리를 깨는 방법을 배우는 것을 돕는 실험적 프로그램들이 학교, 또는 재활 센터 그리고 그 외의 많은 곳에서 개발되고 있다. 지금까지 알려진 바에 따르면 세 가지 주요 전략이 있다. 첫째, 젊은이들에게 그들의 분노를 차단시키는 간단한 방법 – 심호흡하기, 긴장을 완화시키는 간단한 운동하기, 하나부터 열까지 숫자 세기, 상상력을 이용하여 다른 곳으로 이동하기 등 – 을 가르치는 것이다. 둘째, 폭발적인 분노에 대한 갈등을 해소할 수 있는 방법을 젊은이들에게 소개함으로써 대안 – 분노를 제어할 수 있는 다른 방법을 고려하기, 자신의 주장을 펴는 비폭력적인 방법 배우기, 행동에 뒤따르는 결과를 알게 하기 – 을 알려 주는 것이다. 셋째, 젊은이들이 그룹을 만드는 활동의 새로운 방법 – 다른 친구들을 소개시켜 주기, 피할 수 있는 상황과 사람을 잘 구별할 수 있도록 서로 격려하기, 변화하도록 도와주는 동료 집단 형성하기, 자신의 실수와 성공담을 정기적으로 보고할 수 있는 어른과의 접촉 구축하기 – 을 찾도록 도와주는 것이다. 분명한 것은 문제가 있는 학생들만 이러한 효과적인 방법으로 도움을 받을 수 있는 것이 아니라는 사실이다.

화 표현하기

가까운 관계에서는 화나게 한 그 사람에게 자신의 고통을 알리는 것이 도움이 된다. 로셀 알빈은 "화를 표현하는 것은 우리에게 안도감을 줄 뿐만 아니라 다른 사람이 우리에게 우리의 상황을 다른 각도에서 볼 수 있게 도와준다. 화를 표현하는 것은 아픔을 덜어 주고 상황을 변화시킬 수 있다."라고 말한다. 사실 바바라 해리슨은 "직접적으로 표현하는 분노는 다른 사람을 심각하게 받아들이는 하나의 방식이다."라고 주장한다. 또한 해리슨은 "화가 난 우리에게는 두 가지 기본적인 선택권이 주어진다. 하나는 그 화를 무시하거나 피하는 것, 질책하거나 또는 탓하는 것이다. 또 다른 하나는, 서로 이야기하고 들어주는 진실된 과정을 통해, 서로 유익한 관계가 되는 쪽으로 행동하는 것이다."라고 얘기한다.

친구나 직장 동료에게 우리의 행동이 어떻게 자신을 화나게 하는가를 이야기하는 것은 쉽지 않다. 그러나 능숙하게 대처한다면, 이러한 정직함이 변화를 가능하게 한다. 친구나 직장 동료는 우리의 기분을 상하게 하려는 의도는 없었을 것이다. 아마도 우리가 공격으로 받아들였다는 것조차 모를 수도 있다. 자신의 행동이 다른 이들에게 어떤 영향을 줄 것이라고 깨닫는다면, 그들은 다르게 행동할 것이다.

화와 의사소통을 한다는 것은 때로는 변화된 행동 이상으로 이어진다. 사람들이 서로 관심을 가지고 함께 시간을 보낼 때, 화를 표현하는 것은 친밀감을 더해 줄 수 있다. 누군가에게 자신의 고통을 알려 주는 것은 우리의 내면세계를 그들에게 보여 주는 것이다. 화는 우리의 기분이 상처를 받았다는 것을 표현하면서 우리를 드러내 준다. 그들이 어떻게 우리를 상처 입혔는지 알려 주는 것은 우리에게 더 상처를 입힐 수 있다는 정보를 그들에게 주는 행위이다. 하지만 서로 신뢰하는 관계에서만 상처 입은 마음을 내보이는 것이 – 역설적으로 – 관계를 더욱 친밀하게 해 준다. 서로에게 화를 냄으로써, 진땀나는 고통을 극복하게 되고 대인 관계는 더욱 돈독해진다.

슬프게도 모든 가까운 관계가 다 안전한 것은 아니다. 그리고 모든 화가 다 긍정적인 변화에 호응하는 것도 아니다. 때로는 화를 표현하는 것이 오히려 사태를 악화시킬 때도 있다. 캐롤 타브리스는 상식적인 권고와는 달리 "분노를 터뜨리는 것"은 대체로 분노를 더하게 하는 것이라고 경고한다. 화는 정의가 바로 잡힐 때, 개인의 통제 감각이 회복될 때, 그리고 자존감이 회복될 때 분산된다. 화가 날 때 화난 감정을 표출하는 것은 때때로 냉담한 마음을 풀고 화를 불러일으킨 문제에 몰두하도록 우리를 자극하는 것이 될 수 있다. 하지만 "자신의 방식에서 벗어난다는 것"이 대체로 적개심을 분산시키는 것은 아니다. 반대로 화를 표현하는 것이 화를 더 심하게 내게 하는 경향이 있다. 스스로에게 그리고 다른 사람들에게도 말이다.

　　분노에 찬 많은 사람은 "만약 내가 얼마나 많이 화가 나 있는지 보여 준다면, 상대방은 변할 것이다."라는 가정하에 행동한다. 그는, 화로써 상대방을 바꾸려고 할 때, 이때의 화는 꼴사나운 도구로 작용한다고 경고한다. 분노에 싸인 사람들은 공격적 경향이 있으며, 말로 가해지는 공격은 거의 역효과를 낸다. 그러나 화를 표현하는 것이 꼭 거친 행동을 요구하는 것은 아니다. 우리는 우리가 화가 나 있고 왜 화가 나 있는가를 말로나 신체적으로 공격하지 않고서도 다른 사람에게 알릴 수 있다. 그 차이점을 보여 주기 위해 치료사들은 자신에 관한 정보를 알려 주는 의사소통 스타일("지금 내 기분이 이렇다. … 그래서 나는 이렇게 할 거야…")과 남을 모욕하거나 비난하는 메시지("그것은 당신 잘못이야. 어리석은 사람 같으니! 당신이 나에게 무슨 일을 했나 잘 봐…")를 구분해 준다. 감정이 격해진 상황에서, '나' 중심의 메시지는 정보를 주고받는 것을 쉽게 해 준다. 우리의 목적이 화를 내는 것 이상이라면 – 이해를 위해, 협상을 위해, 평화를 위해 – 이러한 의사소통 능력은 매우 중요하다.

화와 함께 행동하기

화는 불만의 씨를 없애도록 우리를 유도해 준다. 간혹 화를 표현하는 것만으로도 충분하고, 사람들에게 우리의 불만을 알게 해 주는 것만으로도 우리가 필요로 하는 변화를 우리에게 가져다주기도 한다. 그러나 대부분의 경우, 세상은 우리의 불편함을 알아차리고 대처할 정도로 그렇게 민첩하게 움직이지는 않는다. 우리는 우리의 고통을 표현하는 것 이상의 행동을 해야만 한다. 우리는 어떻게 효율적으로 변화해야 하는지 작전을 세워야만 한다. 우리의 목적이 바뀔 때 그러한 도전은 화를 보다 더 효율적인 행동으로 이끌어 준다.

화와 함께 행동한다는 것은 화를 새로운 방식으로 참아 낸다는 의미이다. 이는 흥분에서 벗어난다기보다, 긴급한 상황과 함께 머물러 있자는 뜻이다. 깊숙이 자리 잡힌 편견이나 오랫동안 가해져 온 학대를 받을 때 변화는 불가능한 것처럼 보인다. '아무것도 해결될 수 없어.' 또는 '상황을 좋게 하는 것은 내가 할 일이 아니야!'라고 포기하고 주저앉는 것은 결국 유혹이다. 저항하는 것은 가치가 없는 것처럼 보인다. 그러나 이런 쓸데없는 느낌에 굴복하는 것은 우리의 힘을 약화시킨다. 화를 표출하지 못할 때 사회적인 변화도 이룰 수 없다.

무관심이 우리를 위협할 때 화의 감정이 일어날 수 있도록 훈련하는 것이 필요하다. 화는 우리를 행동하게 하는 위험한 기억을 지니고 있다. 우리가 경험한 정의롭지 못한 것을 마음에 담아둘 때, 우리가 받은 상처를 기억해 낼 때, 자신의 가치를 되새길 때, 스스로 행동하도록 일깨워 준다.

하지만 화를 키우는 것은 스스로 위험을 자초하는 것이다. 화를 기억해 내는 것은 감정의 고통도 함께 불타오르게 한다. 그 고통에 홀로 직면할 때 오는 두려움은 우리로 하여금 다루기 어려운 분노의 재를 일으키게 한다. 더 좋은 방법은 어쩌면 개인적 증오나 사회의 불평등의 흔적을 피하고, 우리의 한계에서 벗어나는 일이다. 도움을 구하는 것이 화를 다루는 또 하나의 방법이 될 수 있다. 화를 함께해 줄 벗과 함께 우리는 혼자 할 수 있는 것 이상의 감정의 힘을 얻을 수 있다. 우리의 고뇌가 인지될 수 있고 그다음 행동에 초점이 맞추어질 수 있는 환경이 주어진다면, 도움을 주는 그룹은 흥분으로 지친 우리를 보호해 줄 것이다. 나아가 이 그룹은 화의 에너지에 의해 행동하게끔 우리가 고통을 견뎌 내도록 도와줄 것이다.

우리의 목표가 나쁜 상황을 고치는 것이라면, 화는 우리에게 변화를 가져다주는 열성을 줄 것이다. 그러나 열성을 다한다는 것이 꼭 성공을 보장해 주는 것은 아니다. 화가 효율적인 행동으로 연결될 때 진정한 변화를 이룰 수 있다. 계획을 세우고 문제를 해결하는 전략은 우리가 이루고자 하는 것이 무엇인지 정확히 아는 것, 우리가 직면하고 있는 장애를 인식하는 것, 필요한 자료를 모으는 것, 도움을 청할 수 있는 사람들을 물색하는 것 등이다. 참으로 화는 개인적으로 투신하도록 힘을 주고, 사회적 결의를 지지해 주며, 사회적 변화를 이루는 근원적 힘을 지니고 있다.

냉정한 화

사회 단체의 움직임은 개인의 화가 어떻게 사회 변화에 공헌하는가를 보여 준다. 메리 베스 로저스Mary Beth Rogers는 산업지역재단IAF의 에네

스토 코테즈와 그의 동료들이 하는 일에 동참하고 있다. 정치 활동가인 사울 알린스키Saul Alinsky가 충성을 맹세한 IAF의 목표는 시민들의 적극적 참여를 통해 민주주의를 부활시키는 것이다.

그 기본적 전략은 사회의 필요와 이러한 필요를 충족시키기 위해 지역 정치 구조에 참여하려는 공동체의 노력을 지원하는 지도자들과 열악한 노동자 계급 사회에 몸담는 지도자들을 키우는 것이다. 코테즈 자신이 미국 샌안토니오San Antonio에 살고 있는 멕시코계 미국인들을 위한 공공서비스COPS의 발전을 위해 많은 일을 해 왔다. 뉴욕, 캘리포니아 그리고 텍사스에 있는 다른 IAF에서처럼, IAF에서 얻은 경험을 통해 각 지역의 지도자들이 이 공동의 힘을 바탕으로 가장 효과적으로 개인적인 화를 표출한다는 사실을 깨달았다.

코테즈가 지도자들에게서 찾고 있는 감정은 격한 복수심이나 적대적인 원망이 아니라 '냉정한 화', 곧 개개인의 경험에 깊게 뿌리내린 학습된 화이다. "대부분의 사람들은 그들의 화를 어떻게 이용할지를 모른다. 그래서 그들은, 화가 부적절한 시간이나 장소에서 끓어올라 통제할 수 없는 것으로 보기에 화를 부인하거나 억제한다."고 로저스Rogers는 말한다. "코테즈는 사람들이 그들 개인의 화를 기억해 내고, 그 화의 원인을 이해하여 그들의 삶을 지배하는 사람들에 대항하는 데 필요로 하는 에너지의 연료로 이용할 수 있도록 훈련받은 지도자들과 함께 일하고 있다."

코테즈는, 개인적으로 고통스러운 불의는 그것이 우리를 다른 사람과 연결시켜 주는 다리가 될 때 사회 변화가 일어난다고 믿는다. 이렇게 함께 나누는 고통은 함께 뭉치게 해 주며, 불평을 연민으로 변화시킨다. 그리고 연민은 자아 파괴적인 격정을 진정시키고, 투신을 지지하는 유력한 자료로서 냉정한 화를 잊게 한다. 코테즈는 모세가 히브리인들을 이집트의 노예 생활에서 해방시킨 이야기를 인용하고 있다. "이집트에서의 억압에 관한 기억은 너무 강해서 마치 절대 꺼지지 않는, 끌 수 없는 불기둥과 같다. 그 기억은 아주 강력하여 그 자체로 힘을 갖는다. 그것은 신성한 토지라고 말할 수 있다. 바로 이것이 우리가 이야기하는 화다."

화 발산하기

화를 내는 것은 덕행이 되는 반응이라고 할 만큼 정당한 행위이다. 그럼에도 불구하고 간혹 우리는 화로부터 돌아설 필요가 있다. 노여운 일을 회상하는 것이 절망의 원인이 된다면, 우리의 목표는 화가 미치지 않는 곳으로 이동하는 데에 있다. 격분하는 것이 우리를 무모하게 행동하도록 이끈다면, 우리의 목표는 그 힘을 분산시키는 데에 있다. 후에 이 힘이 유용하게 작용할 수 있다고 주장하지만, 지금은 절제할 필요가 있다.

  우리는 몸과 마음으로 화를 경험하기 때문에, 몸과 마음 또한 화를 발산하는 데 도움을 줄 수 있다. 적당한 육체 운동 - 산책이나 집 청소 또는 빨래를 하는 것 - 이 화난 행동에서 나오는 에너지를 분산시켜 준다. 요가나 명상으로 시간을 보내는 것 역시 육체적인 흥분을 가라앉혀 주고, 위급하다는 몸의 느낌을 완화시켜 준다. 집중을 요하고 즐거운 느낌을 주는 활동 - 좋아하는 취미생활을 한다거나 파티를 위한 음식 장만 - 에 참여하는 것은 우리의 몸이 활기를 되찾고, 감정을 진정시키는 데 도움을 준다. 그리고 화가 나 있을 때, 누군가를 위해 보람 있는 일을 하는 것은 늘 우리의 기분을 바꾸어 준다. 화에는 다른 사람을 벌주고자 하는 충동이 숨어 있다. 반면 남을 도와주는 것은 그러한 위급한 화의 상황에서 벗어나게 해 준다. 우리가 선행을 베풀 때 그 사람이 우리를 화나게 한 사람이 아닐 때라도, 적개심은 사라진다.

재검토도 화를 가라앉히는 또 다른 좋은 방법이다. 생각을 바꾸는 것은 우리 몸의 상태를 변화시키는 만큼, 화를 없애는 데 효과가 있을 수 있다. 예를 들면, 지각한 동료에게 어쩔 수 없는 이유가 있었다는 것을 알게 될 때, 지속되던 화가 풀리게 된다. 또는 지금 겪고 있는 상대방의 긴장감을 이해할 때, 그가 나에게 한 행동을 용서해 줄 수 있다. 새로운 사실이나 상황을 참작하는 법을 배우는 것은, 불쾌감을 폭넓은 시선으로 바라볼 수 있도록 도와준다. 종종 이런 폭넓은 시선이 우리의 화를 없애 준다.

웃음 또한 화를 잊게 도와준다. 유머는 절망과 실패를 다른 각도에서 바라봄으로써 사건의 의미를 재해석하게 해 준다. 또한 유머는 사물을 올바로 볼 수 있게 해 주고, 화나게 하는 자극적인 것들을 다르게 볼 수 있도록 도와준다. 자신에 대해 웃을 수 있을 때, 살아가면서 피할 수 없는 비난과 공격에서 오는 것들에게 영향을 줄일 수 있다. 자신을 덜 심각하게 받아들일 때, 우리는 삶을 이루고 있는 변덕스러운 요구들을 온전히 깨달을 수 있다. 그래서 대부분의 경우, 웃음은 우리의 화를 치료해 준다. 하지만 유머는 간사한 도구가 되기도 한다. 웃음은 상대적인 동시에 하찮은 것이 될 수 있다. 우리는 대부분 유머가 우리의 의도를 하찮은 것으로 만드는 경우를 경험한다. 곧 유머를 한다고 하면서 화가 난 우리 자신을 바보처럼 오히려 드러내거나 우리의 관심을 하찮은 것으로 취급하게 하는 경우를 말한다.

화가 났지만 용서하는 것

용서 또한 화를 재분석하게 한다. 그리고 용서는 용기 있게 대면한 화의 선물이 될 수 있다. 용서는 우리가 다시 시작할 수 있도록 해 주며, 새롭게 시작할 수 있는 기회를 준다. 용서할 때, 우리가 받은 상처는 다른 사람과의 관계에 더 이상 영향을 미치지 않게 된다. 가장 기본적인 명언은 "용서하고 잊어버리는 것!"이다. 그리고 우리는 용서하려는 노력을 함으로써 잊을 수 있다는 것을 우리의 경험을 통해 재확인한다. 하지만 용서한다는 것과 잊는 것은 같은 것이 아니다. 용서는 상처를 참고 견디는 것임을 우리는 이미 알고 있다. 그러나 우리는 용서하는 과정에서 상대방이 준 상처에서 오는 고통 이상으로 반응을 보이기도 한다. 그래서 앞에서 나온 명언의 순서는 아주 중요하다. '용서가 먼저고, 잊는 것이 그 다음이다.' 고통에 관한 기억은 우리 사이에 화와 적개심을 다시 불러일으키지 않을까 걱정하게 한다. 사회 철학자인 한나 아렌트Hannah Arendt는 "용서한다는 것은 그 사건(행위) 자체보다 그 행위를 한 사람을 위한 것이다."라고 하였다.

용서한다는 것은 결단을 동반하지만, 용서가 순간에 완성되는 것은 아니다. 용서는 신뢰가 재형성되는 것으로, 서서히 상처가 치유되는 과정이다. 용서의 과정은 마치 아무 일도 없었던 것처럼 우리를 과거로 되돌려 놓지는 못한다. 분명 무엇인가 일어났고, 그 무언가는 뜻 깊은 것이다. 짜여진 인생의 천은 갈기갈기 찢겨져 버리고 말았다. 하지만 우리는 이런 단절된 상태를 택하는 대신, 계속되는 관계의 일부분으로 그것을 통합한다. 우리는 상처가 패턴이 되지 않기를 바라지만, 한편으로는 그것이 깊은 내면과 실체에 이르는 길이 됨을 깨닫게 된다.

용서는 하기도 힘들고 받기도 힘들다. 용서하기 위해 우리는 반드시 공격을 마주하고 고통을 겪어야 한다. 그리고 이 느낌이 정당한 것인지를 알아보기 위해 자신의 화를 시험해 보아야 한다. 유심히 살펴본 이런 종류의 분노를 굴복시키는 과정에서, 우리는 다른 사람의 동기나 사건에 너무 민감한 반응을 보이고, 그에 대해 잘못된 판단을 하고 있음을 알게 된다. 화를 내는 것이 우리로 하여금 분개하도록 부추기고 잘못을 인정하기를 거부하도록 유혹할 수도 있다.

용서의 과정에서 하는 성찰은 흔히 우리가 문제를 일으키는 데 기여했던 방식을 깨닫게 해 준다. 책임이 특정한 한 사람에게만 돌아가는 상황은 거의 없다. 우리 각자는 서로 고통스러운 패턴을 형성하는 데 어떤 부분에서 기여를 한다. 그러나 때때로 자신을 무죄한 희생자로 여기는 것이 용서할 때 요청되는 자아 인식을 위해 도움이 될 때가 있다.

순수한 용서는 우리의 상처를 치유해 준다. 우리는 나중에 그 사람에게 죄를 덮어씌우기 위해 더 이상 그 상처를 숨길 수는 없다. 대신, 우리는 마음에 간직한 상처 – 가슴 아픈 – 에 항복해야 한다. 상처를 떨쳐 버림으로써 우리는 탐닉했던 아플 때의 이점을 상실하게 된다. 그러나 복수심을 달래기 위해 낭비한 에너지를 다시 얻을 수 있다. 용서는 상처를 없애 주고, 우리가 다른 것에 의지하려는 마음을 감소시켜 준다. 용서할 때, 우리는 새롭지만 어쩌면 형편없기도 한 (우리의 대인관계가 얼마나 약해질 수 있는가를 알고 있듯이) 그러면서도 또한 희망찬 삶을 시작하게 된다.

용서하는 것이 힘들다면, 용서받는 것은 더 힘들 수 있다. 용서를 받아들이기 위해서는 반드시 우리가 저지른 상처를 다시 찾아 우리의 책임을 인정하거나 잘못을 시인해야 한다. 용서를 구하는 것은 우리를 비참하게 한다. 그래서 거부함으로써, 우리로 하여금 저항하도록 유혹한다. 우리가 옳다면 우리는 용서를 구할 필요가 없다. 용서를 받는 것은 자신의 죄를 인정하는 것이다. 다른 사람에게뿐만 아니라 자기 자신에게도 말이다.

용서가 우리의 목표가 아닐 때가, 아니면 적어도 지금 원하는 목표가 아닐 때가 - 정의를 요구하는, 아니면 친분 관계를 회복하는 것보다 더 중요한 변화가 - 있다. 이 기간은 바로 분노를 방관하는 것이 아니라 지지해 주어야 하는 시기이다. 그러나 회개가 목표라면, 용서는 강력한 벗이 될 수 있다. 아주 흔히 그것만이 평화를 위한 길이 된다.

가끔 우리는 화에서 벗어나 충분히 이야기를 나누고, 그 화에 관한 내용을 설명하며, 그 화에 대해 충분히 뉘우치지 못할 때가 있다. 그 상처가 너무 커서 우리 사이에 놓인 거리감의 다리를 건너기에는 너무나 먼 것처럼 보일 때가 있다. 이 시간들은 우리에게 용서가 개인적 성취감 그 이상의 것임을 가르쳐 준다. 우리는 용서의 힘이 간혹 선물 - 화로 지쳐 버린 우리가 희망 속에 기다려야만 하는 은총 - 로 다가옴을 다시 배우게 된다.

감정
스케치

분노와 관련된 경험을 생각해 보십시오. 그 분노를 잘 다스렸던 시간을 기억해 내십시오. 먼저, 그 상황을 회상하십시오. 장소, 연관되었던 사람들, 당신을 화나게 한 이유, 당신이 그로 인해 보인 반응, 그리고 그로 말미암아 생겨난 결과 등.

　　　　이제는 다음 질문들을 묵상하십시오. 당신이 분노를 다스리는 과정에서 어느 부분이 맘에 들었습니까? 주위를 둘러보면서, 분노를 다스리는 과정에서 가장 실용적이었던 것, 생산적이었던 것, 도움을 주었던 것은 무엇입니까? 그리고 분노를 다스리면서 가장 마음에 들지 않았던 점은 무엇이었습니까? 지금 그 경험을 뒤돌아보면서 다르게 행동할 수 있는 일이 있다면 무엇입니까?

　　　　마지막으로, 당신의 경험을 통해 분노를 해결하기 위한 어떤 제안을 할 수 있습니까?

화의 영성

> 주님께서는 자비하시고 너그러우시며
> 분노에 더디시고 자애가 넘치신다.
> 끝까지 따지지 않으시고
> 끝끝내 화를 품지 않으신다.
> ― 시편 103,8-9

열정은 포용력 가득한 하느님의 마음에서 나타난다. 노아의 홍수 이야기에서, 하느님께서는 인간에 대한 실망감으로 찢어지는 아픔을 느끼신다. "세상에 사람을 만드신 것을 후회하시며 마음 아파하셨다."(창세 6,6) 하느님의 아들 예수 그리스도께서는 온전한 인간이 되심으로써 인간이 감정을 통해 받는 모든 고통을 받으셨다. 예수님께서는 당신의 제자 베드로에게 거절당하셨고, 라자로의 무덤에서 눈물을 흘리셨으며, 십자가 위에서 마지막 순간에 극도의 번민으로 울부짖으셨다. 유다교와 그리스도교 성경들은 하느님께서 당신 백성의 모든 열망에 함께하심을 우리에게 보여 준다. 하느님의 이 계약은 열정으로, 사랑의 대가를 치르는 것으로 이루어진다. 다른 사람들의 삶에 함께한다는 것은 그들의 기쁨뿐만 아니라 슬픔을 나누고, 친교뿐만 아니라 고독을 맛보며, 영광뿐만 아니라 고뇌에 다가서는 것이다.

지금까지도 이 문제는 논쟁의 대상이 된다. 거의 이천 년 가까이 그리스도인들은 우리의 삶에 함께하는 열정에 대해 질문해 왔다. 곧 화는 본성적으로 영성에 반대되는 것인가? 슬픔과 외로움은 우리의 신앙생활을 위험에 빠뜨리는 왜곡된 감정들인가? 이 감정들이 생명의 순환에 고통스러운 동요를 일으키는 것들인가, 혹은 우리가 열정적으로 하느님께 가치를 두고 나아가는 데 위험한 요소들인가? 등에 대해 말이다. 인간 감정이 갖는 힘에 대해 문제를 제기한 초대 그리스도교 사상가들은, 점차 화, 슬픔, 성적 욕망과 같은 육적 열망이 우리의 영혼을 창조주에게서 멀어지게 하는 것으로 믿게 되었다.

동요됨이 없으신 하느님

"성경에 따르면, 하느님 자신은 화를 내시기는 하지만 어떠한 열정에도 결코 동요됨이 없으시다." 아우구스티노Augustine의 「신국론」에 나오는 이 놀라운 말은 온전한 평온함이라는 스토아 사상을 잘 드러내 주고 있다. 스토아학파 비판자들에게 위협을 느낀 그리스도교 사상가들은, 인간의 감정을 해치는 극적 사건에 무관심하시며 감정에 사로잡히지 않으시는, 평온하신 하느님에 관한 두드러지게 비성경적인 관점을 염려하였다.

이러한 하느님 상像 안에서, 우리를 사랑하시지만 우리를 필요로 하지 않으시는 하느님이 소개된다. 그분은 용서와 사랑으로 피조물을 어루만져 주시는 '움직임 없이 움직이는 분'이시다. 그분 자신은 움직이지 않으신다. 오늘날 우리는 이 초상화가 신학적이라기보다는 남성다운 환상이라는 것을 더 선명하게 본다. 다른 사람에게 영향을 받지 않는 반면에 다른 사람들을 돌보아 주시는 분, 서로의 관계로부터 받을 수 있는 상처를 받지 않고 보호와 교정을 해 주는 분이시다. 하느님의 모상으로 창조된 사람들은 자신들과 유사하게 하느님의 상을 만들어 가면서 은혜에 보답하려 한다.

초연한 사랑이라는 스토아 사상은 하느님께서는 동요되지 않으시고 상처를 받거나 주지 않으시는 분, 나아가 하느님께서는 무감각한 분이시라는 신학으로 발전한다. 물론 그러한 신학을 받아들이지 않는 대부분의 그리스도인들은 성경의 열정적 감성을 지닌 하느님의 이미지를 지니고 있다. 그러나 이 신학은 그리스도인 지도자들을 위한 영성으로 정착하였다. 사목자들이나 사제들은 하느님처럼 되기 위해 그들의 감정을 지배해야 한다고 배웠다. 그들은 화와 두려움 그리고 성적 욕망의 소용돌이와는 분리된 삶을 추구했다. 이 논리에서 제시하는 거룩한 지도자는 사람들을 돌보고 고쳐 줌으로써 영향을 주지만, 그들에게 열정적으로 다가가지 않음으로써 흔들리지 않는다는 것이었다. 훌륭한 지도자가 되는 것은, 곧 사람들의 감정을 지배하는 것이었다.

성경에서 이야기하는 화

억제하시는 하느님에 대한 스토아 사상의 관점은 열정을 지니신 하느님의 성경적 이미지와는 뚜렷하게 구별된다. 히브리 성경 전반에 걸쳐 우리는 분노와 자비를 모두 지닌 하느님을 만난다. 이 분노와 자비의 열망은 하느님과 인간의 빈번한 상호관계의 측면을 잘 설명해 준다.

하느님께서 화를 내시는 장면은 다음에서 나타난다. "주님께서 이스라엘에게 진노하시어 그들을 약탈자들의 손에 넘겨 버리시고 약탈 당하게 하셨다. 또한 그들을 주위의 원수들에게 팔아넘기셨으므로, 그들이 다시는 원수들에게 맞설 수 없었다."(판관 2,14) 예언자 스바니야는, 하느님을 열정적으로 분노가 끓어오르시는 분으로 묘사한다. "나는 민족들을 불러 모으고 왕국들을 모아서 그들에게 나의 진노를, 나의 타오르는 분노를 모조리 쏟아 붓기로 결정하였다. 정녕 온 세상이 내 열정의 불에 타 없어지리라."(스바 3,8)

히브리 성경은 하느님께서 선택하신 바로 그 백성의 괘씸한 변덕 때문에 유발된 응답으로써 하느님의 분노를 기억하고 있다. 그러나 이 화는 계속 자비와 균형을 이룬다. "내 마음이 미어지고 연민이 북받쳐 오른다. 나는 타오르는 내 분노대로 행동하지 않고…."(호세 11,8-9) "주님께서는 자비하시고 너그러우시며 분노에 더디시고 자애가 넘치신다. 끝까지 따지지 않으시고 끝끝내 화를 품지 않으신다."(시편 103,8-9) 동요되지 않는 신성에 지지를 보내는 사람들에게, 하느님의 자비는 하느님께서 화를 내시는 것만큼 많은 문제를 드러내고 있었다. 히브리 성경에서 '연민'과 '모성'은 같은 뿌리를 갖는데, 이 감정은 다른 사람들의 슬픔에 깊은 영향을 받는 고통스러움이다.

화는 고대 이스라엘 공동체에서 특권적인 자리를 차지한다. 예언자들은 종종 이스라엘 백성의 변덕을 고발하기 위해 화를 필요로 했다. 정말 화를 잘 내는 성격의 소유자 예레미야는 다음과 같이 주님의 분노를 이야기한다. "이제 나의 분노와 진노가 이곳에 쏟아질 것이다."(예레 7,20) 그리고 그 자신의 마음에 이 성난 감정들을 받아들였다. "주님의 분노가 저를 가득 채우니 더 이상 그 분노를 견딜 수 없습니다."(예레 6,11)

유다 그리스도교 역사의 관점에서, 예언자들은 신앙 공동체 안에서 영향력 있는 정치적 인물을 대표했다. 왕이나 사제들의 권위를 견제하는 행동을 함으로써 예언자들은 그들에게 충실성, 침체됨, 그리고 변화를 위한 고통스러운 질문들을 제기했다. 이들의 예언은 이스라엘 왕실 안에서 화를 합법화해 주었다. 예언자들은 극심하게 멸시를 받거나 폭력에 의해 침묵하게 되었을 때, 그들의 소명은 우리 신앙의 선조들 사이에 있었던 분노를 터트리는 것이었다. 그들이 계속 존재했다는 것은 하느님 백성 사이에 분쟁과 갈등이 있었음을 의미하는 것이었다.

예수님 또한 예언자들의 긴 계보 안에 계신다. 복음사가들은 경건함으로 가득 찬 온유하고 겸손한 마음을 지닌 예수님에 대한 모습을 기록하지만, 종종 예수님의 화내는 모습을 묘사하기도 한다. 우리에게 가장 친숙한 이야기는 예수님께서 성전 입구에서 장사하는 상인들을 대하실 때이다. 여기서 예수님께서는 그들이 진열해 놓은 것들을 뒤엎으신다. "예수님께서는 성전에 들어가시어, 그곳에서 사고팔고 하는 자들을 모두 쫓아내시고, 환전상들의 탁자와 비둘기 장수들의 의자를 둘러엎으셨다."(마태 21,12)

복음사가들은 되풀이해서 예수님께서 위선자들이라고 판단하신 사람들에게 대항해 엄하게 화를 내셨음을 묘사한다(참조 : 마태 6,16; 7,5; 루카 6,42). 군중 속의 몇몇 사람이 예수님께 안식일에 한 여인을 치유하신 것에 대해 당시 엄격했던 율법 규정을 들이대며 반론을 폈을 때, 예수님께서는 화를 내며 응답하신다. "이 위선자들아!"(루카 13,15) 그들은 안식일에 자신들의 소와 당나귀에게는 기꺼이 물을 주면서 고통받는 사람들은 그대로 두는 자신들이 옳다고 우긴다.

마르코 복음사가는, 예수님께서 안식일에 치유하신 일에 대해 사람들에게 비난받으시는 장면을 다음과 같이 묘사한다. "그분께서는 노기를 띠시고 그들을 둘러보셨다. 그리고 그들의 마음이 완고한 것을 몹시 슬퍼하시면서 그 사람에게 '손을 뻗어라.' 하고 말씀하셨다. 그가 손을 뻗자 그 손이 다시 성하여졌다."(마르 3,5) 그들의 종교적 율법에 관한 편협한 해석이 예수님을 자극했다. "그분은 화를 내시며 그들 주위를 돌아보셨다. 그리고 그분은 무자비한 그들의 마음을 슬퍼하셨다." 세 공관 복음서 저자 - 마태오, 마르코, 그리고 루카 - 는 공동의 원전을 가지고 이 이야기들을 전한다. 그러나 예수님께서 화를 내신 일에 대한 언급에서는 세 복음서 저자의 이야기가 갈라진다. 마태오 복음사가(12,12)는 예수님의 화낸 표정을 언급하지 않는다. 루카 복음사가(6,10)는 이 구절, "그들을 모두 둘러보시고는" 하고 언급하지만, "화를 내시며"라는 부사는 사용하지 않는다. 우리는 여기서 이 애매한 감정으로부터 예수님을 분리시켜 놓으려는 애초의 편집 의도를 볼 수 있는가?

만약 예수님께서, 자신들이 옳다고 주장하는 사람들이나 위선자들에게 화가 나셨다면 - 우리처럼 - 그분 역시 당신이 사랑하는 사람들에게도 화를 내셨을까? 마태오 복음서는 이런 '친근감 있는 화'에 대한 감동적인 기억을 자세히 전한다. 예수님께서는 돌아가시기 바로 전에 예루살렘 입성을 준비하셨는데, 예수님께서 느끼시기에 그 결정은 위험으로 가득 찬 일이었다. 예수님께서는 위험을 감지하고 계시지만 - 반드시 가야만 하는 여정임을 확신하시며 - 가까운 제자들에게 그 계획을 이야기하신다. 제자 베드로는 예루살렘 성 안의 적대적인 분위기를 알아채고는 그분에게 가지 말라고 말린다. 예수님께서는 갑자기 화를 내신다. "사탄아, 내게서 물러가라. 너는 나에게 걸림돌이다."(마태 16,23) 친한 친구에게 욕을 하며 그를 악마라고 꾸짖으신다. 예수님의 화는 이처럼 결단을 내리는 어려운 순간에 얼마나 쉽게 상처 받을 수 있는가를 잘 말해 준다. 두려웠으나 결연히 도움을 구하려고 제자들을 보았지만, 베드로가 분명 잘못된 충고를 하는 것을 아셨다. 예수님의 화는 이 유혹을 거부하고 십자가의 고통스러운 길을 결정하는 데 도움을 주었다.

하느님의 격노에 관한 증언, 예언자들의 분노의 증거, 화를 내신 예수님의 모습, 이 모든 것은 우리에게 화가 윤리적인 실패 그 이상의 것이라는 사실을 보여 준다. 그렇다면 우리 자신의 화는 무엇인가? 유다인들과 그리스도인들에게 있어, 화는 통제하기 어려운 것이라고 성경은 증언한다. 대신 우리는 시편 저자나 에페소인들에게 보낸 서간에 나오는 바오로의 충고 "화가 나더라도 죄는 짓지 마십시오."(에페 4,26)에서 화의 목적을 찾을 수 있다.

치명적인 죄

분노에 관한 논의는 2-3세기에 들어와서 새로운 전환점을 맞이한다. 지중해 연안의 섬나라Mediterranean 세계에 스토아주의의 강한 영향이 그리스도인들의 믿음과 행동에 깊이 파고든다. 철학자들은 삶의 이상이 감정적인 조절과 평온에 있다고 주장하며, 평정을 유지하고 자신을 조절하는데 욕망, 성적 충동, 질투, 또 슬픔과 같은 인간의 열정이 커다란 장애물이 된다고 보았다. 예를 들면, 마르쿠스 아우렐리우스는 화를 사회생활에서 생기는 본질적으로 피할 수 없는 것으로 보았고, 부정적 감정 없이도 잘 살 수 있다고 말한다. 그의 「명상록」 2권은 오늘날 대도시의 사람들에게도 친숙한 묵상으로 시작한다.

아침에 자신에게 이야기하라. 나는 간섭하고 무례하며 교활하고 건방지며 속이고 비사교적인 사람들을 만날 것이다. 그들은 모두 그와 비슷하게 될 것이다. 왜냐하면 그들은 선과 악에 대해 이해하지 못하기 때문이다.

2세기 때나 지금 우리 시대에나 가장 자주 일어나는 열정은 화다. 마르쿠스 아우렐리우스의 치료 방법에서는 우리 모두는 대본대로 죽기도 하고 살기도 하는 자연적인 구조의 일부라는 스토아 사상의 신념들을 잘 볼 수 있다. 사람들이 주어진 각본대로 자신들의 배역을 연기하는 데 방해를 받으면, 운명을 결정하는 드라마는 어리석은 것 이상의 것이 된다. 곧 이는 시간을 허비하는 것이다.

이럴 때의 해결책은 불필요한 사회적 화에 대한 감정을 억누르는 것이다. "나쁜 입 냄새나 몸의 악취가 그 사람에게 화를 내는 이유가 될 수 있는가?" 만약 어떤 사람이 체육관에서 우리를 심하게 떠민다면 (그의 예) "우리는 그것을 사건화하지 않고, 되받아치지 않으며, 나중에 그가 우리를 해치리라고 생각하지 않는다". 우리가 친밀한 분노라고 부르는 경우에라도, 마르쿠스 아우렐리우스는 냉정하라고 조언한다. "내가 비록 자주 무례함에 당황할지라도, 나는 내가 후회하게 될 행동은 하지 않는다." 어떤 경우에 우리는 계속 화나게 하는 회사에 대해 화를 내는 대신 조심을 하는데, "결코 풀이 죽거나 비웃거나 화내거나 또는 의심하지 마라". 마르쿠스 아우렐리우스처럼 스토아 학파의 철학자들에게도 화는 사회적 폭군으로 간주된다. 자신의 감정을 폭발시키는 것은 악덕이다. 평온함이 삶의 목적이 되는 곳에서는 파괴적인 화의 열망을 쫓아내야 한다. 왜냐하면 '화는 단지 슬픔처럼 약함의 표시이기 때문이다'.

스토아 사상의 영향을 받은 그리스도교 사상가들 역시 분노는 죄스럽고 건강하지 못한 방해물로 정의한다. 그 영향을 받은 신학자들은 - 클레멘스와 오리게네스, 예로니모와 아우구스티노 - 바오로 사도의 육과 영의 상반성에 영향을 받았다('욕정을 가진 육과 욕망들.' 갈라 5,25 참조). 이 모든 육체적인 충동들은 하느님을 따르는 데 있어서 우리를 빗나가게 한다. 칠죄종이 5세기의 수도원에서 맨 처음 거론되었을 때, 화가 자연스럽게 이 목록에 들어간 것은 놀라운 일이 아니다. 이러한 초대교회의 전통은 오늘날에도 계속 이어진다. 헨리 페어리Henry Fairlie는 칠죄종에 관해 숙고하면서, "화가 항상 깊은 상처의 원인이 되지는 않지만, 결국 미움의 찌꺼기를 남긴다. 그리고 복수에 대한 열망도 남긴다."라고 강조한다. 만약 화가 격노로 이어지고, 그로 말미암아 변명과 복수를 구별할 수 없게 된다면, 그럴 때 화는 분명 치명적인 감정이다.

초기 교회는 화에 대한 긍정적인 역할을 인정하지 않았다. 고대의 예언 전통은 3세기에 역사학자들과 신학자들에게 여전히 불확실하다는 이유로, 갑자기 시들해지면서 아주 없어져 버렸다. 예수님께서 돌아가시고 부활하신 후 이백 년 동안, 신앙 공동체에서 인정된 예언직이 전성기를 맞았다. 위험하지만 자신들의 삶을 정화하고 하느님께 충실하려고 도전하는 그리스도인으로서의 사명을 수행하는 사람들이 생겨났다. 3세기 말에 이 은사는 공동체 안에서 위촉되었다. 많은 그리스도인이 계시의 시대가 끝났다고 믿었다. 하느님께서는 지금 우리의 구원을 위해 우리가 알아야 하는 모든 것을 계시하셨다. 그리하여 우리는 이미 있는 진리에 충실할 필요가 있다. 그러한 토대에서 우리는 예언자들을 필요로 하지 않았다.

예언의 본질적인 은사는 그리스도인의 삶에서 살아남았으나 다른 양상으로 드러나야 했다. 몇몇 주교가 예언직을 힘차게 수행했다. 비록 그들의 기본적인 소명은 종교 기관을 보존하고 경영하는 일이었을지라도, 예언직의 급진적인 요구를 받아들이고 헌신하는 데 자신들의 시간을 투자했다. 예언직은 이렇게 꽃피운 종교 질서 안에서 살아남았다. 먼저 사막의 은수자들에게서 그리고 마침내 유럽 전역에 그리고 그곳을 뛰어넘어 유지되었다. 그러나 예언 제도는 – 믿음의 공동체 안에서 선포하는 목소리의 공적 의무 – 사라졌다. 이러한 소멸로 의견 차이의 합법성은 약화되고 화의 역할은 사라졌다. 이제 종교적인 관행이 권위를 가진 사람들의 요구에 순명하는 것으로 바뀌었다. 교회는 자신의 삶의 모습을 비추어 보기 위해 더 이상 고대 예언자들의 외침이나 예수님의 성난 도전을 기대하지 않았다. 게다가 이제부터 그 사실에 반하는 행동은 윤리적 실패와 불순명의 표시로 간주되었다. 예언직의 카리스마 상실은 사실상 화의 금지를 의미하는 것이었다.

화의 긍정적 비전 제시

화에 대한 죄책감은 천여 년에 걸쳐 그리스도교 신앙에 여전히 남아 있었다. 그러나 그 후 13세기에 토마스 아퀴나스가 인간의 본성에 관한 자신의 견해를 발전시킴으로써 감정에 관한 논의는 급진적인 전환을 가져온다. 이 시기의 학자들이 새롭게 이용할 수 있었던 것은 아리스토텔레스의 고대 문서였는데, 그의 문서에서는 화가 비이성적인 충동이 아니라 피할 수 없는 보통 감정으로 나타난다. 곧 "우리는 옳은 것을 추구하기 위해 그리고 올바른 사람이 되도록 또한 올바른 태도를 가질 때까지 화를 내는 사람들을 칭찬한다". 아리스토텔레스에게 있어, 만약 화가 잘못된 것에 저항하거나 정의롭지 않은 것에 대해 거부하는 표시로 일어난다면, 그 화는 건강한 것이었다.

아리스토텔레스의 관점에 따라 토마스 아퀴나스는 천 년 동안 우세하게 지배해 오던 그리스도교적 관점에서 벗어나 인간의 감정에 대한 새로운 비전을 추구했다. 아퀴나스에게 열정은 알렉산드리아Alexandria의 클레멘스Clement와 아우구스티노가 주장한 이성이나 영혼과 필연적으로 투쟁해야 하는 왜곡된 강박적 감정이 아니었다. 열정은 창조주가 부여하신 인간 본성의 존중할 만한 부분으로, 건강하게 발생하는 것이었다. 이 강력한 힘이 길들여질 때 인간의 덕에 활기를 불어넣어 주는 생명력을 제공한다는 것이다. "정의는, 다른 덕은 말할 것도 없고 열정이 없으면 이루어질 수 없다."

토마스 아퀴나스는 그의 「신학대전」 3장에서 아리스토텔레스의 전거典據를 인용한다. 먼저, 그는 "화는 복수를 부순다."라는 아리스토텔레스의 확신을 예리하게 통찰했다. 아퀴나스가 바로잡은 건강한 화는 단순히 무절제한 복수라기보다는 변호를 하기 위한 노력에서 비롯되는 것이었다. 변호와 복수는 혼동될 수 없다. 그리고 나서 아퀴나스는 아우구스티노의 "화는 증오로 자란다."라는 판단을 재해석한다. 화의 충동은 자동적으로 혹은 불가피하게 증오 안으로 부풀려지는 것이 아니라, 우리가 그것을 허락했기에 시간이 지남에 따라 일어나는 것이다. 우리는 이 화가 파괴적으로 자라는 것을 막을 수 있다. 화와 미움은 운명적으로 연결된 것이 아니다. 증오는 악을 목말라하지만, 건강한 화는 '정의를 위해' 변호하기를 바란다.

아퀴나스는 화와 이성 사이의 끈을 밝혀낸다. 그리스도인들이 감정을 전통적으로 '육체' 안에 깊이 파묻혀 있는 맹목적인 충동으로 보았다면, 아퀴나스는 화가 이성의 영향에 열려 있다고 주장한다. 또다시 그는 아리스토텔레스의 권위에 의존한다. "화는 어느 정도까지는 이성에 귀를 기울인다. … 그러나 완벽하게 주의를 기울이는 것은 아니다." 화는 이성과 공존한다. 왜냐하면 사람은 상처의 위협에 저항하는 것이 본능적이며 온당한 것이기 때문이다. "적대감과 위협에 대항해 일어나는 것은… 자연스러운 것이다." 화는 성급하게 앙갚음하는 것을 자제시키는 이성의 설득을 무시할 때만 실패한다.

「신학대전」 2장(질문 47)에서 아퀴나스는 화와 부끄러움과의 관계를 밝히는 동시대의 연구를 앞선다. "화에 대한 모든 동기는 하찮게 취급받는 데 있다." 무시되거나 잊혀졌을 때, 존엄성이 손상되었을 때, 우리는 화를 낸다. 아퀴나스의 화와 무시 사이의 연관성에 대한 고찰은 현대적인 감각을 갖는다. "무시는 경멸한다는 증거의 표시이다. 우리는 자신에게 중요한 것들을 애써 기억한다." 이와 같이 특별히 상처받기 쉬운 것이나 인간적인 약점이 드러날 때 건강한 방어 반응으로 화를 터뜨린다. 아퀴나스는 자신의 저서에서 현안이 되고 있는 것들을 밝힌다. 부끄러움이 우리를 작아지게 하고 존엄성이 위축될 때 화를 터뜨리는 것은 우리를 당당하게 하고, 우리가 잃을 수 있는 것을 보호해 주고, 그리고 무시당한 자신의 존재를 방어하기 위함이라는 것이다.

혁명적인 감정

아퀴나스는 「신학대전」 3장(질문 48)에서 화의 생리학적 자극으로 인한 결과들을 다룬다. 우리가 공격받을 때 화는 상처받을 것에 대해 알리고 저항하는 두 가지 측면의 '역 자극'으로 발생한다. 이 내적 동요는 혁명에 가까운 가능성을 열어 준다. 곧 화는 우리의 내면 세계를 바꿀 수 있고 우리에게 새로운 행동을 하게 한다.

화는 우리의 가면을 벗기는 측면에서 혁명적이라 할 수 있다. 아퀴나스는 아리스토텔레스의 확신을 따른다. "화난 사람은 간접적으로 돌려 말하지 않고 완전히 폭로한다." 만약 우리가 화로 인해 자극을 받는다면, 자신의 신념을 순간적으로 발설할 수 있다. 우리는 평상시에 자제했던 것을 열어 놓으면서 우리의 감정을 보여 준다. 갑자기 사무실이나 모임에 있는 모든 사람이 우리가 어떻게 느끼는지를 알게 된다. 화로 자극된 갑작스러운 반사적 행동은 우리에게 해로울 수도 있고 창피스러움의 근원이 될 수도 있다. 그러나 이것은 우리에게나 다른 사람에게나 유리한 결실을 맺게 하는 자신의 최고 믿음에 대한 발설이 될 수도 있다. 아퀴나스는 이 강제적인 자신의 발산을 반어적 표현의 하나로 '큰 배짱'으로 해석한다. "이것은 부분적으로 마음을 확대하는 결과로서 화로 말미암아 나타나는 대담함을 지닌다." 좀 더 비밀스럽고 방어적인 개인주의와는 달리 배짱이 큰 사람은 자신의 감정을 자유롭게 이야기하고 드러내 보여 준다. '마음의 자발적인 확대'라는 의미를 지닌 화는 우리가 계획했던 것보다 더 배짱 있는 우리가 될 수 있도록 이끈다.

화에 대한 각성이 우리의 존엄성을 해치는 것에 저항하고 갑작스럽게 다른 사람에게 흥분한 모습을 보여 줄 때, 이는 변화의 과정 안에 있다는 것을 뜻한다. 만약 우리가 화가 요구하는 변화를 수용할 준비가 되지 않았다면, 우리는 이 화를 억누를 소지가 다분히 있다. 화에 대한 현대 분석가들은 화의 내부에 이런 혁명적인 요소가 있음을 지적한다. 다나 크로울리 잭은 우울증에 대한 연구에서, 우울증에 빠진 여성들 안에 열정이 결핍되어 있다는 것과 화를 다시 일어나게 하는 데에는 이 열정이 근본적으로 밀접한 관계가 있음을 강조한다. 이 위태로운 감정은 '비전을 명백하게 하고, 행동하는 데 있어 필수적인 요건들을 가지고 있다'. 이 자극을 받은 화는, 우울증에 덮여 보호받고 있던 고치 속의 사람을 끄집어내어 삶의 여정에 대한 희망으로 불타오르게 한다. 이러한 변화들은 가히 혁명적이다. 왜냐하면 미래의 긍정적인 참여자가 되기를 원하기 때문이다. 메리 캐서린 베이트슨 Mary Catherine Bateson은 그녀의 저서 「삶을 영위하기 Composing a Life」에서, 화로 말미암아 좋은 선물을 받았다고 썼다. "화는 절망의 늪에서 한 발짝 뒤로 물러서는 것을 가능하게 해 주었다."

갈등과 친해지기

우리는 화가 동반하는 것들 안에 있는 혁명적인 요소들을 살펴보았다. 때때로 화가 합당하다면 갈등 또한 그렇다. 수많은 그리스도인은 평화와 조화를 열망한다. 곧 우리는 고요한 삶과 질서 잡힌 사회를 갈망한다. 그러나 종교적 전통 안에서 우리는 화에서 나타나는 갈등의 본질적인 역할을 분명히 기억한다. 유다인들과 그리스도인들의 구원 여정은 적대적인 사막에서 그리고 상처 자국을 남긴 유배 생활에서, 다시 말해 십자가의 고통스러운 길로 말미암아 새롭게 새겨진다. 만약 화합과 고요가 가치를 지닌 목표라면, 이러한 이상을 향한 여정은 자주 분쟁과 갈등으로 점철되곤 한다.

고대 그리스인들은 삶의 '고뇌'와 '만족'을 뜻하는 말로 '아곤
agon'이라는 단어를 사용했다. 곧 육체적인 것을 의미하든, 정치적인 분
쟁이나 철학적인 논쟁들이든, 그리스 말에서 뜻하는 것은 투쟁이나 스
캔들로서가 아니라 갈등을 발견하는 본질적인 수단으로 보았던 것이다.
철학자 알래스데어 맥킨타이어 Alasdair MacIntyre의 이야기 중에는, 고대
그리스인들은 "진리는 아곤agon의 맥락에서 발견되어야 한다."는 것을
깨닫고 있었다는 내용이 있다. 그리스의 경우 삶의 진정한 선은 그들을
반복적으로 좌절시키는 세력들과 싸우기를 기다리는 것이었다.

　　갈등은 방해물들과 적대자들과 투쟁하는 세상에서 피할 수 없는
것이다. 알래스데어 맥킨타이어는, 모든 전통 유산에는 갈등이 그 한복
판에 자리하고 있었음을 지적한다. "중요한 전통은, 대립이 계속됨을 내
포한다." 다양한 비전들은 풍요롭고 다채로운 사회 안에서 충돌한다. 그
러나 이러한 다른 관점들을 숙명적으로 피할 필요는 없다. 우리의 다양
한 에너지들은 우리의 가치를 재시험하게 한다. 우리가 반대하는 것들
은 우리가 공유하고 있는 목적들을 선명하게 해 준다. 철학자 존 앤더슨
John Anderson이 관찰한 것처럼, "우리의 궁극적 목표와 목적이 무엇인지
를 아는 것은 분쟁을 통해서이고, 때로는 분쟁을 통해서만 가능하다".

용기와 절제

화는 자주 정제되지 않은 예측 불허의 감정으로 분출된다. 화가 지닌 최
상의 목적들에 도달하기 위해, 우리는 열정들을 정화할 필요가 있다. 덕
성을 기르는 것으로 화의 충동을 연마하는 것은 가장 실제적인 작업이

다. 이 원리는 우리의 열정인 용기와 절제의 덕 안에서 이루어진다.

화는 정의를 위한 용기 있는 행동에서 나왔을 때 가장 유익하다. 물론 용기가 항상 화를 통해서 나타나는 것은 아니다. 어떤 사람은 병으로 말미암아 마지막 순간을 고요하고 용기 있게 맞이한다. 또 어떤 사람은 그런 한결같은 결심으로 어려운 일에 대처한다. 그러나 때때로 용기 courage 는 화가 지닌 에너지에 힘입어 나타난다. 스페인 말 '코라헤 Coraje' 는 '올바른 화'와 연계해서 이해하도록 도움을 준다. 비록 이 단어가 감정을 뜻하지만, 그 단어 안에는 용기라는 말이 내포되어 있다. 글자 그대로 이야기하자면, 참된 화는 용기의 한 형태라는 것이다.

용기에 대한 분석에서 알래스데어 매킨타이어는 주의 깊게 그 연관성을 지적한다. 우리가 돌보는 사람, 또는 우리가 지니고 있는 가치들이 위협받을 때 우리는 그들의 방어에 대처한다. 매킨타이어가 제시한 용기는 우리의 관심사를 표현하는 데 있어 "위험하고 해로운 것을 감당하는 능력이다."라고 했다. 가장 보편적 예로, 용기 있게 자발적으로 아이를 보호하기 위해 적들과 싸우는 부모를 들 수 있다. 화는 아이를 보호하기 위한 이 위험한 소명을 지지한다.

신학자 요제프 피퍼는 용기와 화 사이의 관계성을 이야기하면서, 그것들은 이중적인 의지 안에 함께 있음을 지적한다. 화는 '어떤 것을 성취하고자 하는 데 따르는 어려움에 주의를 집중하는 힘'이다. 그리고 용기는 '위험스러운 것을 직면'하고자 하는 우리의 결정이다. 두 역동성은 고통스러운 도전들에 직면하도록 우리에게 용기를 준다. 피퍼가 우리로 하여금 회상하도록 해 주는 용기는 두려움을 적게 갖는 것이 아니라 두려움에도 불구하고 행동하기로 결정한다는 것이다. 자신이 상처받을 수 있음을 알면서도, 용기 있는 사람은 자신이 가치 있다고 생각하는 것을 향해 계속 전진한다. 피퍼가 제안한 것처럼, 용기는 위험에 직면해서도 앞으로 나아갈 수 있는 의지로, 마침내 "전쟁 속에서 기꺼이 넘어지고 죽을 수 있다".

동양의 지혜 역시 화와 용기 사이의 연관성을 강조한다. "죽음보다 더 힘든 어떤 것들이 있다. 내가 피할 수 없는 문제들이 있기 때문이다." 중국의 현자 맹자의 이 말은 용기에 대한 그의 생각을 확고히 해 준다. 이러한 고대의 관점을 살펴보기 위해, 역사학자 리 이얼리는 신비적 에너지에 관심을 갖는다. 우리가 앞장에서 본 것처럼, 생기가 넘치는 삶은 때때로 화의 형태를 취한다. 맹자에게 올바름과 연결된 기의 에너지는 용기 있는 행동을 불러일으킨다. 우리는 맹자의 관점에서 부정한 것을 볼 때, 냉정함을 잃지 않고 의연하게 대처하며 악을 단순히 가볍게 평가하지 않는다. 우리는 화를 낸다. 이성과 결합해 이 열정의 충동은 정의롭지 못한 것들에 직면하도록, 위험에 대처하도록 우리를 충동한다. "화의 열정은 사람들에게 두려움 또는 어떤 다른 어려움을 극복하도록 허락하는 부가된 힘을 가져온다."고 말한다. 맹자의 옳음과 기의 연결은 아퀴나스가 이성과 화를 하나로 통합한 것과 서로 깊은 연관성을 지닌다. 잘 수련하고 성숙했을 때, 기의 생명력 있는 에너지는 그 사람에게 '자신의 목표로 나아가게 하는 확신과 그 목표에 도달할 수 있는 힘을 주고' 또한 '그에 따른 두려움으로 생긴 거친 세력들이 극복될 수 있을 것이라는 확신'을 갖도록 도와준다.

그러나 용기 있게 나아가도록 충동하면서도, 화의 힘의 방향을 잘못 잡을 수 있다. 용기는 화의 힘이 오직 알맞게 조절될 수 있을 때에만 화로부터 유익을 얻는다. 오늘날 많은 미국 사람들에게 '절제'는 조절하고 조심하며 열정을 없애는 것으로 인식하고 있다. 신심 깊은 그리스도인들은 참된 덕을 쌓으려면 열정적인 행위로부터 자신들을 떼어 놓아야 한다고 은근히 돌려 말한다. 이러한 신념은 모든 활력을 감소시키며 점차로 그 활력을 고갈시킨다. 그리고 긴 역사를 통해 열정에 대한 기피 현상이 나타난다. 피터 브라운은 그의 저서 「육체와 사회The Body and Society」에서 그리스도교 초기 사상에 대해 설명하였는데, 곧 당시의 '순결'은 부드러움과 열정을 조화시키는 사랑에서가 아니라 성생활로부터의 금욕이었음을 밝힌다.

화 또한 마찬가지였다. 그리스도인의 절제는 감정의 덕스러운 표현보다는 억제하고 도피하는 것으로 변화되었다. 그리스도인들은 종합적인 건망증으로 화의 예언들을 잊어버렸다. 절제는 '다른 뺨마저 돌려대는 마음이 온유하고 겸손'한 분 예수님을 따르는 것을 의미하기도 한다.

그러나 가장 진실한 의미로서의 절제는 용기 있는 친구로서 작용한다. 다른 덕이 우리 자신의 표현을 절제하도록 하는 반면에 이 덕은 우리에게 행동하도록 용기를 준다. 우리가 화가 났을 때, 우리는 폭력으로 치닫는 대신 위협과 부정에 저항하도록 충분히 환기시켜야 한다. 여기서 끓어오르는 열의 비유는 우리에게 절제의 역할에 대한 고마움을 알게 하는 데 도움을 준다. 화는 우리를 열나게 한다. 우리는 끓어오르게 되고 적대적인 행동으로 나가는 위험에 처하게 된다. 우리는 평정을 잃을 위험에 처한다. 절제는 온도를 적당히 낮추는 데 도움을 주고, 우리의 화를 복수하고자 하는 열망에서 가라앉혀 준다. 우리는 화의 한복판에서 절제 있게 행동하여 복수하고자 하는 행위를 자제하고, 이 에너지를 효율적으로 한곳에 모은다. 금속을 달구어 단련한다는 것은 유연성과 강함을 동시에 가질 때까지 정련한다는 것을 의미한다. 잘 정련된

쇳조각은 전쟁용 칼로, 또는 건설하는 용도로 사용된다. 이렇게 잘 조절된 화 역시 우리를 방어하고 내면의 집을 잘 짓는 데 사용된다.

  용기와 절제는 단순히 개인의 노력에 의한 영웅적 행동을 마술처럼 재빠르게 불러내는 개인적인 수단이 아니다. 화는 용기를 북돋워 주는 환경 속에서 일구어 내야 하는 사회적인 힘이다. 우리는 가족과 친구들 그리고 이웃들을 대하면서 화를 이상적으로 절제하는 용기를 배운다. 만약 우리가 상처를 주는 가정에서 자랐다면, 화와 격노가 구별되지 않아 무모한 뻔뻔스러움을 배우게 되며, 변호와 복수가 매우 유사한 것이라고 배울 수 있다.

분노의 힘

"화를 낸다는 것은 그리스도인들에게 단지 조절되지 않는 개인의 습관, 영적인 것과는 반대되는 것, 곧 부정적인 관점으로 이해되고 있다. 그러나 사람에게 '관능'과 '욕구'가 있는 것처럼, 복수의 힘 또한 인간 본성의 우선적인 힘들에 속한다." 약 30년 전에 요제프 피퍼는 화의 건강한 역할에 대해 재발견할 필요를 느꼈다. "진노는 모순됨을 공격하는 힘이다. 화의 힘은 실제적으로 영혼의 저항하는 힘이다."

  그리스도인의 화에 대한 영성은 화가 혁명적 요소를 지니고 있다는 점이다. 예언자의 전통과 화내시는 예수님에 대한 기억을 다시 회복함으로써, 우리는 한 번 더 그 당시의 감정을 우리의 것으로 느껴 볼 수 있을 것이다. 이 인식을 통해, 우리는 주어진 삶 속에서 갈등은 필연적인 요소라는 것을 확실히 깨달을 수 있다. 우리는 서로에게 상처를 주거나 받지 않으면서도 그리스도인의 소명에 대한 각자 다른 견해에 대해 논쟁을 할 수 있다. 우리는 서로에게 화가 나더라도 미워하지 않으면서 자신의 감정을 방어할 수 있다. 우리는 서로에 대한 존중과 호의로 반대자들을 대하는 예의범절을 다시 배울 수 있다.

　　민주 사회는 충실한 반대자의 건강한 역할에 관해 가르쳐 왔다. 우리는 서로 반대하고 논쟁할 수 있다. 그러나 그럴 때 적이 아닌 친구로 대해야 한다. 충실한 반대자들의 의견을 포용하는 것은 시민 의식의 올바른 덕이다. 곧 존중함으로써 반대자들과 조화를 이루고, 반대자들을 격하시키지 않으면서 이의를 제기하는 것이다. 가톨릭 대주교 램버트 위클랜드Rembert Weakland로부터 작가 스캇 펙에 이르는 비평가들은 미국인들의 시민 의식이 약화되고 있음을 지적한다. 적대자와 서로 최악의 동기로 신랄한 비난과 고소를 할 때, 그들의 화와 미움 사이의 경계는 서서히 침식되고 변호는 복수로 변질되어 간다. 그렇게 되면 보편적으로 발생하는 대립과 사회적 삶에서 없어서는 안 될 '아곤agon'은 죽음에 이르게 된다.

　　화에 관한 확고한 영성은 순화된 미래로 이끈다. 화를 냈던 예언자들과 예수님의 화에 대한 기억을 되살려 내고, 갈등과 대립을 종교적인 삶에서 필요한 역동성으로 받아들여야 한다. 폭력이 서로의 차이점을 고칠 수 있다는 것을 믿지 않으며, 시민이 갖추어야 할 덕으로써 용기와 절제라는 고대의 덕들을 다시 활기 있게 되살려야 한다. 이러한 혁명적인 감정으로서의 화가 일반적이고 수용할 만한 감정으로 받아들여져야 하는 것처럼, 폭력의 문화 유산으로 오도되고 용서받지 못할 죄로 소멸되어 가는 화를 종교적 전통 안에서 본래의 모습으로 되살려 놓아야 한다.

감정 스케치

당신이 화가 났을 때를 생각하십시오 – 당신의 경우 또는 다른 사람의 경우 – 공공의 장소에서, 사회생활에서, 정치 문제에서, 일터에서 또는 학교나 교회에서 등 어느 곳이라도 상관없습니다.

첫째, 이러한 사회 구조 안에서 화가 났을 때 당신의 판단, 손실, 또는 피해들이 있었다면 몇 가지 예를 들어 보십시오. 구체적으로, 여기서 당신의 화를 불러일으켰던 사건들의 부정적인 결과들은 무엇이었습니까? 이 경우에 어떤 요소가 화를 부정적으로 만들었습니까? 직접적으로 그 현장에 있었던 요소입니까? 구경꾼으로서, 방관자로서의 입장이었습니까? 아니면 깊이 개입되어 있었습니까?

그다음 사회 구조 안에서 화가 긍정적으로 발생했을 때의 예를 들어 보십시오. 실질적으로 당신이 제시한 것이 어떤 좋은 효과가 있었습니까? 어떤 요소들 – 사람, 가치, 태도, 행위, 환경 – 이 여기서 화의 긍정적인 결과를 가져왔습니까?

공공생활 안에서 화를 내야 된다고 생각한 것은 어떤 경우였는지 목록을 작성해 보십시오. 또한 영적 여정에서도 그런 경험이 있었다면 목록을 작성해 보십시오.

3부°

수치심과 죄책감 :
소속의 대가

치恥

수치심에 해당하는 한자 '치恥'는
귀耳 옆에 마음心,
당혹스러움과 창피함을 나타내는
홍조를 표시한다.

소속의 경계선

> 그는 부끄러움을 모른다.
> 사람들을 방해하기도 하지만 그들을 돕기도 하는 그 재능을.
> — 호머Homer

「일리아드」는 호머가 트로이 전쟁에서 그리스가 승리한 것에 대해 쓴 고전이다. 이 이야기의 절정은 아킬레스Achilles가 전투 중에 헥토르Hektor를 죽이는 장면이다. 피비린내 나는 이 승리로도 그의 분노가 가라앉지 않자, 이 영웅은 헥토르의 시체를 마차 뒤에 매달아 트로이의 성벽 주위로 끌고 다닌다. 이미 패배한 적의 육신을 더럽히는 이 치욕스러운 행동은 친구들뿐만 아니라 적들의 마음도 상하게 했다. 그의 잔인함에 신들까지도 분노하여, 다음과 같이 아킬레스를 비난하였다. "그는 부끄러움을 모른다, 사람들을 방해하기도 하지만 그들을 돕기도 하는 그 재능을."

　　우리가 느끼는 수치심과 죄책감은 도움을 주는 것, 곧 '사람들을 방해하기도 하지만 그들을 돕기도 하는 재능들'이다. 인간에게는 공동체의 일원이 되고자 하는 끝없는 욕구가 있다. 우리는 소속되기를 갈망한다. 우리는 자신의 생존 자체에 위협을 느끼면서, 선택받고 소속되기를 갈망한다. 함께함으로써 얻어지는 안전함과 자양분을 빼앗긴 채 홀로 남겨진다면, 우리는 죽을 수밖에 없다. 수치심과 죄책감은 소속되고자 하는 평생에 걸친 노력을 주시하는 사회적 힘들이다. 종종 이 고통스러운 감정들은 함께 작용하면서, 우리를 '동료들'에게서 소외시키겠다고 위협하는 개인의 잘못에 대해 경고해 줌으로써 우리의 사회적 신원을 보장해 준다.

수치심에서 죄책감에 이르는 여정

수치심은 소속이라는 인간 드라마의 첫 번째 막에서 중심 무대를 차지한다. 고대 그리스인들에게 수치심은 사회적 양심이며, 한 사람이 공동체의 규정을 위반하는 것에 대한 경고였다. 역사상 같은 시기에 히브리 성경의 현자들은, 백성이 하느님과 맺고 있는 결속의 강력한 수호자로 수치심을 지속적으로 불러일으켰다. "저의 하느님, 너무 부끄럽고 수치스러워서, 저의 하느님, 당신께 제 얼굴을 들 수가 없습니다. 저희 죄악은 머리 위로 불어났고, 저희 잘못은 하늘까지 커졌습니다."(에즈 9,6) 중국의 공자는 이 감정을 덕德과 올바른 행동으로 연결시켰다. "덕에 이끌려 올바른 행동을 따른다면, 수치심을 알게 되고 선하게 될 것이다." (「논어」 II, 3장)

　　　　수세기 후 그리스도 시대 직전에는, 수치심이라는 사회적 양심이 개인의 책임이라는 보다 깊은 깨달음 – 그리고 그에 따르는 죄책감이라는 감정 – 과 동행하기 시작했다. 이전에도 죄책감이라는 개념이 있었지만, 그 단어는 주로 잘못된 행동에 대한 법적 판결을 가리켰다. 곧 어떤 사람이 다른 사람들에 의해 죄가 있다고 판정받는 것이었다. 이후 죄책감은 점차 잘못을 인정하는 내적 판단을 가리키게 되었다. 이런 의미에서 죄책감은 자신의 잘못에 대한 개인적 자각에서 생겨났다.

우리 자신의 삶 안에서, 각자는 수치심에서 죄책감에 이르는 문화적인 여정을 되풀이한다. 윤리 철학자 시드니 캘러한Sidney Callahan은 부모들이 겪는 딜레마를 상기시킨다. "아이들은 안전하게 보호되어야 하고, 보다 넓은 사회에서 인정받을 수 있도록 훈련되어야 하며, 유일무이한 인격체로 성장할 수 있도록 격려를 받아야 한다. 이 목표들은… 내키지 않아 하는 아이들이 하기 싫은 것을 하도록 설득함으로써만 달성될 수 있다." 처음에는 이 설득이 외부로부터 오는데, 부모나 다른 보호자들이 "여기서는 네가 이렇게 행동해야 한다."와 같은 소속되기 위한 규칙을 강요하게 된다. 가족과 이웃이나 사회에 어울리는 방법을 배워 나감에 따라, 아이들은 예전에는 외부에서 주어졌던 가치들을 차츰 자기 자신의 것으로 내면화하게 된다. 이제는 기대에 부응하지 못했을 때, 남들이 지적해 줄 필요가 없다. 우리는 다른 사람을 실망시키는 것에서 자신을 실망시키는 것으로 이동한 것이다! 그러한 추이(변화)가 애매하게 보일지 몰라도, 우리는 이러한 발달이 진보라는 것을 기억해야 한다. 이제 우리는 문화적 이상들을 자신의 것으로 지니게 된 것이다. 가족이나 신앙 공동체 그리고 국가의 최고 가치들은 우리가 그것들을 받아들이고 내면화할 때 살아남는다. 우리는 더 이상 단순히 남들을 기쁘게 하거나 수치심을 피하기 위해 행동하는 것이 아니라 개인의 책임감과 양심에 따라 행동하게 된다. 우리는 수치심에서 죄책감으로 이동한 것이다.

죄책감이라는 내면의 통치자는 단순히 수치심이라는 사회적 중개자의 자리를 대신하는 것이 아니다. 죄책감은 소속감의 또 다른 안내자로서 수치심과 손을 잡게 된다. 이 두 감정들은 본성적으로 불편한 것이지만, 없으면 안 되는 수단들이다. 그러나 이 내적 수단들에 상처를 주면 우리는 쉽게 궤도를 잃게 된다. 그렇게 되면 우리는 남들이 우리를 배척할까 봐 겁내면서 끊임없이 그들을 기쁘게 하려고 고심한다. 혹은 의무를 게을리 하는 것은 아닌가 걱정하며 지금껏 해 온 것이 충분한지 안달하기도 한다. 이러한 상처들로 친밀한 수호자이어야 하는 수치심과 죄책감은 왜곡되어 폭군으로 변한다. 죄책감에 대해서는 다음 장에서 좀 더 알아보기로 하고, 여기에서는 수치심이라는 복잡한 감정에 대해 살펴보고자 한다.

은총^{grace}이자 불명예^{disgrace}인 수치심

니콜라스는 비가 오는 것이 기뻤다. 지난주에 생일 선물로 받은 노란 장화와 그에 어울리는 방수 모자를 쓸 수 있기 때문이었다. 그는 교실에 있는 내내 신발장에 있는 친구들의 칙칙한 장화들 사이에서 마치 등대처럼 눈에 띄는 자신의 장화를 쳐다보았다.

그러나 학교가 끝나고 집에 오는 길에 사건이 터졌다. 집에서 겨우 두 블록 떨어진 근처에서 세 명의 중학생들이 그의 길을 가로막고는 새 장화를 가지고 놀리기 시작했다. 그들은 방수 모자를 잡아채고 책가방을 열어 그 안에 있는 것들을 쏟아 버렸다. 니콜라스는 미끄러져 잔디밭 진흙탕 속으로 넘어졌다. 당황하고 겁이 나 울기 시작했고, 그 때문에 더 놀림을 받았다. 그들은 니콜라스의 모자를 진흙탕으로 내던지고 또 다른 아이를 괴롭히러 가 버렸다.

니콜라스는 책들과 모자를 챙겨 터덜터덜 집으로 돌아왔다. 그는 울음으로 빨개진 눈을 하고 훌쩍거리며 집에 들어갔다. 상황을 짐작한 엄마는 그를 오랫동안 꼭 껴안아 주고 흙투성이가 된 옷을 벗는 것을 도와주었다. "괜찮니, 닉? 엄마한테 무슨 일인지 말해 줄래?" 어린 아들이 당한 고통에 대해 듣고 나서, 그녀는 니콜라스의 두렵고 창피한 마음을 어루만져 주었다. "큰 아이들이 너를 괴롭혔구나! 끔찍해라. 너무나 무서웠겠구나. 이제 괜찮아져서 정말 다행이다."

나중에 아버지가 집에 돌아왔을 때, 니콜라스는 그 이야기를 한 번 더 했고 다시 위로를 받았다. 그러고 나서 그의 부모는 나중에 그런 일을 당하지 않으려면 어떻게 해야 할지 니콜라스와 이야기를 나누었다. "몇 주 동안 누나와 함께 학교에 갈 수도 있고, 엄마가 교장 선생님에게 전화해서 다른 아이들이 또 당하지 않도록 보살피게 할 수도 있단다. 아니면 교통경찰이 더 잘 보이는 거리로 등굣길을 바꿀 수도 있단다." 니콜라스는 마지막 안이 제일 좋다고 생각했고, 그의 부모도 그에 찬성했다. 그는 괴롭힘을 당했지만, 또한 보살핌을 받은 따뜻한 느낌을 가지고 일찍 잠자리에 들었다.

마을 건너편에서도 비슷한 장면이 연출된다. 고학년의 노는 아이들이 집에 가는 2학년생 테리의 앞을 가로막는다. 여기서도 나이 많은 아이가 두려워하는 어린아이를 겁주고, 가방을 쏟고, 아이를 땅에 넘어뜨린다. 테리는 그 아이들이 도망가며 "큰 애기!"라고 크게 고함치며 놀리는 소리에 울음을 터트린다.

니콜라스처럼, 테리도 천천히 일어나 집으로 향한다. 걸어가는 동안 테리는 며칠 전에 집에서 있었던 일이 생각난다. 그는 동네 싸움에 말려든 형이 부모에게 혼나는 소리를 들었다. "왜 그 녀석들이 너를 괴롭히게 놔두는 거냐? 너도 맞받아 싸울 만큼 충분한 나이야. 내 자식이 그런 식으로 당한다는 건 말도 안 돼. 그리고 징징거리지 마! 네가 계집애냐?"

이제 테리는 무섭고 창피하기도 하지만, 자신이 당황하고 부끄러워한 것이 부모에게 용납될 수 없는 일이라는 사실을 가슴 아프게 깨닫는다. 이런 망신스러운 사건은 그에게 일어나서는 안 되는 것이다. 더 중요한 것은, 이런 감정들을 느껴서는 안 되는 것이다. 이제 테리는 수치심을 느낀 것에 대해 수치스러워한다. 따라서 그는 심술꾸러기들과의 불운한 만남에 대해 아무 말 않기로 한다. 아무도 알 필요가 없는 것이다.

가장자리에서 노출되는 것

수치심은 노출에 관한 것이다. 칼 슈나이더Carl Schneider가 우리에게 상기시켜 주듯이, 노출된다는 것은 '자리에서 벗어나는 것'을 뜻한다. 기념일 행렬이나 종교 예식 행렬의 맨 앞에 섰던 사람이 갑자기 당황스러워한다. 너무 빨리 걸어 다른 사람들과 보조를 맞추지 못하고 '자리에서 벗어난' 것이다. 우리 대부분은 군중 속에서 두드러질 때 노출되었다고 느낀다. 자신이 너무 뚱뚱하다거나 피부색이 너무 검어 매력이 없다거나 너무 가난하거나 고집이 세 환영받지 못한다고 생각되었을 때 등. 다른 사회적 상황들에서도 우리는 묘하게 노출되는 느낌을 받는다. 식당에서 혼자 식사를 하는 사람은 어색함을 느낀다. 식사라는 것이 사회적인 활동이기에, 밖에서 혼자 식사할 때 자신이 '노출'되었거나 혹은 무방비 상태가 되었음을 느낀다. 또한 사람이 죽었을 때, 우리는 시체를 덮는다. 죽은 사람을 아무나 볼 수 있게 노출시키는 것이 어쩐지 그를 모독하는 것만 같아서이다. '수치심'이라는 영어 단어 '쉐임^{shame}'은 우리를 가려 주는 여성용 속옷인 '슈미즈^{chemise}'라는 단어와 그 어원이 같다. 에덴 동산의 아담과 하와처럼 우리에게도 수치심은 노출되는 경험이며, 이에 대한 우리의 즉각적 반응은 자신을 가리거나 심지어는 숨는 것이다.

"수치심은 어떤 사람이 완전히 노출되어 있다는 것과 다른 이들의 시선을 의식하는 것, … 아직 보여 줄 준비가 되지 않은 상태에서 보이게 되는 것이다." 심리학자 에릭 에릭슨$^{Erik\ Erikson}$의 이 말은 애매모호한 우리의 사회적 실존에 대해 정확히 표현해 준다. 곧 우리는 남들에게 보이고 인정받고 존중받기를 원하지만, 우리가 준비되었을 때에만, 우리가 다른 사람들의 시선 앞에 설 만하다고 느낄 때에만 그러길 원한다.

우리는 특별히 청소년기에 이러한 상반된 감정을 예민하게 느낀다. 남들이 우리를 있는 그대로 알아주고, 인정해 주고, 받아들여 주기를 간절히 바란다. 그러면서도 우리는 노출되는 것에 대해 두려워한다. 몸이 변하면서 더 어른스러워지고 남성다워지거나 여성스러워지면, 준비가 되었든 아니든 우리는 새롭게 눈에 띄게 된다. 다른 사람들의 평가 앞에 우리가 얼마나 무방비 상태인지를 느끼기에, 우리는 자신을 드러내기를 주저한다. '아직은 안 돼!' 하고 우리의 부끄러움이 경고를 한다. 옷을 갈아입거나 의견을 바꾸거나 친구를 바꾸어서 마침내 제대로 무언가를 갖추기 전에는 안 된다는 것이다.

청소년기 혹은 훨씬 그 후까지, 부끄러움은 사회생활에서 아주 평범한 일부분이 된다. 다른 사람들과의 관계에서 때때로 너무 다가가고, 너무 드러내고, 너무 무방비 상태인 자신을 발견한다. 이렇게 자주 겪게 되는 위태롭고 고통스러운 순간에 수치심은 건강한 경고 체제의 역할을 한다. 이 감정을 알아차리고 무엇이 고통을 불러일으키는지 이해함으로써 우리는 삶의 중요한 교훈들을 배울 수 있다. 건강한 수치심이 가져다주는 이러한 이로움에 대해서는 '건강한 수치심'에서 알아보기로 하자. 하지만 수치심이 언제나 선물을 가져오는 것은 아니다. 앞에서 만나 본 두 어린 소년들을 생각해 보자. 니콜라스의 가족들은 아들의 수치심에 대해 관심과 공감으로 배려해 주었다. 그들은 그가 당황했다는 것을 알아차리고 그 고통을 존중해 주었다. 부모가 아들이 당한 수치심을 실제적으로 존중해 주는 것이 치유의 시작이 된다.

그러나 테리의 경우는 다르다. 자신의 부모가 어떻게 반응할지를 예측한 테리는 자신의 창피함을 치욕스러운 것으로 느낀다. 그래서 그는 그 체험을 남들에게, 그리고 가능하다면 자신에게도 감추면서 없었던 일로 묻어 버리려 한다. 그러나 이 수치심이라는 정상적인 느낌, 놀림 받은 것에 대한 그의 당연한 반응은 감추고 돌보지 않음으로써 무의식 안에서 곪기 시작한다. 이런 패턴이 반복되면, 수치심이라는 건강한 감정은 부정적 감정, 곧 그의 삶을 갉아먹고 병들게 하는 감정으로 변한다.

니콜라스의 부모는 그가 느끼는 고통이 정당한 것임을 인정해 줌으로써 아들이 해로운 수치심으로 떨어지는 것을 막는다. 그는 이 두려운 감정, 창피함이 자신이 못났다는 표시가 아니라는 것을 배운다. 니콜라스는 그 나이 또래에 맞는 힘과 능력을 가지고 있었다. 더 큰 아이들이 자신들의 힘을 이용한 것이기 때문에, 잘못된 것은 니콜라스가 아니라 그 아이들이었다.

그보다 건강하지 못한 환경에서 자라난 테리는, 그가 느낀 수치심을 자신이 못났다는 표시로 받아들인다. 자신이 좀 더 똑똑하거나 잘나고 힘이 더 세었다면, 고통당하지 않았을 것이라고 생각한다. 아무도 그에게 다르게 이야기해 주는 사람이 없다. 그는 이 고통을 다루는 다른 방법을 모르기에, 이 고통스러운 감정들을 멀리한다. 이 체험에서 그가 얻은 것은 이런 고통을 다시 받지 않기 위해 무엇이든지 해야겠다는 강한 자극이다.

어린 시절의 위험들

우리가 어릴 때에는 어른들의 강요에 저항할 힘이 없다. 부모와 다른 사람들이 우리를 그들 마음대로 할 수 있다. 로버트 블라이Robert Bly는 이럴 때 일어날 수 있는 일을 다음과 같이 묘사한다. 만일 어른이 아이를 때리려고 하거나 아이의 입에 강제로 음식을 넣으려 한다면, 아이는 방어할 수가 없어 그대로 있는다. 만일 어른이 순전히 폭력적으로 아이의 귀청이 떨어지도록 고함치고자 한다면, 그대로 한다. 대부분의 부모들은 그들이 원할 때면 아무 때나 자녀의 영역을 침범하고, 아이가 울음으로 자신의 감정을 보존하려고 하지만, 아이는 그 감정과 함께 그대로 방치된다. 블라이는 이 상처 받기 쉬운 취약성이 어떻게 아이들을 더 깊은 수치심에 빠지게 하는지 보여 준다. 아이들은 각기 자신만의 정신적인 집이나 영혼의 성과 같은 깊은 곳에서 살아가야 하며, 그 집 안에서 통치할 수 있는 권리를 당연히 가져야 한다. 부모가 아이의 통치권을 무시하고 침해할 때마다, 아이는 분노뿐만 아니라 수치심도 느끼게 된다. 아이는 만약 자기에게 주권이 없다면, 분명 별 볼일 없는 사람이라고 스스로에 대해 단정 짓는다. 수치심은 우리가 인간으로서 가치가 없고 부적격하다고 느끼는 감정에 붙이는 이름이다.

어린 시절에 신체적, 심리적 혹은 성적으로 학대를 받는다면, 우리는 균형을 잃게 된다. 힘 있는 사람들의 침해에 저항할 수 없을 때, 우리는 이 강요가 자신의 가치를 심판대에 올린다고 느낀다. 남들이 우리의 영역을 마음대로 침해할 수 있음을 뼈저리게 느낄 때, 자신을 신뢰하기가 어렵게 된다. 이렇게 어릴 때 상처를 받게 되면 수치심이라는 건강한 반응은 해로운 것이 된다. 이와 같은 적대적인 환경에서 자라는 아이들은 대개 두 가지 방식 중 하나로 반응을 한다. 몇몇은 자신에게 방어할 수 있는 영역이 없음을 알게 된다. 다른 사람들이 자신의 인격이나 사생활을 존중해 주지 않으면서 자기네 마음대로 오고 간다. 그들에게 위협을 받게 될 때 우리의 유일한 희망은 그들의 비위를 맞추고 달래주는 것뿐이다. 우리가 그들로부터 도망갈 수 없을 때, 그들의 비위를 맞춤으로써 최소한 그 고통스러운 감정들을 어느 정도는 피할 수 있다. 성장하면서, 우리는 이렇게 '사람들의 비위를 맞추는' 기술에 매우 능숙하게 될 수 있다. 교회나 간호, 또는 상담과 같은 봉사하는 직업을 찾거나, 아니면 자신이 하루 종일 돌보아 주어야 하는 배우자와 결혼을 한다. 자신을 돌보지 않는 이러한 행동은 적어도 그것을 충동질하는 힘을 인식하기 전까지는, 자신에게나 다른 사람들에게 훌륭한 것으로 보인다. 그 후 우리는, 우리에게 그런 행위를 하도록 몰아붙인 숨어 있는 수치심과

적나라하게 마주하게 된다.

어린 시절의 상처에 대한 두 번째 반응은 침해받을 수 없는 영역을 만드는 것이다. 자신의 연약함을 뼈저리게 인식하면서, 자신을 방어하는 울타리를 세운다. 체중을 늘리는 것이 방어의 한 방법이 된다. 흔히 사내아이들에게 체중을 늘리는 것은 육체적 힘을 과시하고자 하는 행위이다. 체육관에서 운동을 한다거나 무술을 연마한다거나 근육의 힘을 키우는 것은 '이제 그 누구도 내 약점을 이용할 수 없다.'는 것을 뜻한다. 하지만 체중은 여자 아이들에게는 또 다른 상징적 의미이다. 우리 문화에서는 아름다움이 날씬한 것과 동일한 것이다. 뚱뚱한 여자들은 매력적이지 못한 것으로 간주된다. 수치심으로 상처 입은 젊은 여인이 자신을 보호하기 위해 체중을 늘릴 수도 있다. 그녀의 체험에 의하면, 사람들이 가까이 다가오는 것이 일종의 위협이기 때문이다. 그래서 뚱뚱해짐으로써, 비록 외로울지라도 그녀는 안전하게 되리라 희망한다. 열네 살에 충동성 비만 증세가 있었던 한 동료는 다음과 같이 말한다. "수치심에 빠진 사람은 진정한 자아를 아무도 볼 수 없게 보호해 줄 지방층이 자신을 덮도록 충동적으로 음식을 먹습니다."

이러한 완강한 방어는 영적 삶에도 영향을 미친다. 워크숍에 참석한 한 여성이 하느님과의 관계에 미친 성적 학대의 영향에 대해 다음과 같이 말했다. "하느님의 존재에 대한 나의 체험은 늘 고통스러운 것이었습니다. 하느님께서는 보호막을 난폭하게 뚫고 들어오시는 분이십니다." 신앙심이 깊은 그녀는 기도하기가 점점 더 힘들어지는 것을 느끼게 되었다. 하느님께서 가까이 계시는 것으로 위안을 느끼려고 할 때마다, 그녀는 자신이 '부끄러운 자신을 방어해 주는 벽을 다시 세워, 그녀가 소중하다고 말씀해 주시는 하느님에게서 도망쳐 무가치한 자신에게로 후퇴'함으로써 그러한 깨달음을 막고 있음을 알게 되었다. 그러한 강한 모순에 혼란을 느낀 그녀는 자신에게는 '모든 관계가 폭력이다. 나는 관계를 맺는 것에 대해 부끄러워한다.'는 것을 알게 되었다. 가까운 관계가 자신에게 미치는 위협과, 그녀의 소중한 가치를 알려 주시는 하느님에 대한 '두려움'을 깨달으면서, 그녀는 점차 치유의 새 단계로 나아갈 수 있게 되었다.

말로 할 수 없는 감정

보통 우리가 부끄러운 일을 당할 때, 우리는 자신을 가리거나 숨고 싶은 유혹을 받는다. 보다 심한 상처가 되는 부끄러움을 경험하게 될 때 우리는 말을 할 수 없게 된다. 어린 시절에 받은 신체적, 성적 학대는 우리로 하여금 아무 말도 할 수 없게 만든다. 이러한 폭행은 말로 표현될 수 없으며, 그 고통은 너무 쓰라려서 큰 소리로 알릴 수도 없다. 이 끔찍한 느낌은 우리를 마비시키는 침묵으로 마음속 깊이 가라앉는다. 근친상간을 겪었던 이들은 종종 무가치한 존재라는 자신의 느낌에 이름이 있다는 것을 몰랐다고 말한다. 그들은 단지 살아 있다고 느끼는 자체가 너무 고통이라고 생각했다.

이런 식으로, 사회적 감정으로 시작되었던 것이 – 다른 사람과의 교류에서 발생한 수치심에 대한 경고 – 개인적인 것이 된다. 그러나 억압된 수치심은 침묵하고 있는 것이 아니다. 대신 수치심은 다른 감정들로 그 느낌을 대변하게 한다.

어떤 사람은 늘 두려움을 느낄 수 있다. 모든 가까운 사람들과의 접촉이 그녀를 위협한다. 모든 대화는 그녀의 부족함을 드러낼 수 있다. 어떤 교류는 다른 사람이 그녀를 부당하게 이용하는 것으로 끝나 버릴 수도 있다. 그러한 두려움은 더 이상 진짜 위험에 대해 주의를 환기시키는 건강한 경고 기능을 하지 못한다. 대신 그녀는 늘 불안해한다. 숨어 있는 수치심의 감정으로 얻게 된 그녀의 두려움은 그녀를 계속 경계 상태에 있게 한다. 그녀는 자신이 왜 그렇게 두려워하는지 혼란스러워한다. 그녀가 알고 있는 것은 자신이 무가치하다는 느낌들이 때때로 폭발하여, 자신을 고통으로 채운다는 것이다. 무엇이 이런 두려움을 일으키는지 그녀에게는 감추어져 있어, 그것들과 맞서려는 그녀의 시도는 거의 성공하지 못한다. 이제 그녀에게 남은 것은 그 고통의 느낌들이 다시 돌아오리라는 익숙해진 두려움뿐이다. 그러나 계속되는 두려움은 대가를 치러야 하는 생존 전략이다. 자신의 불안을 달래기 위해, 그녀는 삶으로부터 뒷걸음질 친다. 지나친 조심성은 그녀로 하여금 모든 위험을 피하게 유도하며, 모든 인간관계를 의심하게 한다. 그녀는 자존심이라는 자신의 연약한 울타리가 다시는 침범당하지 않도록 늘 경계하는 편이 낫다고 생각하는 것이다.

    또 다른 사람의 경우에는 수치심이 화라는 감정을 불러온다. 어떤 중년 남성은 언제나 신경이 날카롭고 기분이 나쁘며 별 이유 없이 쉽게 화를 낸다. 침묵하고 있는 그의 수치심은 신랄하고 적대적인 행동으로 가장된 출구를 끊임없이 찾는다. 이 사람의 삶에서 화는 단순히 창피 당하는 것을 막아 주는 울타리일 뿐만 아니라 자신을 남들에게 드러내거나 스스로 자기 비하를 불러일으킬 수 있는 모든 접근을 차단하는 장벽이기도 하다. 여기서 화는 그 건강한 목적을 잃어버린다. 더 이상 화를 내는 것은 위기에 대처하는 반응이 아니라, 항시 수치심을 느끼게 하는 요인이 될 뿐이다. 이것 역시 생존 전략이다. 그러나 그것은 건강과 인간관계의 손상이라는 대가를 치르게 한다.

때로 수치심은 충동적 성취를 통해 말한다. 언제나 "네가 한 것은 충분하지 않아!"라는 말을 들어온 아이는 자기 불신으로 자신감을 잃게 된다. A가 네 개이고 B가 하나뿐인 성적표를 집으로 가져왔을 때, 그는 "더 잘할 수 있잖니?"라는 꾸지람을 듣는다. 어린아이 투수가 야구 경기에서 한 점만을 내주었다. 그러나 경쟁심이 강한 아버지는 그에게 칭찬해 주기는커녕, 대신 더 열심히 하라고 촉구한다. "마운드에 올라갔을 때에는 집중을 해야지! 다음에는 한 점도 내주지 말아야 해!" 그 아이는 부모를 실망시켰다고 생각하면서 자신이 부족하다는 것을 강하게 느낀다. 스스로 부끄러워하면서 더 열심히 해야겠다고 다짐한다. 그러나 얼마만큼 더 열심히 해야 충분한 것일까?

이런 아이는 흔히 어른이 되어서도 성공에 대한 강한 동기를 지닌다. 그러나 성공을 하고도 좀처럼 자신의 성취에 대해 기뻐하지 못한다. 내면의 비판자는 결코 만족을 모르기 때문이다. '다음에는 더 잘할 수 있어!' 그가 자신을 더 심하게 몰아댈수록 그의 삶에서 기쁨과 감사는 고갈된다. 그의 과도한 성취욕은 궁극적으로 자신의 무가치함에 깊이 뿌리박고 있으며, 이는 부끄러움의 또 다른 이름이 된다.

닐 쉬한Neil Sheehan은 자신의 수상작 「밝게 빛나는 거짓말A Bright Shining Lie」에서, 베트남 전쟁의 용감한 영웅들 중 한 사람이었던 존 폴 반의 이야기를 한다. 전투에서 보여 준 반의 용기는 그를 아는 모든 사람을 감동시켰다. 그는 자신의 안전을 전혀 개의치 않고 작전 성공을 위해 위험을 무릅쓰고 도전했다. 게다가 그의 에너지는 끝이 없는 듯했다. 반은 매일 어김없이 하루 두 번, 8시간이 걸리는 장시간의 작전 이동을 수행했다.

반의 어린 시절에 대한 쉬한의 냉정한 묘사는 그의 공의로운 용기와 사적 수치심 사이의 연관성을 서서히 드러내 보여 준다. 전형적으로 학대와 방임이 일어나는 역기능 가정에서 성장한 반은 자신에 대한 열등감으로 인해 깊이 자리한 두려움을 겁 없는 행동으로 숨기곤 했다. 이는 그의 삶에 추진력이 되어 주었지만, 결국 베트남에서 헬리콥터 추락으로 그를 '영웅'의 모습으로 죽도록 이끈, 수치심을 무모한 용기와 냉혹한 활력으로 가장한 것이었다.

수치심의 치유

파괴적인 수치심은 비밀스럽고, 침묵 속에 숨어 있다. 치유가 이루어지려면 자신의 고통을 드러내야 한다. 존 브래드쇼^{John Bradshaw}가 깨달았듯이, "우리는 자신의 비탄에서 나와 고통을 끌어안아야 한다. 우리는 우리가 진실로 느끼고 있는 고통을 있는 그대로 느껴야 한다".

우리 중 많은 사람이 이미 이 여정을 시작하였다. 오랜 망설임 끝에 마침내 자신의 고통을 친구나 상담자로 삼으며, 그 지혜로 아픔이 치유되기를 희망한다. 우리는 단순히 자신의 괴로움을 말하는 것만으로도 그 고통의 영향력이 줄어들기 시작하는 것을 알게 된다. 그 고통이 저절로 사라지는 것은 아니지만, 이제는 자기 학대로서가 아니라 변화를 위한 자극제로 작용한다.

치유는 내면으로부터 시작된다. 정신 치료 전문가인 마릴린 메이슨^{Marilyn Mason}과 멀 포섬^{Merle Fossum}은 수치심을 학습된 반응으로 인식하도록 환자들을 돕는다. 우리를 사로잡고 있는 깊은 열등감은 자신의 가치에 대한 현실적 평가가 아니라 열악한 환경에서 우리가 배운 하나의 해석이다. 성인으로서, 우리는 이러한 파괴적인 자기 정의를 제쳐두고 자신을 새롭게 평가하는 것을 배울 수 있다.

숙련된 정신 치료 전문가들은 치유 과정을 묘사하는 데 비유를 이용한다. 수치심으로 심하게 상처 입은 삶은 문이 많이 있지만, 문의 손잡이들이 모두 밖에 있는 방에 사는 것과 같다. 다른 사람들이 우리 방에 마음대로 들어온다. 우리는 말을 할 수도 없고, 경고도, 방어도 할 수 없다. 우리의 수치심을 인정하고 그 근원을 추적하는 힘겨운 투쟁의 목표는 문의 손잡이들을 문 안쪽의 올바른 자리로 돌려놓는 것이다. 그러면 우리는 누가 우리의 세계에 들어올지 결정할 수 있게 된다. 이제는 누구와, 언제, 그리고 어떻게 가까워질 것인지를 자신이 스스로 결정할 수 있으므로 친교는 안전한 것이 된다. 우리가 더 이상 자신을 단순한 피해자로 보지 않기 때문에, 자신을 나누고 드러내는 것이 가능하고 심지어는 즐길 수 있게 된다.

칼 슈나이더는 건강한 부끄러움은 자기 인식과 관계가 있다고 상기시킨다. 이 감정은 우리의 시선을 자신에게 맞추고, 때로는 고통스럽고 때로는 달콤한 자신의 한계와 약점에 대한 인식으로 우리를 초대한다. 건강한 죄책감처럼, 수치심의 고통스러운 자극은 자신에게 쏠리는 왜곡된 생각들과 충동에서 우리를 해방시킬 수 있다. 수치심의 아픈 통찰은 우리가 자신을 가리는 데 이용하는 의상, 장치, 속임수, 타협의 본질을 간파한다. 치유된 수치심은 자기 자신이 누구인지 볼 수 있도록 우리를 도와준다. 존 브래드쇼는 이 은총을 다음과 같이 묘사한다.

우리를 동여매고 있는 수치심의 치유는 계시적인 체험이다. 수치심은 우리 존재의 가장 핵심에 자리하고 있기에, 우리가 그 수치심을 끌어안을 때 진정한 자기 자신을 발견하기 시작한다. 수치심은 우리의 참된 자신self을 감추기도 하고 드러내 주기도 한다.

우리는 수치심을 치유함으로써 연약하고 참된 자기 자신에게로 돌아갈 수 있다. 우리는 다른 이들을 기쁘게 해야 한다는 필사적인 필요와, 고통을 느끼지 못하게 은폐시켜 온 그 밖의 이름 붙여지지 않은 중독들에서 해방된다. 한계가 있는 자신을 좀 더 편하게 받아들임으로써, 우리는 다른 이들이 단순히 적이 아니라는 것을 알게 된다. 그리고 우리는 다시금 그 사람들 안에 소속되기를 갈망한다.

감정
스케치

 청소년기는 우리 대부분에게 부끄러움의 시기입니다. 상상을 통해 고등학교 시절로 돌아가 보십시오. 그때 당신이 살았던 곳, 학교 친구나 다른 친구들, 그 시절에 일어났던 사건들과 활동들을 잠시 회상해 보십시오.

 이제, 당신이 청소년기에 겪었던 아주 고통스러울 정도로 부끄러웠던 경험을 상기해 보십시오. 예를 들면, 자신의 몸이나 가족들, 혹은 종교나 인종적 배경으로 부끄러워했을 수도 있습니다. 일단 과거에 있었던 구체적인 어떤 일을 기억해 냈다면, 그 기억에 잠시 머무르며 그런 부끄러움을 느끼게 했던 주변 상황들을 상기해 보십시오. 수치심뿐만 아니라 또 다른 감정들도 함께 일어났는지 생각해 보십시오.

 지금 그때의 체험을 돌아보면서, 수치심이나 부끄러움을 어떻게 대했습니까? 그때 당신이 한 노력은 얼마나 성공적이었습니까? 청소년기의 그 사건과 지금의 삶 사이에서 어떤 연관성을 느끼고 있습니까?

죄책감의 모습

죄책감은 우리의 선善을 위한 안내자이다.
— 윌러드 게일린

오늘날 죄책감은 나쁜 것이라는 말이 오르내리고 있다. 어떻게 그런 말이 시작되었는지 이해하는 것은 그리 어렵지 않다. 우리 모두에게 있어 죄책감을 느끼는 것은 썩 유쾌한 일이 아니기 때문이다. 간혹 죄책감은 영락없이 불합리한 것처럼 보인다. 잘못이 아니라고 알고 있는 행동에 대해 후회하거나 개인적으로 책임이 없는 상황에 대한 죄책감으로 괴로움을 당한다. 이런 파괴적인 분위기가 우리로 하여금 죄책감을 비난하는 함성을 지르게 한다.

하지만 그에 대해 우리가 모르고 있는 더 많은 것이 있다. 죄책감을 느끼는 것은 인간만이 취할 수 있는 반응이다. 이 '필요한 걸림돌'이 없다면 인류는 위기에 처하게 될 것이다. 심리학자인 윌러드 게일린은, "인간은 너무 이론적이기 때문에 사회적 이익을 추구해야만 한다 – 생존을 위해 의존해야만 하는 – 그리고 그렇게 하지 않을 때, 우리는 죄책감에 갇혀 고통스러워한다."고 말한다.

　　죄책감은 소속감에 대한 대가에서 온다. 사랑과 일 속에서 우리는 기꺼이 인생에 의미와 즐거움을 주는 유대 관계를 맺는다. 그러나 또 인간이기에 우리는 이런 유대 관계를 맺지 못하기도 한다. 약속을 등한시할 때나 우리가 맹세했던 사람에게서 등을 돌릴 때, 죄책감의 감정은 우리에게 무언가 잘못되었다고 신호를 해 준다.

　　진심에서 우러나오는 죄책감은 약속을 동반한다. 그러나 이 긍정적 수단은 간혹 파괴적인 분위기로 왜곡된다. 열심히 일한 한 경영인은 성공을 하였는데도, 어떤 면에서는 자신이 비난받아야 한다는 감정과 줄곧 싸운다. 그는 후회하게 된다. 그러나 무엇 때문에? 이 정체불명의 불안은 그의 영혼으로 스며들어, 그의 삶에서 기쁨과 열정을 앗아 간다. 혈기 왕성한 남성은 자신의 성욕에 대해 희미하게나마 죄책감을 느낀다. 어떤 특정 종교상의 죄의 목록이 그를 괴롭히는 것이 아니다. 오히려 그는 감각적인 기쁨을 의심하고 그가 느끼는 매혹적인 것에 망설인다. 그가 느끼는 죄책감은 성에 대해 자신이 어떤 행동을 하는 것에 있는 것이 아니라 성적으로 왕성한 사람이라는 그 사실 자체에 있다. 이런 예들에서 보듯 건강한 죄책감의 감정은 자책감으로 이어질 수 있다. 심리학자들은 이러한 죄책감을 올바르게 판단하여 우리의 삶을 그 힘으로부터 자유롭게 하도록 우리를 일깨운다. 하지만 죄책감은 다양한 모습으로 다가온다. 이런 감정과 친해지는 것은 같은 이름을 가진 진실된 죄책감과 왜곡된 죄책감을 구분할 것을 요구한다.

진실된 죄책감

나는 기분이 몹시 상한 상태로 집을 나섰다. 마음에서 심하게 다툰 일을 지워 보려고 노력했으나, 그 감정들은 쉽게 사라지지 않았다. 마침내 그것을 받아들일 수밖에 없었다. 나는 앤지의 마음에 아주 심한 상처를 주었다. 내가 어떻게 그녀를 그토록 무시하고 모욕을 줄 수 있었단 말인가. 내가 이 세상에서 가장 사랑하는 사람을! 그러나 나는 그러고 말았다. 한 시간 후에 나는 집으로 돌아갔다. 그리고 앤지에게 용서를 빌었다. 그녀는 자신의 빈정거림에 대한 나의 반응이 당연한 것이라고 이야기해 주었고, 그에 관해 우리는 서로 이야기를 나누며 열띤 의논을 하느라 둘 다 얼마나 흥분했었는지. 우리는 서로에게 상처를 주는 것을 어떻게 하면 고칠 수 있는가에 대해 대화를 나누었다. 그런 후 나는 새로운 기분으로 일하러 갔다. 이 사건 이후로 우리는 반복되는 실패에 대한 슬픔 속에서도 우리가 하나로 화합할 수 있음에 감사하는 마음, 건강한 사랑을 하는 것이 얼마나 어려운지를 알게 된 원숙한 마음을 가지게 되었다.

사랑하는 사람에게 상처를 주었을 때, 자신의 최고의 가치들을 훼손시켰을 때, 우리는 죄책감을 느낀다. 진정한 죄책감은 가슴에서 우러나오는 것이므로, 서로에게 입힌 상처에 대한 경고이다. 이 건강한 감정은 네 가지 특성이 있다. 첫째, 경고는 우리가 특별한 방식으로 잘못한 것을 인식함으로 시작된다. 진정한 죄책감은 다른 사람이나 자신에게 상처를 입힌 행동이나 태도, 그리고 습관에 초점을 둔다. 둘째, 중요한 관계가 상처를 입었음을 인식하는 것이다. 타인과의 관계, 또는 자신에게 깊이 새겨진 가치관의 손상 등을 말한다. 셋째, 자신에게 책임이 있음을 인정하는 것이다. 우리의 행동이 잘못된 것이라는 인식이다. 마지막으로, 이 인식이 우리로 하여금 행동하도록 이끈다. 근거 있는 죄책감은 우리로 하여금 우리가 상처를 주었던 사람들과의 접촉을 재시도하도록 우리를 이끌어 그들과의 관계를 회복시킨다. 수치심은 다른 사람들에게서 숨기를 원한다면, 심리학자 윌러드 게일린 박사에 의하면 "죄책감은 드러나기를 원한다".

또한 진실된 죄책감은 우리가 변화할 수 있도록 동기를 부여해 준다. 그 고통은 우리가 저지른 상처에 대해 사과하도록 유도하며, 우리의 행동을 서서히 고쳐 나가도록 이끌어 준다. 죄책감의 강요가 없다면, 인생을 꾸려 나가야 하는 약속에 대한 책임 역시 자신에게 있다고 하지 않을 것이다.

근거 없는 죄책감

다문화 고등학교에서 10년 동안 역사를 가르친 후, 그레고리는 안식년 휴가를 신청했고, 일 년치 연봉에 해당하는 금액을 보장받았다. 그레고리는 자신만의 시간을 고대하면서 광범위한 활동을 계획해 왔다. 독서와 가능하다면 몇 권의 책을 쓰기, 전공 분야에 필요한 자료 수집을 위해 도서관 방문하기, 두 자녀와 부인과 함께 즐거운 여행하기 등이었다. 하지만 새 스케줄에 적응하기 시작한 지 한 달쯤 지나자, 그레고리는 점점 불편해지고 일에 능률이 오르지 않음을 느꼈다. "새 분위기를 파악하는 데만 2주쯤 걸렸습니다. 그리고 죄책감에 사로잡혔습니다. 내 자신이 누군가를 실망시키고 있는 것처럼 느껴졌습니다. 그러나 그것이 누구일까요?" 그러한 느낌은 계속되었고 생각하면 할수록 그레고리를 지치게 했다. "나는 나 자신이 굉장히 이기적인 사람이라는 느낌이 들었습니다. 친구들과 동료 모두가 매일 반복되는 고된 일에 시달리고 있는데, 나만 이렇게 빠져나와 여기에 와 있다니. 응급실 간호사인 아내는 휴가를 가질 수도 없는데…. 내가 좀 더 생각이 깊은 사람이라면 이런 휴가를 신청하지 않았을 텐데. 내가 좀 더 창조적인 사람이라면 안식년 프로젝트는 벌써 상당한 진척을 이루고 있었을 텐데. 어떤 때는 내가 이런 죄책감에 빠져 드는 것을 즐기고 있다는 느낌조차 들었습니다. 그러한 기분이 나를 에워쌌습니다. 가끔 나는 줄리와 아이들에게 내 프로젝트에 전념하지 못하게 한다고 신경질을 내기도 했습니다. 대부분의 시간에는 의기소침해 있었고 거기에서 벗어날 수 없을 것만 같았습니다."

죄책감은 우리에게 어떤 잘못을 했다고 신호를 보내 준다. 진실한 죄책감은 우리의 공격적인 행동에 초점을 맞추고 우리가 변화하도록 동기를 부여한다. 반면 근거 없는 죄책감은 우리 자신이 얼마나 나쁜 사람인가라는 쪽으로 몰고 감으로써 우리가 해 온 아주 지엽적인 것들을 구체화하도록 전환시킨다. "내가 실패하였구나."에서 "나는 실패자다."로 초점이 전환될 때, 죄책감은 빗나가게 된다.

작가인 조앤 보리센코 Joan Borysenko는 이 두 가지 성향의 차이점을 다음과 같이 구분한다.

건강한 죄책감은 자아 인식을 높여 주는, 그리고 우리의 어려움을 해결해 주는, 또 대인관계를 향상시켜 주는, 신앙적으로 성장하는 길을 열어 준다. 반면 건강하지 못한 죄책감은 우리가 무가치하다고 믿어 버린 계속되는 생각 속에서 옴짝달싹 못하게 한다.

거짓된 죄책감은 상황을 좋게 하기 위해 우리가 할 수 있는 것으로부터 우리의 주의를 분산시켜 버린다. 그 죄책감이 서서히 내적으로 향할 때 거짓된 죄책감은 저주가 된다. 진실된 죄책감은 사회적 감정이며, 우리가 입은 상처를 치유하기 위해 노력하라는 경고로 받아들이게 한다. 피해자로서 자신에게만 집중하는 것은 이런 사회적 목표를 감추게 한다. 이러한 자아 비판은 우리에게 죄책감의 포로가 되어 무능력하다는 느낌을 길러 준다. 가치가 없다는 느낌은 우리를 탈선하게 하고, 자신을 벌주는 쪽에 에너지를 쓰게 한다. 개인적인 절망감의 포로가 되면, 우리는 우리의 고통에 대한 사회적 차원의 판단력을 잃게 된다.

죄책감의 문화적 비유

모든 문화는 구성원들에게 죄책감을 가르친다. 우리는 부모와 다른 권위 있는 사람들에게서 이러한 고통스러운 감정을 언제 그리고 왜 경험하는지에 관해 가르침을 받으면서 죄책감을 느끼는 것을 배운다. 그들이 가르친 죄책감의 규칙들은 문화적 그리고 종교적 전통들에 근거한다. 서구 사회에서는 두 가지의 성경 이미지가 죄책감의 문화적 비전을 형성한 것으로 보인다.

고대 이스라엘인들은, 그들의 종교적 실패는 하느님과의 계약을 깬 것에서 비롯되었다고 생각했다. 우리의 신앙 선조들은 그들의 삶을 사회 관계망(가족 안에서, 다른 부족들 사이에서, 하느님과의)으로 이해했다. 이러한 지속적인 네트워크 안에서 그들은 민족으로 생존하며 번창했다. 그러나 그 그물망 밖에서(적대적인 사막이나 이민족들 사이에서)의 생명은 위태로웠다. 따라서 이 소속의 네트워크를 손상시키는 것은 죽음이 가까이 있으며 그 대가를 치르는 것이었다. 삶의 의미는 이러한 믿음 공동체의 구성원들 간에 연결되어 있는 유대를 통해 함께 만드는 것이었다. 이 사람들의 목적은 하느님과의 계약으로 요약되었다. 이 관계에 충실함은 생명과 축복을 의미했다. 이러한 생명의 네트워크들을 손상시키거나 약화시키는 것은 죄를 범하는 것이었다.

실패의 아주 다른 비유는 그리스도교 복음에서 나타난다. 신약성경에서 '죄'란 뜻의 그리스 말 '하마르티아hamartia'는 '과녁을 빗나간 상태'를 의미한다. 떨어져 있는 과녁을 겨누는 궁수를 떠올려보면, 이 이미지는 윤리적 행위를 목표로 성취하는 것에 비유된다. 이 비유 안에서 삶은 관계의 그물망에 충실하기보다는 외적인 이상의 추구로 그려진다.

'계약을 존경하는 것'은 소속에 초점을 맞춘다. '과녁을 빗나간 상태'는 성취를 강조한다. 동시에 이러한 이미지들은 죄책감의 서구 문화의 경험을 구체화한 것이다. 계약은 관계들에 높은 가치를 둔다. 예를 들어, 여자들은 가족의 유대와 우정을 형성하고 유지하는 데 있어서 일반적으로 강한 책임감을 갖도록 사회화된다. 따라서 당연히 많은 여성이 그들의 사회적 네트워크의 손상에 대해 가장 예민하게 죄책감을 느낀다. 많은 남자는 관계보다 개인적인 성취를 추구하도록 사회화된다. 이와 같은 남자들에게, '과녁을 맞히는 것'은 책임감을 나타낸다. 목표를 성취하는 데 그들의 책임이 있고, 성공의 외적 기준들에 따라 그들 자신을 판단하는, 이러한 남자들은 그들이 '과녁을 벗어났다.'고 생각할 때 가장 예민하게 죄책감을 느낀다.

가장 좋은 이 두 가지 죄책감의 비유들은 보완적이다. 모든 성인은 사회적 네트워크에 소속된다. 우리 각자는 개인의 목표들을 추구한다. 그래서 우리의 관계를 돌보고 우리의 이상들을 성취하려고 애쓰는 것은 어느 한 성 또는 다른 성에게 과업이 제한된 것이 아니라 두 성 모두가 공유하는 관심사이다. 그리고 이러한 두 이미지들의 진실을 인정하는 것은 자주 우리의 삶에서 죄책감의 파괴적 힘을 치유하는 데 도움을 준다.

좋은 관계를 유지하는 데 스스로에게 책임을 지우는 몇몇 여자는 죄책감에 심각한 문제를 지니고 있다. 가족과 우정의 그물망이 복잡하게 얽혀 있다. 넓은 네트워크 안에 있는 어떤 곳이든 문제가 생기면 그물망은 전체적으로 흔들리게 된다. 개인적인 책임의 경계를 정하는 것은 쉽지 않다. "어떻게 내가 나의 남편과 장남 사이에 있는 긴장을 없앨 수 있을까?" "나는 과연 내 딸의 결혼의 실패에 책임이 없는가?" "연세가 많은 나의 부모에 대한 책임을 언제나 면할까?" 관계의 역동성에 민감한 어떤 여자는 이 민감성을 자주 의무로 해석한다. "나는 그것을 고쳐야만 해." 만약 그 여자가 일들을 더 좋게 바꿀 수 없다면, 그 여자는 죄책감을 느낄 가능성이 크다. "나는 관계에서 실패했어."

우리가, 모든 계약은 거룩하지 않다는 것을 깨닫게 될 때 우리는 계약을 깰 때 오는 죄책감을 세련되게 한다. 때때로 우리는 건강하지 않은 계약을 맺는다. 나는 어떤 상황이든 누구든 우호적으로 대하고 결코 공격하지 않기로 결심해야 했다. 그러나 이러한 거짓 이상(내가 나 자신에게 했던 계약)은, 갈등과 마주하고 내가 본 정의롭지 못한 일에 대해 반대하는 의사를 분명히 할 수 있는 나의 능력을 심하게 손상시켰다. 내가 성숙하기 위해서, 이 계약은 깨져야 한다. 내가 다른 사람에게 항의하거나 동의하지 않을 때 죄책감의 가책을 경험할 것이라는 것을 나는 알지만, 어째든 나는 그렇게 해야 한다.

'과녁을 빗나간 상태'에 관한 비유는 더 집중된 책임 의식, 그리고 죄책감을 참작한다. 이 이미지에서, 우리는 양궁장으로 가기 위해서 집(집에서의 얽히고설킨 책임들)을 떠난다. 이 환경 그 자체가 명확한 경계들을 설정하도록 격려한다. 궁수는 다른 목표는 무시하고, 하나의 식별된 과녁을 향한다. 그리고 운동경기의 비유는 또 다른 방식으로 우리의 죄책감을 완화한다. 왜냐하면 스포츠의 세계는 우리에게 게임에서의 실패를 받아들이도록 가르치기 때문이다. 아무리 챔피언 궁수라도 모든 화살을 황소의 눈에 맞히지 못한다. 3할 타율을 치는 야구선수는 성공했다고 하는데, 70%는 실패한 사람이다. 55%의 슛 성공률을 가진 농구선수들은 스타라고 부른다. 스포츠를 하는 것은 우리에게 실수들 때문에 우리를 비난하거나 벌을 주기보다 우리의 실수로부터 배우도록 가르칠 수 있다. 테니스 챔피언 빌리 진 킹은 실패의 고통스러운 경험을 다음과 같이 다시 마음에 그리고 있다. "나에게, 테니스 게임에서 진 것은 실패가 아니다. 그것은 연구다."

과녁을 맞히는 것에 관한 비유 또한 정화가 필요하다. 초기에 우리는 높은 성취의 이상(우리의 형제자매처럼 학교에서 좋은 성적을 받도록, 우리의 아버지보다 더 많은 돈을 벌도록, 우리의 부모가 항상 원했던 의사가 되도록)을 물려받는다. 나중에야 깨닫게 된다. "이러한 목적들은 내가 나의 활과 화살을 가지고 도착하기 이전에 활터에 놓여 있었다. 몇 년 동안 나는 어떤 다른 사람의 과녁에 화를 쏘고 있었던 것이다."

죄책감이 잘못된 길로 빠질 때

나의 죄책감은 작고 민첩한 개처럼 나를 쫓아다닌다. 죄책감이 나에게 돌진해 오면 나는 뒤로 물러선다. 죄책감을 달래기 위해, 그리고 나를 공격하지 못하도록 유인하기 위해 작은 조각의 음식물 – 약간의 성취, 임무 완수, 만족할 만한 성공 – 을 던진다. 그러나 죄책감은 평화를 위한 내 선물을 먹어 치우고는 계속 나에게 달려든다. 이 작은 괴물을 다루는 더 좋은 방법이 반드시 있을 텐데!

죄책감의 파괴력은 폭군처럼 우리의 인생을 지배하는 능력을 가지고 있다. 우리는 우리를 좀먹는 그 죄책감이 통제권을 잡고 있다는 것을 아주 서서히 인식해 갈 뿐이다. 파괴적인 죄책감의 주된 특성은 강압적이라는 것이다. 이러한 죄책감의 느낌을 극복하기 위해, 우리는 우리의 일상을 임무, 의무 그리고 선행으로 채워 나간다. 현실의 모든 필요에 응답하도록 우리는 강요된, 강압적인 협력자가 된다. 그리고 '안 돼!'라고 하는 것이 거의 불가능하다는 것을 알게 된다. 다른 사람들의 요구를 거절하기 위해 어떤 기준을 쓸 수 있을까? 세상에서 요구하는 것은 끝이 없기에 외적 기준은 그 어떤 것도 효력이 없는 듯하다. 그렇다면 우리는 어떤 내적 기준에 의존할 수 있을까? 감기, 독감, 두통, 그리고 피곤함 등이 책임의 한계를 나타내는 중요한 징조가 된다.

죄책감이 잘못된 방향으로 나아갈 때, 우리는 두려움 속에서 사람을 의기소침하게 하는 악마의 꼬임에 넘어가게 된다. 우리는 다른 사람의 감정을 상하게 하거나 기분을 상하게 하거나 실망시키기를 원하지 않는다. 그래서 우리는 모든 요구를 들어주며, 우리의 초대장에 모든 사람의 이름을 적는다. 이러한 파괴적인 행동은 우리를 순종의 노예가 되게 한다. 죄책감을 피하려는 우리의 열망은 개인의 기본 원칙보다 다른 사람의 기대를 충족시키려는 쪽으로 몰아간다. 우리는 '그렇게 해야 한다.'의 근원을 거의 알고자 하지 않으면서, 대화 중에 "그렇게 해야 한다." "반드시 그렇게 해야 한다."는 말을 한다. 그리고 자신의 부족함에 대해 후회하면서 계속 사과한다. 심지어 우리는 호의마저도 사과로 포장하여 전달한다. 친한 친구에게 생일 선물을 할 때, 우리는 자신이 선택한 선물보다 상대방이 원하는 더 나은 것으로 교환해도 좋다고 미리 선심을 쓰며 영수증까지 함께 준다.

파괴적인 죄책감은 간혹 도덕적인 것과 혼동되어 고통스러운 완벽주의를 요구한다. 누군가를 완벽주의자로 칭하는 것은 높은 이상을 가졌으며 조잡함을 인정하지 않고, 삶에서 최고의 것만 요구하는 칭찬으로 간주될 수도 있다. 그리고 완벽주의적 성향은 성공을 전제로 한 사회에서 지지를 받는다. 예를 들면, 미국인들은 오랜 시간 계속 일을 해 많은 일에 성공을 거두는 것에 중독된 경영 간부를 동경하는 경향이 있다.

실제로 완벽주의는 죄책감에서 파생된 강박관념으로, 인생의 즐거움과 기쁨을 앗아 간다. 모든 것을 정확하게 해야만 한다고 생각하는, 인생을 갉아먹는 집착은 한계가 있는 우리의 인간적인 면을 받아들이지 않는다. 삶에서는 굉장히 성공했지만 완벽주의에 희롱을 당한 한 친구는 다음과 같이 자신의 이야기를 한다. 전문직에 종사하는 40여 명의 동료들에게 강의를 마친 후, 그는 38명의 참여자는 대단히 감사하고 만족하였지만, 두 명은 그저 그랬다는 자신에 대한 강의 평가서를 꼼꼼히 점검했다. 그리고 그날 남은 시간을 그 두 명의 '잃어버린 양' 때문에 격정하며 보냈다. '그들은 무엇이 마음에 들지 않았을까? 자신이 강의를 다시 한다면 원인을 분석할 수도 있을 것이고, 그들도 만족할 수 있을 텐데.' 가혹한 걱정에 대한 대가는 그가 자신의 일에서 기쁨을 거의 얻지 못한다는 것이다. 죄책감이 즐거움을 앗아 가 버린 것이다. 모든 한계에 지나치게 집착하고, 부족한 것에 대해 지나치게 흥분하다 보면, 완벽주의자들은 자신감, 환희, 또는 감사함을 거의 느낄 수가 없다.

강박적인 죄책감은 계속 이어지는 연속 편지와 같다. 모든 중독 증세-집착, 음식, 또는 섹스-는 끝이 없는 배고픔을 가져다준다. 우리는 점점 더 많이 먹고, 탐욕스러운 욕망을 만족시키기 위해 애쓰지만, 항상 부족함에 시달린다. 파괴적인 죄책감에 대한 유일한 처방은 꼭 '올바르게 해야 돼.'라는 강박관념, 또는 '완벽하게 해야 해.'라는 극단적인 추구를 포기하는 것이다. 강박관념과 죄책감에 조예가 깊었던 성 아우구스티노는 자신이 변화되었던 순간을 다음과 같이 고백한다. "나는 조금은, 내가 원하는 대로 놔둔다." 바로 여기서 우리 모두의 치유가 시작된다.

높은 이상을 향하여

건강하지 못한 죄책감의 씨앗은 우리가 지닌 이상주의의 독특한 역동성 안에 자리하고 있다. 부모님과 선생님들은 우리의 어린 시절에 타인에게 호의를 베풀고, 열심히 공부하고, 조심스럽게 행동하도록 훈계하곤 했다. 사회는 우리에게 경쟁에서 이기라고 아주 높은 모델을 제시한다. 재판관, 간호사, 우주 비행사, 학자, 성인 등, 10대와 20대에 우리는 이러한 문화적 이상을 성인이 되었을 때 직업으로 선택하도록 내면화된다.

이러한 초기 단계의 업적과 서비스에 대한 이상은 우리를 성장시키고, 야망과 관대함을 확장시킨다. 그러나 30-40대에 접어들면 우리는 또 다른 도전을 받는다. 이제 우리의 과제는 이러한 범세계적인 가치를 자신의 특정한 삶에 맞추는 것이다. 우리는 우리의 이상을 개별화시킬 필요가 있다. 그리고 이 시기 동안 삶은 우리에게 재능과 한계, 우리가 알아낸 용기와 두려움을 혼합하도록 가르친다. 우리는 움츠러들며, 우리의 초기 이상理想과 실제로 전개되는 삶 사이의 피할 수 없는 격차를 인식하게 된다. 어쩌면 우리가 한때 믿었던 것보다 훨씬 나은 - 오직 이만큼의 넓은 마음, 이만큼의 유능함, 그리고 이만큼의 현명함 - 그러나 그럼에도 불구하고 한계가 있는 삶을.

모든 것이 잘되어 갈 때, 이런 균형 있는 깨달음은 자포자기할 만큼의 실망을 가져다주지는 않는다. 현실보다 더 큰, 우리의 초기의 이상이 임무를 완수하여 우리를 크고 풍요롭게 해 준다. 그들의 공헌에 감사하면서, 우리는 스스로 자책한다는 명목 아래 이상을 자기 비하로 변화시킬 필요도 없다.

죄책감 제한하기

진정한 죄책감은 책임과 용서의 경계 안에서 활동한다. 힘센 손처럼 이렇게 길들여진 자극은 죄책감을 점검하도록 한다.

책임

죄책감은 우리가 책임을 느끼는 범위 내에서 자라난다. 이러한 책임 의식 없이는 죄책감도 있을 수 없다. 극단적인 예로, 동정심과 양심의 가책 없이 다른 사람을 학대하는 반사회주의자를 들 수 있다. 다른 사람과 영향력 있는 감정적 연대가 없는 사람은 사회에서 퇴출당하고 만다. 우리를 다른 사람과 묶어 주는 소속과 의무는 또 다른 공생하는 인간성을 만들어 낸다. 이러한 감수성을 상실하면 인간은 사회 활동에 대한 책임감이 없으며, 그로 인해 죄책감도 느끼지 못한다.

하지만 우리 대부분은 서로 다른 고통을 겪는다. 우리는 책임감을 너무 강하게 느끼는 경향이 있다. 홀로 설 수 있도록 훈련받고, 타인의 필요에 반응하도록 배워 온 우리는 인간의 삶에 만연해 있는 어려움이나 결점, 그리고 실패에 경계심을 늦춰서는 안 된다. 크리스틴은 다음의 예를 든다.

한 동료가 어제 사무실 내 책상 옆으로 와서 혹시 가위를 빌려줄 수 있느냐고 물어 왔다. "없어요."라고 말한 나는, 다시 "미안해요."라고 덧붙였다. 내가 그의 기분을 상하게 한 것 같은 죄책감, 바로 이것이 실제로 내가 느낀 것이었다.

토니는 다른 경우이지만 그의 느낌도 유사하다.

지난 주말 내가 집에서 책상 정리를 하고 있을 때, 훌륭하다는 말을 들을 정도로 일을 잘하는 사람으로부터 엄청난 액수를 요구하는 청구서가 온 것을 발견하였다. 나는 이렇게 엄청난 금액을 요구하는 것이 우편으로 온 것에 기분이 썩 좋지 않았다. 재정적으로 나는 많은 돈을 보낼 수가 없었다. 하지만 그 누구에게는 돈을 보내고, 그 누구에게는 돈을 보내지 않는 것에 상당한 죄책감을 느꼈다. 그래서 다른 청구서들이 왔을 때 쓰레기통에 던져 버리지 않고 책상 위에 쌓아 놓았다. 나 자신도 이해가 되지 않았지만, 일 년에 한 번 몽땅 다 던져 버리는 것이 훨씬 더 쉬운 일이었다.

우리는 책임의 한계를 어떻게 알 수 있을까? 어렸을 때는 부모님들이 우리에게, 우리가 한 말에 대해 약속을 지키고, 동생들을 돌보도록 상기시켜 주면서 책임의 범위를 정해 주었다. 나이가 들면서 우리의 책임 범위는 늘어 간다. 우리는 새로운 임무를 수행하고 더 높은 이상을 추구한다. 그러나 책임의 범위가 늘어날수록 실제 감당할 수 있는 책임은 줄어든다. 우리의 힘과 장점과 능력의 한계에 대해 우리는 알게 된다. 우리는 모든 것을 다 할 수 없을 뿐 아니라 세상의 모든 재앙과 재난을 바로잡을 수도 없다. 새로운 그 무엇인가를 해결하기 위해서는 더 이상 자신의 삶에 맞지 않는 꿈들은 버려야만 한다. 그렇게 하면서 우리는 책임의 한계를 - 우리의 이상이 자신의 자원과 소명의 한계와 만나는 암울함 - 배우게 된다.

그러나 우리 자신과 다른 사람 사이의 경계선은 책임과 죄책감을 연결해 주는 이정표이다. 감정 이입의 상황에서 우리는 그들의 고통을 느끼고 기쁨을 함께하면서 다른 사람과 우리를 구분하는 경계선을 넘어간다. 다른 사람의 슬픔에 공감하는 것은 우리에게 고뇌를 떨쳐 버리게 한다. 우리가 그 사람의 삶을 향상시킬 수 없을 때, 우리는 때때로 죄책감을 느낀다. 동정심은 우리가 다른 사람의 인생을 변화시킬 수 있다는 잘못된 책임 의식 속으로 빠져 들게 한다. 건강한 감정 이입의 충동이 건강하지 못한 죄책감으로 향해 가도록 이끄는 것이다.

여성은 문화적으로 감수성이 예민하여 이러한 왜곡에 쉽게 동화된다. 사회적인 기준은 많은 여성을 그들만의 특별한 일로 자녀를 돌보는 것, 남편을 도와주는 것, 그리고 이웃의 어려움에 귀를 기울이는 것이라고 설득한다.

만약 여성의 천직이 다른 사람을 돌보라는 것이라면, 여성은 그 한계를 어디까지 두어야 하는가? 경계선이 불분명한 이러한 책임감에 직면할 때 여성은 당황하게 된다. 이와 같은 문화적 풍토에서는 다른 사람을 돌보는 것이 지속적으로 자신을 돌보는 것을 능가한다. 그래서 여성이 병과 과로로 자신을 돌보기에 급급할 때, 여성은 엄청난 죄책감에 시달리게 된다.

성숙함은 우리 스스로 자신의 한계를 인식하는 책임 의식을 형성하도록 우리에게 도전장을 던진다. 우리만이 세상에 대한 책임이 있는 것이 아니다. 우리의 한정된 자원에 의해서 그리고 이미 약속된 협약에 의해서 분명히 밝혀진, 책임의 한계로 인해 우리는 다른 사람의 고통에만 치우칠 필요는 없다. 우리의 소명은 그릇된 죄책감에 있는 것이 아니라 공동체 의식에 있는 것이다.

용서

용서는 죄책감을 점검하게 하는 또 하나의 경계선이다. 관계나 책임을 회피할 때, 건강한 죄책감은 우리로 하여금 바르게 행하도록 촉구한다. 그리고 이와 동일한 감정은 용서를 구하는 방향으로 우리를 이끈다. 한 친구가 다음과 같이 적는다.

나는 비참한 기분이 든다. 지난주 나는 친한 친구의 기분을 상하게 했다. 다음날 나는 그녀에게 가서, 미안하다고 말하고 용서를 청했다. 우리는 오랜 시간 이야기를 나누었고, 우리 사이의 선을 확실히 했다. 내가 그녀와 헤어져 돌아올 때, 나는 그녀가 나를 용서해 주었음을 알았다. 그날 밤, 집에 돌아가는 길에 교회에 들러 주님의 용서도 함께 청했다. 오늘 나는 아직도 참담한 기분이다. 내 자신이 너무나도 실망스럽다. 어떻게 실비아의 기분을 그렇게 상하게 할 수 있었단 말인가? 그녀가 나를 용서해 준 것은 알지만, 나는 이 느낌을 떨쳐 버릴 수가 없다. 아마 한참 동안 기분이 안 좋을 것 같다. 왜 이렇게 죄책감에 시달려야 하는 걸까?

죄책감은 우리가 용서를 구할 수 없거나 용서받을 수 없다고 생각할 때 우리를 실망시킨다. 우리는 자신이 온 세상을 책임져야 한다고 느낄 때, 자신을 매우 중요한 존재라고 여긴다. 이 두 경우에서 우리는 이런 위험한 감정을 지니도록 만들어진 경계를 무시한다.

죄책감이 용서라는 행위를 통해 받아들여질 때, 우리는 죄책감에서 해방된다. 보상하는 것은 용서를 구하는 것의 일부분이다. 우리는 감정적인 빚을 돈으로 해결하는 경향이 있다. 하지만 그 균형을 유지하는 것이 간혹 쉽지 않을 때가 있다. 알코올 중독자인 부모에게 받은 학대나 배우자의 폭력으로 입은 상처를 어떻게 보상받을 수 있을까? 적대자가 이미 세상을 떠났다면 얼굴을 마주 대하는 화해는 불가능할 것이다. 어떤 잘못은 보상으로 정당화될 수 없다. 오직 용서하는 은총만이 상처를 아물게 할 수 있다.

복음은 그러한 용서에 관해 전한다. 복수에 굶주린 군중과 대중들의 모욕이 간음한 여인을 둘러싸고 있다. 그들은 예수님께 율법에 따라 그녀를 처벌하라고 선동하지만, 예수님께서는 이상하게도 그들의 정당한 열정에는 관심을 보이지 않으신다. 오히려 예수님께서는 치명적인 심판을 요구하는 대중들의 자격을 따지신다. "누구든지 죄가 없다고 생각하는 사람이 먼저 돌을 던져라." 그녀를 고발한 사람들은 당황하고 실망하여 하나 둘씩 흩어지고, 예수님께서도 그녀를 벌하지 않으신다. 대신 다시는 자기 파괴적인 행동을 하지 말라고 하신 후 그녀가 돌아가도록 도와주신다(요한 8,7). 예수님의 이러한 사랑이 담긴 태도가 그녀의 죄책감과 부끄러움을 동시에 털어 버리게 했다. 이것이 바로 용서로 인한 소생이며 경이로움이다. 용서는 우리의 역사를 치유하고 죄책감을 없애 준다.

양심에 관한 의문

에릭 에릭슨은 양심을 '위대한 솔선수범의 관리자'라고 묘사한다. 인간 발달에 관한 에릭슨의 관점으로는, 4-7세 사이의 아이들은 솔선수범에 대해 많은 것을 배운다. 이제 신체적으로 건강하고 언어와 상상력이 뛰어나지만, 아이들은 더 힘이 센 것으로 자신을 표현한다. 하지만 다른 사람과 더불어 살아가는 세상에서 솔선수범하는 것 자체가 때로는 주제넘게 끼어드는 행위로 간주되기도 한다. 우리는 다른 사람과 충돌하고, 그들의 영역을 침범하고, 그들의 평온함을 엎어 버리곤 한다.

생존하기 위해 우리는 솔선수범의 한계를 배울 필요가 있다. 우리는 너무 깊이 관여하고 과하게 강요하는 지점을 인식할 수 있는 능력을 개발해야 한다. 스스로 통제할 수 있는 이런 결정적인 능력을 우리는 분별력이라고 부른다. 믿을 만한 양심의 요소는 도덕의 초석이 된다. 신뢰할 만한 가치가 우리 양심 안에서 구체화되기만 한다면, 우리는 우리 자신을 신뢰하여 옳고 그름을 구분할 수 있게 된다. 에릭슨은 이러한 내적 강인함의 열매를 "나 자신에게 의존하는 것이 나를 홀로 서게 하는 것이다."라고 표현한다.

양심은 구불구불한 문화 여행의 자국을 더듬는 것이다. 지그문트 프로이트Sigmund Freud는 죄책감을 필요한 노이로제, 성과 적극성의 원초적인 충동을 억제하기 위해 지불해야 하는 값비싼 대가라고 주장했다. 사회학자 필립 리프Philip Rieff는 프로이트가 주장한 양심은 "사회의 권위에 의해 부여되고, 어떤 숙고 없이 권위가 요구하는 대로 유지되는 것."이라고 설명한다. 이러한 맥락에서 양심은 '사회의 요구가 우리의 이기적인 정신에 접목하는 방식에 따라 우리를' 교화한다.

우리가 살고 있는 개인주의 사회에서, 양심은 완전히 다른 방향을 의미할 수 있다. 곧 모든 사회 제약으로부터 자유롭고 독자적인 개인의 판단을 의미한다는 것이다. 여기서 양심은 사회 제도의 외적 요구로부터 분리된 자기 표현과 사생활의 권리에 대한 끝없는 주장을 의미한다.

유대교와 그리스도교에서의 지혜는 항상 양심을 사회적인 제약이나 개인의 자율성 이상의 것으로 그린다. 개인의 양심은 부모님과 선생님이 우리 안에 심어 주는 문화적, 종교적 가치에서 비롯된다. 그러나 양심이 성숙되기 위해서 우리는 이러한 생각들을 개인의 것으로 만들어야 한다. 어떤 것은 재확인하고 또 어떤 것은 거부하면서, 우리는 우리의 특별한 소명 안에서 최상의 희망과 믿음을 통합해야 한다.

모든 양심은 사회적인 것이다. 이런 가치관을 유지하면서 가족의 믿음과 이상이 살아남고 자란다. 우리의 양심은 우리가 물려받은 선행의 증인이며 보관 창고이다. 그러나 양심은 다른 관점에서도 사회적이다. 이 내면의 힘인 양심은 우리의 삶을 도와줄 뿐만 아니라 가장 귀한 지혜로 자녀에게 물려주는 것이다.

양심의 소리

위험하지만 매력적인 양심은 소리로 비유된다. 이러한 이미지는 우리 중 많은 사람이 건강하지 않은 죄책감을 내면에서 들리는 우리를 위협하는 권한을 지닌 소리 - '이렇게 하지 않으면 너희는 벌을 받을 것이다.' - 로 경험하기 때문에 위험하다. 심리적으로 불안정한 사람들은 자신들에게 그렇게 행동하도록 지시한 '음성'을 설명함으로써 자신들의 파괴적인 행동을 변명한다. 그러나 우리의 건강한 양심은 어떤 특정한 결정을 내리도록 우리를 이끌고, 최고로 이상적인 것을 추구하는 데 실패했을 때 충고해 주는 음성으로 작용한다.

10대와 20대 초반에 걸쳐 우리는 자신의 소리를 찾기 위해 노력한다. 이는 삶의 가장 간절한 희망을 표현하는 힘, 투명함과 확신으로 최고의 희망을 갖게 하는 힘이다. 교사나 지도자의 이념은 우리 각 개인에게 아주 커다란 영향을 미친다. 자신만의 독특한 양심의 소리가 점점 더 커질수록, 우리에게 많은 관심을 보여 온 사람들의 많은 소리와 조화를 이룬다.

만일 양심이 말을 할 수 있다면 들을 수도 있다. 우리의 소리는 우리가 잘 듣기만 한다면 - 사회의 필요에, 바로 이웃 공동체의 희망에, 마음에 생긴 상처에 - 신뢰할 수 있고 성숙하게 된다. 우리가 정말 잘 들을 때 우리는 동료들과 함께 선택한 훌륭한 결정의 울림을 느낄 수 있다. 그리고 우리의 결정이 잘못되고 경솔한 것일 때 바로 그 동료들이 우리에게 도전해 옴을 들을 수 있다. 그렇게 서로 들어주는 공동체에서 양심의 소리는 우리와 다른 사람 모두에게 신뢰할 수 있는 자원이 된다.

양심은 우리 주변에서 일어나는 명령적인 것들을 들을 수 있는, 책임의 경계에 관해 인식할 수 있는, 우리의 응답에 소리를 낼 수 있는 개발된 능력이다. 양심이 한층 성숙하여 믿을 만한 재원으로 되기 위해, 우리는 자신의 부정적 감정들과 친해질 필요가 있다. 우리의 부끄러운 행동이나 건강하지 못한 죄책감으로 수치심과 정신적인 부담감으로 숨이 막힐 때 우리는 자신의 양심이 올바른 선택을 하리라고 신뢰할 수가 없다. 자신의 부정적 감정에 이름을 지어 주고 길들이는 오랜 훈련을 통해, 우리는 자신의 양심을 형성하고 자신의 소리를 찾는다.

설령 잘 다듬어진 양심을 개발해 나간다 하여도, 우리는 남아 있는 죄책감의 잔해를 견뎌야 한다. 완벽주의를 고치려는 우리의 노력에도 불구하고, 그리고 자신의 판단을 믿는다 하더라도 죄책감은 여전히 우리의 여정에 동반자로 남아 있을지도 모른다. 우리는 죄악과 상처의 흔적이 남아 있는 이 세상에 거주한다. 우리 중 몇몇은 이혼 후 견디어 내야 할 죄책감이 있다는 것을 알고 있다. 우리는 필요한 결정을 내리는 데 자녀들에게 미치는, 그리고 우리의 슬픔의 지울 수 없는 해로운 영향을 알고 있다. 어쩌면 우리는 다른 사람들이 다치게 된 사고에 대해 책임이 있을지도 모른다. 우리의 회개는 그들의 건강을 되돌려 주지 못한다. 후회와 양심의 가책은 계속된다. 많은 사람이 목숨을 잃은 비극적인 사건에서 살아남은 생존자들은 죄책감에 사로잡힌다. 그들은 묻는다. '왜 살아남게 된 것일까?' 그리고 그들은 계속 살아갈 권리가 없다고 여긴다. 그로 말미암아 매일매일 새로운 죄책감에 시달린다. 시간의 흐름과 용서에도 불구하고 죄책감은 지속된다.

근본적인 죄책감

원죄와 마찬가지로 이 부정적 감정은 인간이 지닌 악의 불가사의함을 깨닫게 해 준다. 그 뿌리는 우리가 생각하고 있는 것보다 훨씬 더 우리 내면에 깊숙이 자리하고 있다. 근본적인 죄책감은 주변에서 볼 수 있는 사람들의 비인간적 모습에 대해 우리가 다른 사람들과 함께 짊어져야 하는 버거운 책임감을 수반한다. 이러한 느낌은 내전으로 절규하는 시민들, 도시의 끝없는 폭력, 유태인을 대량으로 학살했던 집단 수용소에 대한 기억, 우리 사회의 버려지고 굶주린 사람들의 모습에 의해 환기된다. 이는 인간이 서로를 끊임없이 고통스럽게 하는 부정할 수 없는 방식으로 뿌리내린 집단 죄책감의 경험이다.

기본적으로 우리는 대부분 인간사에서 지속되어 온 불의한 행위에 대한 책임을 회피한다. 우리는 '인종 차별, 가난, 또는 테러 행위에 나는 아무런 잘못이 없어!'라고 하면서 저항한다. 그러나 성숙한 사람이라면, 우리가 이러한 상처를 주고받는 집단에 영향을 끼치는 일원이라는 사실을 깨닫게 된다. 우리는 이 죄책감과 죄를 함께한 역사에 우리가 가담한다는 것을 부인하고 있다는 사실을 인식해야 한다. 그러한 인식만이 우리를 절망적인 기분에 사로잡히지 않도록 도와줄 것이다. 원죄에 대한 고통스러운 인식은 다시 정의를 위해 싸울 수 있는 열성을 가지게 하며, 인내만이 해결할 수 있다는 축복된 체험을 하게 해 준다. 그리고 이 불편한 감정은 우리를 신앙인으로서, 그런 사람조차 기꺼이 용서하시는 하느님에게로 돌아서게 해 준다. 근본적인 죄책감은 우리가 알아 두면 유익한 나쁜 감정이다.

감정
스케치

성경 말씀의 두 가지 비유를 생각해 봅시다. 계약을 위반하고, 궤도를 벗어난 행위를 떠올려 봅시다. 이 두 가지 장면을 통해 죄책감이 일어났다고 합시다. 시작하기 위해, 얼마나 많은 시간 동안 죄책감을 인식하려고 노력하였는가에 대해 짧게 묵상할 수 있도록 준비하기 바랍니다. 필요하다면 메모를 해도 됩니다. 묵상 동안은 편안한 마음을 갖기 바랍니다. 이 묵상의 목적은 자신을 자책하기 위한 것이 아니기 때문입니다.

준비가 되었으면 이제 – 계약을 위반한 행위, 또는 궤도를 벗어난 행위 – 어느 쪽이 본인이 죄책감에 쌓였을 때 느낀 모습이었는지 살펴보십시오. 메모를 하면서 구체적인 보기를 들어 설명하면 도움이 될 것입니다.

이제 이 두 비유 말씀에 초점을 맞추기 바랍니다. 이미 알고 있는 바와 같이 '계약을 위반한 행위'를 통해 어떻게 우리의 죄책감을 정화시켰고 치유해 갈 수 있었는지 생각해 보십시오. 적어도 본인에게는 이러한 행위가 위험을 내포하고 있지는 않았는지 묵상해 보십시오.

본인의 경험들 중, 표적을 잃어버린 행위의 경험을 통해 어떻게 죄책감에서 벗어나고, 다시 순수함을 찾을 수 있었는지 묵상해 보십시오. 이러한 방식으로 죄책감을 이해한다는 것이 위험한 행위라고는 생각하지 않는지에 대해서도 묵상해 보십시오.

건강한 수치심

> 우리는 수치심을 느끼지 않고 옷을 벗을 수 있다.
> — 플루타크 Plutarch

수치심이라는 감정은 아주 광범위한 영역의 감정들을 포함한다. 바지나 치마의 지퍼가 열려 있는 것을 알게 되었을 때의 순간적인 창피함, 일자리를 잃고 삶의 낙오자처럼 느껴질 때의 보다 깊은 부끄러움, 성적 학대를 당한 후 삼십 년이라는 세월이 흘렀어도 여전히 우리를 묶고 있는 깊은 수치심 등을 말한다.

우리는 부정적 감정에 속하는 수치심을 쉽게 느낀다. 우리의 나약함을 드러내는 것은 여러모로 우리에게 상처를 준다. 수치심은 우리에게 천형일 수밖에 없는 것일까? 스스로 무가치하다고 여기는 이런 느낌들이 어떻게 도움이 될 수 있을까? 이런 부정적 감정을 치유하기 위해, 우리는 긍정적이고 건강한 감수성으로서의 수치심에 대한 감각을 되찾아야 한다.

감정 이상의 것

수치심은 보이는 것에 관한 것이다. 우리는 인정받고 존중해 주기를 갈망하면서도, 또한 보이는 것을 두려워한다. 남들이 나를 업신여기면 어쩌나? 남들이 내 속마음을 알아차리면 어쩌나? 약점을 들키면 어쩌나? 수치심은 남들 앞에 노출됨으로써 일어나는 부끄러움이라는 예민한 감정으로 드러난다. 그러나 수치심이라는 단어는 당혹스러움이라는 쓰라린 감정 이상의 것을 의미한다. 수치심은 또한 다른 사람들을 만날 때 내적 조율을 할 수 있는 내면의 힘이다. 그러므로 수치심이라는 감각은 우리가 다른 이들에게 다가갈 때 느끼는 건강한 감수성이다. 점진적으로 발달되는 긍정적 자원인 이 감정은 우리를 서로에게 연결시켜 주기도 하고 차단시키기도 하는 연약한 경계선들에 대해 주의를 환기시켜 준다. 이 섬세한 감각에 침해를 받게 될 때, 우리가 수치심이라 부르는 고통스러운 느낌들이 일어난다.

    그러나 이 고통스러운 느낌들 역시 우리의 소속감에 긍정적인 안내자 역할을 한다. 건강한 감정으로서의 수치심은 우리가 다른 사람에게 가까이 다가갈 때, 머뭇거리면서 신중하게 대처하게 하는 분별력이다. '이 사람이 믿을 만한 사람일까? 이 사람과 깊은 내면의 이야기를 주고받아도 괜찮을까?' 수치심은 최근에 이혼한 친구에게 그의 근황에 대해 물어볼 때 갖게 되는 건강한 염려이다. 지금이 그를 만날 적절한 시기일까? 그의 사생활을 침해하는 것은 아닐까? 수치심의 감정은 우리가 동료와 사적인 문제를 나눌 것인가를 고려할 때 흔히 느끼게 되는 불안이다. '이 사람에게 내 자신을 드러내는 것이 옳은 일일까? 안전한 것일까?'

건강한 수치심은 기지機智, 글자 그대로 관계를 유지하는 방법에 대한 것이다. 기지는 다른 사람에게 얼마나 가까이 다가갈 것인지, 언제 눈길을 돌릴 것인지, 언제 거리를 두어야 하는지를 재는 능력이다. 기지는 서로의 고결함을 손상시키지 않으면서, 가까이 다가가게 해 주는 뛰어난 능력이다. 기지는 우리가 다른 사람들에게 다가가는 전략과 상처를 입지 않고 마음을 닫는 기술을 개발하도록 도와준다. 물론 이 기술은 단순히 조정이나 공격을 위한 도구가 되어 버리기도 한다. 그러나 그것이 최상의 모습으로 작용할 때, 이 작전들은 의무적인 건강한 인간관계에 아주 중요한 역할을 한다.

건강한 수치심의 감각은 사회생활을 하면서 겪게 되는 어지러운 도전들 한가운데에서 균형을 잡도록 도와주는 자이로스코프gyroscope, 곧 방향을 조정하고 유지하는 역할을 한다. 그것은 우리의 접근 방식을 이끌어 주고 중간 점검과 수정을 하도록 도와준다. 수많은 사회적 만남 속에 숨어 있는 흔히 있는 함정들을 떠올릴 때, 우리는 이 수단의 가치를 감지할 수 있다. 어떤 파티에서 평소에 얼굴만 알고 지내던 사람이 다가와 자신의 사생활을 자세히 이야기하기 시작한다면, 즉시 내면의 경보장치가 울린다. '지금 이 대화는 이 자리에서 적절하지 않아!' 심리 상담자나 사목자 혹은 가까운 친구와의 대화라면 맞을지 모르겠지만, 이런 자리에서 그런 이야기들을 밝히는 것은 경계선을 벗어나는 일이다. 그는 너무 가까이 다가왔다. 우리가 적당한 범위라고 생각하는 그 이상의 사실을 드러낸 것이다. 이러한 침범에 대해 우리가 보이는 불편한 반응은 그의 침범으로부터 스스로 방어하도록 경고해 준다.

침착함

작은 꼬마가 엄마 치마 뒤에 숨어서 살짝 내다보고는 다시 숨는다. 다시 살짝 내다보며 깜찍한 짓을 하고는 안전한 은신처로 돌아간다. 이 장난꾸러기 꼬마에게 반하지 않을 사람이 어디 있겠는가? 꼬마는 숨을 때에도 나타날 때에도 우리의 관심을 끌고 사랑을 받는다.

수줍음은 어른들 사이에서도 건강한 수치심이라는 매력 있는 감각 기능 중의 하나이다. 어떤 사람은 우리가 다가갈 때 한 발 뒤로 물러난다. 그녀는 어쩔 줄 몰라 하거나 얼굴이 빨개진다. 그녀가 한 발 뒤로 물러서면, 우리는 그녀에게 한 발 더 앞으로 다가간다. 우리는 흔히 이러한 저항이 매력적이라고 느낀다. 이렇게 머뭇거리는 모습은 우리를 매혹시키고 신비롭게도 서로 간의 공간을 기쁨으로 채워 준다. 작가 밀란 쿤데라 Milan Kundera는 수줍음의 특별한 매력을 다음과 같이 묘사한다.

그녀를 알아 온 지 이제 1년이 되지만, 그녀는 아직도 그 앞에서는 수줍음을 타곤 한다. 그는 그녀가 수줍어하는 순간들을 즐겼는데, 한편으로는 수줍어하는 모습이 그가 전에 만났던 다른 여자들과는 다르다는 신선한 느낌을 주었기 때문이고, 또 한편으로는 그녀의 수줍음이 그에게 소중한 것이기 때문이다.

그러나 이 자연스러운 수줍음은 왜곡되어 거짓된 겸손함이 될 수도 있다. 우리는 자신을 다른 사람들과 이어 주는 경계선에 다가갈 때 지나치게 주저하고 염려하라고 배울지도 모른다. 건강한 수치심의 감각이 우리를 자신의 진정한 한계에 맞추어 준다면, 거짓된 겸손함은 자신의 연약함을 지나치게 의식하게 해 준다. 조심성으로 시작된 것이 다른 사람들과의 모든 위협적인 접촉으로부터 우리를 차단시키는 벽이 되어 버린다.

영국의 심리학자 애덤 필립스Adam Phillips는 그의 주목할 만한 저서「키스, 간지럼 태우기와 지루함에 관하여 : 시험되지 않은 삶에 대한 정신분석론On Kissing, Tickling and Being Bored : Psychoanalytic Essays on the Unexamined Life」에서 이 해로운 물러나기를 침착함이라고 설명한다. 갓난아기는 침착하지 않으며 침착할 필요도 없다. 젖을 먹는 아기는 경계선에 대한 감각이 없기에, 엄마의 가슴을 단순히 자기 몸의 연장이라고 생각한다. 그러나 아이가 자신과 다른 사람과의 차이와 거리를 알게 되면서, 침착함을 개발하는 것 – 계산된 사회적 균형 – 이 필요하게 된다.

어른이 되면, 이 침착함은 항구적으로 지니고 있는 것이라기보다는 자주 다시 얻게 되는 것이다. 우리는 감정적인 자극에 지나치게 노출되는 것에서 물러나 고요함과 조절 능력, 그리고 침착함을 회복하고자 노력한다. 그러나 우리는 이 '자기 유지와 자기 보호'의 방식에 아주 능숙해질 수 있다. 우리는 접촉하는 것에서 후퇴하면서 아주 오랫동안 초연해질 수 있다. 이런 후퇴 전술은 '욕구의 상대적인 부재'와 통하는 '냉정한 겉모습'을 만들어 낸다. 그러나 이렇게 완고한 침착성은 자기 보존을 '자신이 추구하는 것을 인식을 할 수 없도록 그 자신을 고립시키는' 자기 은신이라는 극단적인 형태로 변형시킨다.

필립스는 자신을 다른 사람들에게서 떼어 놓는 이 침착함이 우리가 깊이 있게 염원하는 것과 연결되어 있을 거라고 말한다. 침착함은 단순한 자기 방어 그 이상으로, 아마도 '침착성 자체를 포기할 수 있는 환경을 찾을 수 있는 가능성을 열어 놓는 일종의 자기 유지'일 것이다. 건강한 수치심의 전략으로서, 침착함은 우리의 연약한 울타리를 보호해 준다. 그러나 수치심과 마찬가지로 침착함은 인정받기를 원한다. 우리는 자신의 침착함이 더 이상 필요하지 않은, 창세기의 말씀대로 '벌거벗었으나 부끄러워하지 않을' 수 있는 장소와 사람들을 갈망한다.

성애적인 감수성

건강한 수치심의 감각은 우리 몸의 울타리를 지켜 준다. 많은 사람이 육신과 성욕에서 수치심이라는 고통스러운 느낌을 강하게 체험한다. 여기서 우리는 필요하기도 하지만 위험하기도 한 다른 사람들과의 교류에 있어 허약한 경계선을 깨닫는다. 치료를 받기 위해 옷을 벗어야 하는 십대 소녀가 느끼는 극심한 부끄러움을 상상해 보라. 부끄러움을 가장 많이 타는 이 시기에, 소녀는 성적으로 변화된 자신의 몸을 보여 주어야 하는 위험을 느낀다. 그러나 이와 같은 예민한 체험에서조차도, 수치심은 사회적 본능이어서 사람들은 우리의 감수성이 보다 편안해질 수 있도록 도와준다. 간호사나 의사가 존중으로 우리 몸을 진찰할 때 우리는 중요한 교훈을 배운다. 부끄러워하는 우리를 부끄러워하지 않도록 배려함으로써, 그들은 잘 다듬어진 성숙한 배려의 모범을 우리에게 보여 준다.

윤리 철학자 버나드 윌리엄스Bernard Williams는 긍정적인 수치심을 가리키는 그리스 단어 '아이도스aidos'가 성기를 가리키는 단어와 관련된다는 사실을 지적한다. 그리하여 문자 그대로, 이 감정은 우리의 성애적인 삶과 관련이 있다. 고전 라틴 말에서는 성기를 가리키기 위해 종종 '숨기고 싶은 부분들'로 번역되는 '파르스 푸덴다*pars pudenda*'라는 어구를 쓴다. 파르스 푸덴다와 연관된 비슷한 감정적 뉘앙스들은 성에 관한 우리의 이중적인 경향을 보여 준다. 그리스 말에서 영향을 받아 그 어구를 특별한 배려가 필요한 육체의 '약한 부분'으로 번역하기도 하고, 그리스도교 신앙에서 영향을 받아 성스럽지 못하고 심지어는 역겨운 것으로 여겨지는 부분으로, 곧 '부끄러운 부분들'로 번역하기도 한다.

예수님의 제자들에 의해 복음서들이 엮어지던 초기 공동체 시대에, 로마의 작가 플루타크는 성애적인 덕으로서의 수치심에 대해 이렇게 감동적인 말을 남겼다. "우리는 수치심을 느끼지 않으면서 옷을 벗을 수 있다." 그러나 히브리 성경의 칠십인역본과 신약성경 모두에서 건강한 수치심을 가리키는 그리스 단어는 사실상 거의 전무하다. 대신, 우리는 가끔 분명히 성애를 연상시키는 부대적 의미로 사용되는 존중의 덕을 발견한다. 코린토 신자들에게 보낸 첫째 편지에서 성 바오로는 이 덕을 우리의 육체성에 두 번 연결시킨다. "하느님께서 값*time*을 치르고 여러분을 속량해 주셨습니다. 그러니 여러분의 몸으로 하느님을 영광스럽게 하십시오."(1코린 6,20) 우리의 소중한 가치는 하느님께서 우리를 구원해 주셨음에 근거하므로, 서로 존중해야 한다는 소명을 우리 몸 안에 새겨야 한다.

바오로는 코린토 1서 12장에서 신앙 공동체의 모습을 그리스도의 몸에 비유한다. 육체인 몸처럼, 그리스도 교회는 각자 특별한 재능으로 축복되고 상처 입은 다양한 사람들로 연계되어 있다는 것이다. 믿는 이들의 공동체인 우리의 완전성은 그 안에서 우리의 지위가 무엇이든 서로 존중함에 달려 있다. 바오로는 연약한 구성원들에게 특별히 신경써 줄 것을 청중들에게 당부한다. "우리는 몸의 지체 가운데에서 덜 소중하다고 생각하는 것들을 특별히 소중하게 감쌉니다. 또 우리의 점잖지 못한 지체들이 아주 점잖게 다루어집니다. … 하느님께서는 모자란 지체에 더 큰 영예를 주시는 방식으로 사람의 몸을 짜 맞추셨습니다."(1코린 12,23-24) '모자란 지체'라는 말은 몸의 성애적인 여성의 외음부를 나타내기에, 나약한 구성원들은 보살핌과 존중을 받아야 함을 표현하는 것이다. 바오로의 이러한 비유는 오늘날 사회 공동체의 '연약한 구성원들', 곧 병자와 이민자, 걸인과 성적으로 소외된 자들에 대한 우리의 자세에 경종을 울린다. 신앙 공동체는 - 바오로가 주장하는 대로 - '하느님께서 더 큰 영예를 주신' 이런 '덜 소중하다고 생각되는 구성원들'을 특별히 존중할 책임이 있다. 우리가 공동체의 연약한 구성원들을 업신여길 때, 세상이 하는 것처럼 단죄하고 무시할 때, 우리는 그리스도의 몸이기를 포기하는 것이다.

수치심과 의지의 발달

건강한 수치심은 개인의 의지를 발달시키는 촉진제 역할을 하는데, 이 의지는 지속적이고 자발적인 행동을 가능하게 한다. 이 내면의 힘은 자신의 정체성에 대한 확신에 뿌리를 두고 각자의 개인적인 신념에 따라 살아가고자 하는 결심으로 표현된다. 수치심이 어떻게 개인의 의지를 기르는지 알아보기 위해 인간 발달의 초기 단계인 '통제받기 시작하는 두 살배기'로 돌아가 보자.

두 살 때, 아이들은 사방 보호막으로 둘러싸인 유아기 때의 의존

상태를 벗어난다. 새롭게 발달된 튼튼한 뼈대는 혼자 힘으로 서고 걸을 수 있음을 의미한다. 근육의 발달로 대소변을 가릴 수 있게 된다. 부모들은 새로 얻어진 능력들을 어떻게 사용해야 하는지 열심히 가르친다. 이제 벗어날 수 있는 힘을 갖게 되자, 그들은 아이들에게 어떤 일을 하면 괜찮고 어떤 일을 하면 '안 되는지'를 가르치려 한다. 그래서 지시 사항이 늘어난다. 무엇을 먹을 것인지, 어디서 괄약근을 이완시킬 것인지, 언제 씻을 것인지, 혼자 어떻게 옷을 입을 것인지 등에 대해서. 이 모든 것을 통해 보호자들은 아이에게 이 사회에 어울리려면 어떻게 연대하고, 어떻게 처신해야 하는지를 보여 준다.

두 살배기들이 소속되기 위한 수업을 받을 때, 그들은 또한 "아니요."라고 말할 수 있는 가능성을 깨우친다. 자라나는 아이들은 이제 걸을 수 있는 힘뿐만 아니라 걸어 나갈 수 있는, 부모의 전적인 통제를 벗어날 수 있는 힘이 생긴 것이다. 그는 배변 훈련에 저항하거나 이상하게 보이는 음식을 거부할 수 있다. 부모 자식 간의 이 피할 수 없는 투쟁을 통해 소속감과 자율성 사이의 적당한 거리를 유지할 수 있는 힘을 얻게 된다. 아이는 그가 속한 그룹의 규정에 따라 먹고 배출하고 입어야 한다. 그러나 아이는 자기 자신이 되어야 함도 알게 된다. "아니요."라고 말하는 것은 '이상적인 아이', 부모들이 원하는 완벽한 복제품이 되는 것에 반항적이 되는 것이다. 이 초기의 반항으로 개인의 의지가 단련되고, 수치심은 그 촉매제 역할을 한다.

부모들은 걸음마를 하는 아이들이 사회적 행동을 형성하도록 분투하면서, 이성적인 설득에는 한계가 있음을 깨닫는다. 꼬마들은 원인과 결과를 추적하고, 행동과 결과를 연결시키고, 다양한 선택의 장단점을 가늠할 수 있는 인지 능력을 아직 갖추고 있지 않다. 그래서 보다 직접적인 접근이 요구된다. 부모들은 자신들이 원하는 것을 아이들에게 시키고자 할 때, 전형적으로 창피 주기 수법들을 쓴다. 부추김("큰 아이가 되어야지!"), 별명 부르기("너 울보로구나!"), 벌준다고 협박하기("말 들을 거야, 안 들을 거야!"), 그리고 내버려 두기 수법들은 아이들로 하여금 부모가 원하는 대로 행동하고 시키는 대로 하도록 강요하는 것들이다.

수치심은 아이들에게 중요한 역할을 하는 사람들이 올바르지 않다고 여기는 것을 자신이 하였음을 깨달을 때 일어나는 좋지 않은 느낌이다. 알지 못하고 한 것(아이가 자기 고추를 갖고 노는 것을 부모가 발견했을 때), 또 어쩔 수 없는 행동(자다가 오줌을 쌌을 때)이었다 하더라도 아이들은 잘못한 것이다. 수치심이라는 괴로운 느낌은 우리의 주의를 끈다. 그것은 우리가 다른 이들의 눈에 부족하다는, 그들의 기대를 채우지 못했다는 신호이다. 그리고 이 좋지 않은 느낌들은 어린아이가 성숙하는 데 새로운 행동을 하도록 도전시킨다.

수치심의 고통은 아이로 하여금 '소속되기 위해서는 이것을 꼭 해야만 한다.'는, 받아들여지는 데 대한 대가를 알게 한다. 소속됨과 자율성 사이의 긴장 속에서 아이는 성장하기 위해 이 발달 단계에서, 아동 심리학자 에릭 에릭슨의 말에 의하면 '자신감을 잃지 않고 자기 통제의 감각을 얻기 위해' 분투한다. 자기 통제와 사회 적응 사이에서 일어나는 이 긴장이 없다면 아이의 발육은 정지된다. 이러한 투쟁을 통해서만 어떻게 내적 욕구들이 외부의 요구와 조화를 이룰 수 있는지 배울 수 있다. 수치심은 맞서 싸우도록 우리를 격려하는 자극제 역할을 한다. 그리고 거기서 일어나는 갈등으로부터, 에릭슨이 상기시킨 '지속적인 자율성과 자존감'이 생겨난다.

만약 수치심의 힘에 압도당하면, 아이는 항복하고 그저 순종하게 된다. 그러면 그는 언제나 남을 기쁘게 하고, 절대 공격하지 않으며, 완벽하게 비위를 맞추고, 부모님이 자신을 자랑스럽게 여기도록 한다. 수치심에 얽매인 이런 행동은 그를 평생 위험에 빠뜨린다. 언제나 어떻게 남들을 기쁘게 할까 신경을 곤두세우며, 무엇이 자신에게 옳은가를 판단하는 내적 기준을 세울 수 없게 된다. 에릭 에릭슨의 발달 단계에서 자기 회의는 자율성을 마비시킨다. 개인의 정체성과 목적 의식의 뿌리가 되는 개인의 의지가 그 첫 번째 발달 단계의 시험을 통과하지 못하는 것이다.

그러나 어린 시절에 수치심으로 상처를 받게 되면 정반대의 반응을 할 수 있다. 아이는 다른 사람들의 요구를 거부하고 지나치게 자율적인 길로 들어선다. 자기 식대로 하겠다고 고집하면서, 관습과 타협을 거절한다. 독립하겠다는 생각에 사로잡혀, 모든 외부의 영향을 피하겠다는 독한 결심을 키운다. 이런 아이는 수치심에 너무 시달린 나머지, 지나치게 자율성을 추구하는 것이다.

건강한 수치심은 순종과 저항 둘 다에게로 나아가게 한다. 두 살배기의 "아니요."에서 우리는 감동적인 독립심의 첫 열매를 본다. 부모의 요구에 "예."를 하는 것과 자신의 의지에서 나온 "아니요."의 균형을 찾는 이 위태로운 시기에, 자기 확신과 자존감을 향한 여행을 시작한다. 순종과 독립심 사이의 균형을 서서히 찾아가면서, 자신의 유일성, 고유한 정체성, 그리고 삶에서의 소명을 감지하게 된다. 이 개인적인 확신은 사회의 압력과 제도적인 모욕에 직면할 수 있도록 힘을 준다. 그것은 사회적 권위로 승인되거나 허용되지 않은 새로운 모험에 감히 뛰어들 수 있게 해 준다. 우리 의지의 내적인 힘은 그런 시도에서 실패하더라도 지나치게 부끄러워하거나 자신을 특별히 실패자로 낙인찍지 않고 회복할 수 있도록 준비시킨다.

　　수치심은 사회화 과정에 있는 위험한 동력이다. 이 강력한 감정이 만약 우리에게 소속하는 방법을 가르쳐 주는 사람에 의해 남용된다면, 자신감을 파괴하고 의지의 발달을 좌절시킬 수 있다. 그러나 어린 시절에 수치심이 애정과 인내와 어우러지면, 그 수치심은 어린아이에게 소속감과 자율성 사이의 균형을 이룰 수 있도록 해 준다. 이러한 중요한 기여를 통해 수치심은 어른으로 성숙해 가는 여정에 숨겨져 있는 선물이 된다.

수치심의 미덕들

수치심은 순간적 창피함이나 열등감에서 오는 파괴적인 기분 이상의 것이다. 또한 긍정적인 수단으로서, 의지력과 자기 투사의 결정적인 힘을 구체적으로 드러낸다. 긍정적인 수치심의 감각은 잘 보살피면 우리 안의 내적인 힘, 곧 미덕으로 성숙한다. 윤리 철학자이며 고전학자인 버나드 윌리엄스는 기원전 5세기경 그리스에서의 수치심의 미덕에 관해 묘사한다. 이 시기에 그리스인들은 단순히 대중의 의견을 중심으로 한 비굴한 수치심과 개인의 확신에 근거한 건강한 수치심을 구분하였다고 한다.

　　가장 건강한 차원에서, 수치심의 감각은 사람으로 하여금 '자신이 누구인지 그리고 어떤 사람이기를 원하는지에 대한 감각'을 지닐 수 있게 해 준다. 만약 죄책감이 우리의 행위와 관련이 있다면, 수치심은 우리가 어떤 사람인가와 관련이 있다. 죄책감은 올바른 행위에 대해 다루지만, 수치심은 가치의 소중함에 대해 다룬다.

　　윌리엄스는, 수치심의 덕성은 우리의 행위를 바라보고 평가하는 내면화된 타인들에게 달려 있다고 말한다. 여기서 '타인들'은, 단지 우리가 유아기 때 한 일에 대해 부모가 엄격하게 찌푸렸던 모습을 재현하는 것일 수도 있다. 그러나 우리가 물려받은 최상의 가치들이 폭군적인 권위가 아니라 내면의 안내자 역할을 한다면, 그것 또한 양심으로 성숙할 수 있다. 시드니 캘러한은 양심의 역할에 대한 연구에서 다음과 같이 깨닫는다.

　　내면화된 기억 속에서, 우리는 사랑받고 존경받는 윤리적인 스승들과 그 모범들을 우리의 내적인, 보이지 않는 관중으로 동반할 수 있다. 우리는 그들이 우리 안에 심어 준 가치 기준을 저버림으로써, 그들을 실망시키거나 우리가 도덕적으로 비난받기를 원치 않는다.

　　긍정적인 수치심의 감각은 여러 가지 미덕 속에서 꽃피는데, 가장 기본적인 것이 겸손이다. 우리의 힘과 재능의 한계에 대해 경고해 줌으로써, 수치심은 우리를 겸손하게 한다. 겸손은 역경이나 심지어 실패 앞에 무릎을 꿇는 현실적이고 유연한 감각이지만, 좌절하지는 않는다. 건강한 수치심의 감각은 우리가 부끄러움을 당하지 않고 겸손해질 수 있도록 도와준다. 부끄러움을 당한다는 말과 겸손이라는 말은 '후무스humus', 곧 땅과 같은 어근을 가지고 있다. 우리 인간(humans, 같은 어근)은 땅에 속한다. 그러므로 우리는 겸손과 만남으로써 더러워지거나 수치를 당할 이유가 없어진다.

　　우리는 사랑하고 일하는 도중에, 걸려 넘어지는 것을 예측할 수 있다. 우리가 지닌 용기와 관용의 한계에 다다를 때, 우리는 자신의 고상한 이상으로부터 땅바닥의 현실로 끌어내려 진다. 우리는 일에 치이고 지쳐서 기진맥진한 상태로 떨어진다. 이 모든 것은 초라하지만, 반드시 수치스러운 것은 아니다. 우리는 우리의 가치를 떨어뜨리지 않고도 패배를 맛볼 수 있다. 한계에 부딪치고 초라해져 땅으로 떨어지면서, 우리는 겸손의 선물로 주어지는 결정적인 교훈들을 배운다.

수치심의 건강한 감각은 존엄성이라는 덕 안에서 성숙한다. 존엄성 안에서 우리는 구체적인 존재의 가치를 인식한다. 이 덕은 우리가 있는 그대로의 우리 자신 – 우리의 재능과 한계들, 연약함과 끊임없는 근심들 – 을 보다 편안히 받아들일 때 서서히 자라난다. 존엄성은 우리가 우리 자신에 대해 가지고 있는 존중이다. 그리고 존엄성은 자기 존중이다. 우리가 자신을 어떻게 보고, 현재 자신의 모습을 얼마나 편안하게 여기는가 하는 것이다. 해로운 감정으로서의 수치심은 자신을 무가치하다고 여기는 파괴적인 감정이라면, 존엄성은 자신의 가치에 대한 지속적인 깨달음이다. 이 내적 수단이 개발될 때, 우리는 우리를 놀리거나 수치스럽게 하는 다른 이들의 능력에 보다 더 힘 있게 저항할 수 있다. 이 덕은 우리에게 충격적인 일이 닥치더라도 그 고난을 헤쳐 나갈 수 있도록 우리를 인도한다.

존엄성은 사회적인 수치심을 극복할 수 없다는 통념에 대항하는 한 개인의 고결함에 대한 인식이다. 러시아의 반체제 인사 나탄 샤렌스키 Natan Sharansky 는 비밀경찰 KGB가 고문으로 그에게 가한 굴욕을 통해 깨달은 것을 다음과 같이 설명한다.

내가 발가벗겨져 수색을 당했을 때, 나는 나를 체포한 자들을 날

씨와 같은 것이라고 여기는 게 제일 낫겠다고 결심했다. 폭풍은 우리를 곤란하게 할 수 있고, 때로 그 곤란함은 수치스러운 일이 될 수도 있다. 그러나 폭풍 그 자체가 우리를 수치스럽게 하는 것은 아니다. 일단 이 점을 이해하자, 나는 그들이 하는 어떤 것도 나를 수치스럽게 할 수 없다는 것을. 나 자신을 수치스럽게 할 수 있는 것은 오직 나 자신뿐이다. 나중에 스스로 부끄러워할 만한 일을 함으로써…. 그들이 할 수 있는 그 어떤 것도 나를 수치스럽게 할 수 없다. … 오직 나만이 나 자신을 수치스럽게 할 수 있다.

외상의 충격으로 말미암은 중요한 고비에서, 샤렌스키는 수치를 당하는 것을 거부했다. 플루타크의 격언이 그러한 곤경 중에서 사실임이 입증된 셈이다. "우리는 수치심을 느끼지 않고 옷을 벗을 수 있다." 존엄성에 대한 감각은 너무 뿌리 깊은 것이어서 빼앗길 수 없는 것이다.

25년 전, 가톨릭의 남녀 동성연애자들의 모임은 그들의 새 공동체의 이름으로 '존엄성'이라는 단어를 선택했다. '존엄성'의 회원들은 사회의 괴롭힘이 어떻게 그들의 자존심을 무너뜨리고, 무가치하다는 뿌리 깊은 상처를 주입시켰는지 너무 잘 알고 있었다. 시민 단체와 종교 기관들로부터 수치를 당한 남녀 동성애자들과 양성애자들은 관례적으로 침묵이나 자기 증오의 틀 안으로 숨어들었다. 그러한 자기 증오는 종종 사회의 비난을 정당화시키는 것처럼 보이게 했다. 현재 연구 자료 교환과 협력을 위한 전국 지부와 단체를 갖고 있는 미국의 '존엄성'이란 단체는 그 이름에 걸맞게 존속하면서, 남녀 동성애자들을 수치심의 감옥에서 해방시켜 자기 존중과 상호 지지, 공공 봉사의 세계로 나아가도록 돕고 있다.

순결

수치심은 육체의 성적인 경계선을 지켜 준다. 존엄성은 순결의 덕으로 우리 육신에 자리한다. 순결은 우리 삶에서 친교와 고독의 균형을 잡아 주는 잘 연마된 감수성으로, 성적 표현에 대한 우리의 결정에 영향을 미친다. 이 덕은 금욕이나 독신생활과는 다르다. 순결은 우리가 자신을 드러내거나 숨기고자 할 때, 우리를 보호해 주는 내적인 정숙함의 감각이다. 칼 슈나이더에 의하면, "수치심의 감각은 무뚝뚝하거나 강요하지 않으면서 서로를 알 수 있도록 해 주는 공간을 만들어 주는 망설임이다". 성숙한 수치심의 감각은 우리의 덧없는 성적 에너지를 온전히 인간답게 지켜 준다. 정중하고 성숙하게 표현할 수 있도록 말이다. 그러나 이 수치심이라는 길들여진 본능을 잃으면, 성적 흥분은 오용되고 외설스러운 행위로 분출될 수 있다.

순결은 우리를 서로에게 드러낼 수 있도록 인도하는 성숙한 수치심의 감각이다. 다른 사람에게 자신을 내보일 때, 우리는 감추어진 것을 드러낸다. 우리는 몸뿐 아니라 우리의 마음도 내보이는 것이다. 순결은 성적인 나눔으로, 서로 협력하는 동반자로서의 삶을 살 수 있도록, 사랑이 열정을 따라가도록 도와주는 건강한 망설임이다.

겸손, 존엄성, 그리고 순결은 우리 마음과 육체의 움직임의 틀을 잡아 주는 덕들이다. 이 자원들의 인도로 우리는 점차 다른 이들에게 다가가거나 멀어지는 데 있어 품위 있게 된다. 수치심의 감각은 인간적인 교류의 활발한 몸짓 안에서 성숙한 자신감이라는 은총이 된다.

그러나 수치심을 생각할 때, 우리는 그 부정적인 모습 – 부끄러움이나 불명예의 느낌 – 을 더 자주 떠올리게 된다. 수치심의 긍정적 감각이라는 은총을 빼앗길 때 우리는 어떻게 행동할지, 우리가 어떤 가치를 가졌는지 혼란을 겪게 된다. 우리는 다른 사람에게 다가갈 때 서툴고 어색하게 행동한다. 그리고 다른 이들의 침범에 무력한 상태가 되어 우리를 이용하려고 하는 이들의 손쉬운 먹잇감이 된다. 그러다 보면 우리는 은총 안에서가 아니라 불명예라는 옷을 입고 살아가게 된다. 그러나 이런 삶에서조차 의지력과 자기 투사가 내면에서 일어나게 되면 우리의 존엄성을 지켜 주는 건강한 수치심의 감각을 되찾게 된다.

감정
스케치

성인으로서의 의지력을 가리키는 몇 가지 일반적 표현을 주의 깊게 생각해 보십시오. 추진력, 결단력, 자제력, 끈기, 고집, 결심 등입니다. 그런 다음 개인적 의지에 대한 최근의 자기 체험을 상기해 보십시오. 천천히 시간을 두고 그 기억을 마음속에서 느껴지는 대로 그려 보십시오.

　　　이제 다음 질문들을 숙고해 보십시오. 이 의지력을 행사하는 것이 어떻게 당신을 향상시키고 변화시켰습니까? 또한 이 의지력의 행사가 어떤 방법으로 당신에게 도전이나 불쾌함을 주었습니까? 수치심이나 부끄러움이 이 체험에서 당신을 가로막거나 위협하거나 행동하도록 자극하거나 상황이나 행동의 결과에 대해 더 민감해지도록 영향을 미치지는 않았습니까?

　　　마지막으로, 수치심과 의지력의 관계에 대한 당신 자신의 느낌에 대해 메모해 보십시오.

사회적 수치심의 전환

> 수치심이 말한다. "이렇게 하면, 너는 미안할 거야."
> — 엘리자베스 제인웨이 Elizabeth Janeway

여기에서는 수수께끼 같은 '수치심'이라는 단어 그 자체가 지니고 있는 의미들로부터 풀어 가고자 한다. 수치심이란 우리가 당혹스러운 상황에서 느끼는 불안함이라고 말할 수 있다. 그러나 어떤 의미로는 긍정적인 뜻을 지니고 있다. 수치심에 대한 건강한 의식은 서로가 상처받기 쉬운 섬세함을 지니고 있음을 알아차리고, 덧붙여 사회적 관계 안에서 존경을 가지고 대하라는 의미를 내포한다. 수치심은 단어 자체에 치유와 회복을 필요로 한다는 것을 내포하고 있기에, 모든 성취감과 그로 말미암은 희열과는 반대로 이를 방해하는 개인적인 열등의식과 이로 인해 기가 죽는 모습이라고 정의할 수 있다.

개인주의적인 속성이 강한 미국 사람들에게 수치심은 부정적인 의미를 지닌 개인 감정으로 해석되는 경향이 있다. 그러나 이러한 인식조차도 사회적인 힘에 의해 형성된다. 가족, 종교 그리고 국가의 환경들은 우리를 자주 당황하게 만든다. 수치심을 느끼게 하고 당혹스럽게 하는 힘들을 치유하기 위해서는 이러한 감정을 유발시키는 사회적 역동성에 대한 이해를 필요로 한다.

수치심의 유기적 구조 : 우리 가치의 측정

복합적이고 불쾌하게 하는 규칙들이 우리의 사회적 수치심을 지배한다. 이러한 수치심의 유기적 구조를 추적하기 위해, 우선 서로를 존경하며 살아가는 사람들로부터 출발하고자 한다. 글자 그대로 존경이라는 말은 다른 사람들에게 어떻게 보일까 하는 것을 뜻한다. 우리는 사회적인 규칙들을 지킴으로써 적당한 인격을 갖추고 있는 사람으로 보이기를 희망한다. 우리는 좋은 일을 함으로써 존경받고, 공동체에서 우정을 나누고 자신의 약속들을 지킴으로써 존경받는다. 우리 자신이 다른 사람들로부터 존경받기를 바라고, 또한 다른 사람들을 존경한다. 어린 시절에 우리는 어른들을 존경하라고 배운다. 어른들이 하는 것처럼 장례식장에 모여 묘지에 묻혀 있는 죽은 사람들에게 살아 있는 사람들에게 하듯 비슷한 존경을 보내기도 한다.

우리는 한 가정이 이웃에게 존경을 받고 있는지 그렇지 않은지를 쉽게 알 수 있다. 또한 우리는 그 판단 기준이 무엇인지를 알 수 있다. 학교에서는 올바른 복장과 태도를 요구한다. 특별히 관심을 가지고 있는 것에 따라 어떤 것이 우선하는지를 보여 준다. 박사, 좋은 차, 성공한 기업인 등이 선망의 대상이 되는 풍조의 변화가 상대적으로 우리에게 상처를 남기게 되고, 이럴 때 수치심의 유기적 구조는 위험에 처하게 되며, 그로해서 우리는 고통을 받는다. 우리의 집, 우리의 의상, 그리고 우리의 신체 조건들이 가치를 잃을 수 있고 더 이상 존경의 대상이 되지 않을 수도 있다.

이러한 결핍된 상태에 따라 우리의 가치는 외적 기준에 의해 평가된다. 다른 사람들이 우리를 인정할 때 감사의 정을 느끼며 이에 따라 우리의 가치는 높아간다. 그러나 반대로 다른 사람들이 우리가 선택한 친구, 직업이나 강의 등을 낮게 평가할 때 우리의 가치는 하락한다. 이러한 평가에 의해 우리의 가치가 떨어질 때 우리는 감정적인 우울증에 빠지게 된다.

존경과 같이 명예 또한 우리가 가지고 있는 가치의 사회적 척도이다. 그리고 존경과 마찬가지로 명예는 결핍의 구조 안에 잘 적용된다. 소설에서 영화로 제작된 '프리즈의 명예 Prizzi's Honor'에서 불명예의 위기가 계속 어두운 그늘을 만든다. 명예를 잃어버릴 것에 대한 경계심이 마피아 조직원들의 복수심을 자극한다. 스페인 속담에 이를 잘 표현해 주는 말이 있다. '명예의 얼룩은 피 안에서 깨끗이 씻어진다.' 명예와 수치심은 피와 친척이다.

우리의 문화에서조차도 복수에 대한 향수는 계속 그 영향을 끼치고 있다. 미국은 명예 훼손으로 손상된 존엄성을 회복해야 하는 차원이라면 폭력의 사용을 인정한다. 헐리우드가 이를 잘 표현한다. 클린트 이스트우드의 수상작, 영화 '용서받지 못한 자 The Unforgiven'는 과거의 잔혹한 살인자들이 매춘부들의 아픔을 갚기 위해 다시 피의 복수를 하게 된다는 내용이다. 그들은 사랑하는 사람과 함께 자신의 명예가 위태로웠다고 생각한다. 이 폭력물을 본 사람들은 명예를 회복하는 복수를 정당화한다.

복수에 관한 향수는 합법적이라고 생각되는 전쟁을 일으킨다. 젊은 사람들은 그들의 나라를 위해 죽는 것을 명예로 여기고 일등 공신으로 인정받는다. 기념일 국군의 날과 그리고 명예로운 메달은 군인들이 고통스럽게 죽지 않는다는 착각을 일으키게 한다. 명예를 위해서 목적도 없이, 국가의 명예에 관한 환상 때문에, 전쟁에서의 영웅심이 베트남 패전 후에도 그러한 명예는 젊은 세대들에게 여전히 따라다닌다.

사회적 부끄러움의 원리는 존경과 명예를 찾고자 하는 데서 계속 나타난다. 사랑이 이 구조의 해독제이다. 존경과 명예를 생각할 때 우리에게는 다른 측면의 가치 있는 것들이 있다. 우리 부모님들은 우리를 키우실 때 명예와 존경을 받기 위해서가 아니었다. 우리의 친구들과 동료들은 우리를 참을성 있게 기다리고 애정으로 대한다. 그들의 축복에 의해 우리의 가치는 높아진다. 이는 사랑받는 것과 존경받는 것이 다른 차원이라는 것을 가르쳐 준다. 만약 우리가 행운이라면, 우리의 존재 가치는 지위와 재산에 의존하지 않는다는 사실을 배울 수 있을 것이다. 우리의 가치는 사회적 기준보다 더 근본적인 어떤 것에 뿌리를 두고 있다.

아직까지 인간의 수치심은 사회적 역동성에 의해 제물이 된다. 존경받고 싶어 하는, 그러면서도 상처받기 쉬운 그 열망은 사회의 계속적인 요구에 따르도록 우리를 몰아간다. 모든 사회는 이러한 방향으로 가도록 선동하며 그것에 특혜를 준다. 이러한 점이 우리로 하여금 사회적 수치심을 느끼게 한다.

사회적 수치심의 전략

수치심에 대해 고통을 느끼는 것은 우리의 행동이 대중의 눈 속에 있음을 의식하는 것이다. 우리가 중요하게 생각하는 사람들이 우리를 쳐다보고 있는 것이다. 우리가 그들에게 인정받게 되면, '그들 중의 하나'가 되는 것이고, 이것으로 우리의 가치가 평가된다. 만약 중요한 규범이 있을 때 우리가 그것을 행동으로 받아들이지 않는다면, 그들은 우리를 곱지 않은 시선으로 보거나 우리에게서 시선을 돌려 버릴 것이다. 지금 우리가 그들의 애정과 보호, 그리고 엘리트 그룹에 속해 있으면 안정감을 누리는 반면, 그로부터 제외된다면 위험을 느끼게 된다. 이때 수치심은 안전한 곳을 찾아 도피하려고 한다. 사회적 전략으로서의 수치심은 그들과의 일치를 시도한다.

가족 구성원들은 그 안에 소속되기 위해 그들이 지켜야 할 예절들을 식탁에서 배운다. 부모들은 자녀들이 좋아하는 것만을 먹지 못하게 구속하는 것은 아닌가! 그들은 자녀가 올바르게 나이프와 포크를 사용하면 칭찬하고, 음식을 가지고 놀면서 맛없게 먹을 때는 꾸짖는다. 부모들은 엄격하게 정해진 순서로 만족감을 맛보도록 자식에게 여러 가지를 지시한다. 후식은 접시에 있는 모든 음식이 비워졌을 때 먹을 수 있다. 만약 우리가 그 명령을 따르지 않으면, 우리는 방에서 쫓겨날 위험에 처하게 된다. '당신이 가족의 구성원으로서 함께 여기에 속해 있다는 것을 보여 줄 때까지' 말이다.

이 사회화 작업들 – 식사 예절을 가르치는 것, 변기를 다루도록 조언해 주고, 장난감을 같이 가지고 놀도록 지시하는 것 – 은 아주 어릴 때부터 시작된다. 부모들은 그들의 자녀들이 인식하기 시작하는 유아

시절부터, 곧 걸음마를 시작하기 훨씬 이전부터 그 습성들이 몸에 배도록 그들을 가르친다. 우리가 앞장의 '건강한 수치심'에서 본 것처럼 어린이의 이성이 효과적으로 작용하기 이전에 부모들은 어린이들을 사회화하는 데 자신의 방법을 사용한다. 한마디로 부모들은 어린이들에게 행동하는 표준을 제시하고 그에 맞추도록 한다. 그들은 어린아이가 제시한 표준에 맞는가를 감시하여 맞는 행동에는 상을 주고, 그들이 주저하면 용기를 북돋워 준다. 규칙들이 많다. "혼자 길을 건너지 마라." "음식을 먹기 전에 손을 씻는 것을 잊지 마라." "동생이 가지고 놀도록 너의 장난감을 주어라." 동기는 단순하다. "내가 이야기한 것처럼 해라…. 왜냐하면 내가 그렇게 이야기했기 때문이다." 초기 발달 단계에서는 규칙이 목적이 되고, 눈에 보이는 어린이들의 행동이 더 중요하다. 그들은 안전하게 사회적으로 받아들여지고 그보다 더 안전한 가족의 규칙을 힘을 다해 따른다.

집단생활의 한 전략으로서 수치심은 유년기 때 두드러진다. 개인의 경험을 평가하는 데 외적 기준이 적용될 때마다 수치심이 작용한다. 사회적 수치심이 위협을 당할 때 다음과 같은 두 가지 메시지가 전달된다. "우리가 여기서 어떻게 하는지 보여 주겠소. 당신은 우리의 승인과 보호를 떠나서는 살 수 없을 것이오."

사회적 수치심은 이렇게 경고한다. "만약 당신이 적응하지 못한다면 당신은 쫓겨날 것이다. 더 나쁜 것은 당신은 그로 말미암아 스스로 당신 자신을 이방인으로 만들게 될 것이다." 화해와 존경은 공동체에 속해 있는 사람들에게 주어진 선물이다. 곧 구성원들에게 특혜가 주어지는 것이다. 공동체의 뿌리를 흔들고 긍정적인 것을 앗아 가는 것은 불명예가 된다. 문학 작품이나 역사를 통해 이 수치심에 관한 많은 예를 볼 수 있다. 프랑스의 외인부대 용사들은 자신들의 복장에서 떼어 낸 훈장을 가지고 있다. 성폭행으로 고발당한 한 여인이 주홍 글씨를 새긴 옷을 입고 있다. 프랑스 외인부대의 짐 베이커는 철창이 있는 감옥으로 끌려가게 되는데, 이는 위험한 비행을 해서가 아니라 부대원들 모두에게 불명예가 되는 일을 했기 때문이다. 수치심은 우리가 책임과 양심을 갖추기 전, 인간 발달 단계에서 아주 짧은 시간에 형성되고, 거의 성숙되지 못한 채 부정적인 형태로 존재하게 된다.

수치심과 이름 지음

사회적 부끄러움의 최고의 전략은 어떤 한 사람을 이상한 사람으로 만드는 것이다. 우리의 이름은 우리가 누구인가를 알려 주고, 정체성과 가치들을 드러내 준다. 네 살짜리가 또 그의 침대에 오줌을 쌌다. 이를 발견한 신경질적인 부모가 "나쁜 애!"라고 소리지를 때, 어린이는 자신이 조절할 수 없는 어떤 것 앞에서 자신에 대해 부정적인 정체성을 가지게 된다. 아이들이 길가 전등에 돌을 던지는 내기를 한다. 내기에 지지 않기 위해 벽에 기대어 서 있는 어린 꼬마에게 그 보다 나이 많은 아이가 "겁쟁이, 겁쟁이!" 하며 그에게 소리를 지르고 비아냥거리며 놀려댄다. 벌과 놀림을 받지 않기 위해, 사람들이 욕하고 꾸짖는 것을 피하기 위해, 어린 꼬마는 그가 생각한 올바른 판단과는 반대로 행동하게 된다.

수치심은 이상한 사람으로 규정지음으로써 별 볼일 없는 사람, 올바르지 못한 사람, 적응하지 못하는 사람으로 취급받게 한다. 이렇게 매겨진 이름표들은 종교 안에서도, 정치 영역 안에서도 나타난다. 회사의 지도자 위치에 있는 한 여성이 독단적인 행동을 하는 사람이라고 사람들 입에 오르내릴 때, 오래된 고참들로부터 그녀는 건방진 여자라는 딱지가 붙게 된다. 자신의 자리에 위태로움을 느낀 그녀는 더 온순한 태도로 적응하려고 노력하게 된다. 수치심의 전략이 작용한 것이다.

　　미국 사람들은 특별하게 성과 성욕에 대해 악의를 가지고 비판한다. 성도착자, 동성연애자와 같은 이름을 붙여 주면서 이러한 성적 행동을 자신들과는 무관한 것으로 취급하며, 그렇게 행동하는 사람들을 비판한다. 그리고 이렇게 이름 붙임으로써 은연중에 그들의 행위를 공격하고자 한다. 이상한 것으로 이름을 붙이는 것, 침대를 적시는 사람이라든지, 건방진 여자 또는 동성연애자 등은 두 가지 의도를 가지고 있다. 약점을 폭로하여 사람을 웃음거리로 만들고 단체로부터 제명 처분하려는 것이다. 불명예스러운 이름은 우리를 외톨이가 되게 한다. 우리는 대부분 학교에 다닐 때 이러한 경험을 한 기억이 있다. 학교 교실의 자리에서 일어나거나 또는 앞으로 나와서 선생님으로부터 질문을 받았을 때를 기억한다. 우리를 당혹스럽게 하는 질문들이 우리를 주눅들게 하였을 것이다. 모르는 질문을 받았을 때 우리는 어떠했는가? 선생님이 우리에게 예를 들라고 하면 어떻게 했는가? 이렇게 당혹스러운 질문들을 마주할 때, 우리는 그룹 속에 가려져 드러나지 않을 때가 안전하다고 느낀다. 이렇게 우리는 다른 사람들이 행동하는 것처럼 행동하고 그 안에서 잘 적응한다면 이러한 갑작스러운 당혹감은 피할 수 있다는 것을 알게 된다.

　　사회적인 수치심이 지니고 있는 역동성은 상처 입기 쉬운 것을 참아 내고 수정하도록 재촉한다. 어떤 사람이 우리를 '겁쟁이'라고 비꼴 때, 우리는 나이가 7살이든 47살이든 상관없이 자신을 의심하게 된다. '내가 정말 용기가 필요한 어떤 것을 하기 두려워하는가?' 건방진 여자라는 욕을 들을 때 우리는 진저리를 치면서 자신에게 질문한다. '아마 이 모임에서 내가 너무 강하게 행동했나 보다. 다음에는 행동을 바꾸는 것이 낫겠어.' 동성연애자라는 조롱을 받으면 해명을 하려고 노력한다. '이대로의 나는 괜찮은 건가? 만약 그렇지 않다면 나는 누가 되어야 하는 것이지? 나의 정체성은 뭐지?'

이름 짓는 것이 우리를 폭로하여 웃음거리로 만드는 것이라면, 이는 위험스러운 행위이다. 교실 칠판 앞으로 불려 나갔을 때, 교무실로 끌려갔을 때, 우리는 멀리 쫓겨날 수 있다는 위험에 처하게 된다. 모든 공동체가 그 안에 속해 있는 구성원들을 제명하겠다고 위협하는 방책들을 만든다. 우리는 자녀에게 그가 다른 사람들처럼 행동할 수 있을 때까지 식사를 하지 말라고 엄포를 놓는다. 그가 어떻게 행동해야 하는지를 배울 때까지 다른 아이를 그의 방에 보내 다른 아이들을 본받아 적응시키고자 한다. 그들을 실제로 쫓아내지는 않지만, 이 어린이들은 어떤 감시와 위협 아래에 놓이게 된다. 집 안에서 어린이들은 계속 주시를 받으며 위협을 받고 있는 것이다.

어떤 아미쉬Amish 공동체에서 그룹의 규칙들을 비판하고 공격한 사람이 다른 구성원들로부터 따돌림을 받게 되었다. 규칙에 이의를 제기한 사람을 멀리 쫓아내지는 않았으나 심리적으로 자포자기하도록 몰아붙였다. 위협받고 있는 가운데 은연중에 그 당사자는 '내가 공동체에서 떨어져 나간다면 어떻게 살아갈 수 있을까?'라는 질문을 자신에게 하게 된다. 아마 이러한 두려움은 혹독한 기후 안에서 생존하려고 발버둥 친 수백억 년 전의 인간 역사에 뿌리를 두고 있는지도 모른다. 그 열악한 환경 속에서 음식과 불이 없으면 혼자서는 살아갈 수 없다는 인식, 곧 개인주의가 사라졌을 것이다. 수세기 동안 그리스도교 신앙은 "교회 밖에는 구원이 없다."고 고백해 왔다. 이 구원의 공동체로부터 떨어져 나간다면 영원한 벌, 다른 말로 불로 단련을 받을 운명에 처하게 되는 것이다.

얕봄과 소유

사회적 수치심의 두 번째 전략은 얕봄이다. "너는 왜 그렇게 울보니!" 우리는 캄캄한 곳에서 놀라 우는 아이를 꾸짖는다. 우리는 아이의 성장을 위해서라고 하면서 이 어린이가 좀 더 어른스럽게 행동하도록 수치심을 주고, 더 '우리와 같게 만들고자 한다'.

상대하지 않거나 무시하는 것은 얕보는 다른 형태들이다. 선생님이나 캠프 지도자가 이름을 부를 때 당신의 이름이 불리지 않았을 때를 기억해 보라. 갑작스럽게 내가 작게 느껴진다. 이 공동체에서 중요하다고 생각되는 사람의 마음 안에 당신은 존재하지 않는 것이다. 또는 경기장에서 게임을 할 때 선수로 발탁되지 않고 의자에 앉아 있는 신세가 되면, 당신은 주변에만 머물게 되고 급기야는 포기하게 된다. 이때 자신이 위축되는 것을 느끼게 된다.

이 위축되는 체험은 우리에게 어린 시절부터 영향을 미치고 있는 상처 입은 것들을 되살아나게 한다. 남겨졌던 기억, 무시되었던 기억, 잊고 있던 두려움의 기억들이 자포자기라는 정신적 중증을 불러일으켜 포기하도록 이끈다. 이렇게 우리를 주눅 들게 하는 체험은 점차 거대한 힘으로 우리를 몰아붙인다.

얕봄은 시민으로 그리고 종교인으로 살아가면서 관심을 기울여야 할 문제들을 무시해 버리는 경향으로 다시 나타난다. 종교에서 성에 관한 단어들도 여기에 해당한다. 하느님의 사람은 마치 모두 같은 성에서 오는 것으로 여겨져, 보통의 경우 '형제들' 또는 '모든 형제'라는 단어로 쓰인다. 여기서 어떤 지도자들이 형제 그리고 자매라는 것으로 이의를 제기했을 때, 이 다른 성에 대한 언급은 대수롭지 않은 것으로 취급된다. 별로 중요하지 않은 내용을 그렇게 문제 삼는 것은 부끄러운 일이며, 호들갑 떠는 어리석은 일이라고 잘라 말한다.

때때로 비웃음 안에도 얕잡아 보는 행위가 내포되어 있다. 물론 유머는 공동체 삶에서 많은 역할을 담당한다. 우리의 실수를 웃어넘기고, 걱정하고 있는 부분을 농담으로 웃어넘기는 것은 사회적 긴장감을 줄여 준다. 그러나 농담이 장소에 따라 다른 사람에게 무서운 무기로 둔갑할 수 있다. 때로 사람들은 '그들을 얕잡아 보며' 비아냥거리고 비꼬며 놀림으로써 그들을 부하처럼 취급한다.

수치심을 자극하는 농담은 비웃음으로 바뀐다. 우리는 공동체 구성원들 중에 윤리적으로 문제되거나 천한 직업을 가지고 있는 사람들을 비웃는 것을 주저하지 않는다. "그들은 자신들을 더 잘 알아야 해! 그게 뭐야? 도대체 창피한지도 모르나 봐?" 여기서의 비웃음에는 적대감이 숨어 있다. 비아냥거림 안에 숨어 있는 농담은 경멸이 된다. 1992년 말 대통령 선거 유세에서 조지 부시는 사회적 수치심을 들먹이며 상대방에게 마지막 카드를 내 보였는데, 그를 "작은 주에서 실패한 정치인"이라고 조롱했던 것이다.

침묵으로 당하는 수치심

얕잡아 보는 것과 같이, 침묵은 때론 공동체에서 익숙한 질서에 대한 위협을 줄이려고 하는 것이다. 분위기를 환기시키기 위해 대화를 하기보다, 아무 말도 하지 않음으로써 의견을 달리한다는 것을 보여 주기 위해 침묵한다. 문제를 일으키는 자녀에게 격분한 부모는 "입 닥쳐!"라고 소리친다. 고지식한 사목자들은 의견을 달리하는 신학자들에게 침묵의 때임을 강조한다. 모든 사회적 수치심처럼 여기서 의도하는 것은 올바른 것을 주장하며 위협을 가하는 사람들의 신념을 꺾는 것이다. 이러한 참회를 유도하는 침묵의 소리를 통해 공격하려는 사람들은 목소리의 강도를 수정하는 것을 배우게 될 것이고, 의견을 달리하며 수정을 원했던 사람들은 사전에 경고를 받게 되어 미리 자신의 의견을 정정하게 될 것이다.

사회적 수치심의 전환

수치심을 치유하는 것은 이러한 사회적인 전략들에 맞서 개인적인 대책들을 강구하고 발전시키는 데서 시작된다. 자신의 본성을 신뢰하는 것을 배우는 것은 개인적인 삶의 목적과 사회와 관습 사이에 존재하는 차이점들을 조절할 수 있는 방안이 될 것이다. 위험의 순간과 마주하면서 이를 재해석함으로써, 우리는 실패를 개인이 지닌 무능에 대한 수치스럽고 부끄러운 징표로 볼 것이 아니라 자신의 소명을 이루어 나가는 한 편의 드라마의 한 장면으로 껴안을 수 있다.

의지의 힘을 기르는 것 또한 치유의 길이 된다. 긍정적인 관점을 배우는 것은 자신의 한계에 대한 융통성을 발전시키는 데 도움이 된다. 곧 내가 어떤 일을 하다가 다 끝내지 못하면 다른 사람이 그것을 시작할 수 있고, 그러면서 우리의 권리와 다른 사람의 권리가 연결되며, 의미 있는 사람들과 함께 노력하며 개인적인 희망을 이룰 수 있다. 서로의 관계에서 있을 수 있는 한계를 뛰어넘어 우리는 친밀함과 고독, 협력과 독립 사이의 균형을 이루어 나갈 수 있다. 자신의 본능을 잘 이해함으로써 그리고 자신의 한계에 대해 인식함으로써 우리는 사회적 수치심에 희생될 위험을 줄일 수 있다.

사회적 수치심에 효과적으로 대응하는 것은 개인적으로 보다 많은 전술을 갖추는 것이다. 수치심의 전략은 문화에 깊이 뿌리 내리고 있으며, 이는 일반적으로 사람들에게 영향을 미치는 것으로 드러나지 않으면서도 원칙들로 자리 잡고, 이야기되지 않지만 규칙으로 작용하고 있는 것들로부터 힘을 얻는다. 누가 적응하고, 누가 소외되어 있는가? 피부 색깔은 어떤 색이며, 수입은 어느 정도인가, 믿고 신뢰하는 것들과 그 사이에 요구되는 행위들은 무엇인가? 국외자들은 우리 정부 보조금의 혜택을 입을 수 있는가? 누가 소속될 권리를 갖는가? 사회적 수치심으로 말미암은 파괴적인 전략들에 대응하여 그것들을 몰아내는 전환이 요구되며, 이러한 사회적 전환을 이루는 데 종교는 중요한 협력자가 될 수 있다.

종교는 수치심을 자극하는 역할을 하지만 동시에 이중적인 역할을 수행한다. 종교 제도들은 그들의 구성원들을 다루는 데 수치심과 죄를 이용했다. 그러나 역사의 많은 오진에도 불구하고 그리스도교 영성은 사회적 수치심을 치유하는 데 많은 기여를 했다.

그리스도교와 사회적 수치심의 치유

인간 문화 안에 작용하는 여러 가지 흐름들이 정화되는 것처럼, 종교는 사회 현상과 가치에 관한 우리의 원칙들을 재시험하도록 한다. 사회가 존경받을 만한 사람을 포함한 구성원들을 위해 규칙들을 세분화하는 것처럼, 종교는 사람들이 존중되고 그들이 혜택을 받을 수 있도록, 적절한 우리 기준들을 재형성하도록 촉구한다. 사회적 수치심에 관한 종교의 최대 기여는 그 안에서 이어져 내려온 전통들에 기반을 두고 있다.

예언자들은 고대 이스라엘인들에게 고아들과 과부들 그리고 가난한 사람들을 물리치지 말고, 공동체의 구성원으로 받아들이라고 상기시켰다. 주님께서 이스라엘과 맺은 계약은 지도자들의 위치와 역할을 재정의한다. 왜냐하면 소외되어 있는 사람들도 하느님의 사랑받는 존재들이기 때문에, 예언자들은 이 사람들이 우리 가족의 일부임을 주지시키고 받아들이라고 촉구했다.

그리스도교 복음에서 예수님께서는 낮은 위치의 사람들과 공동체로부터 소외된 사람들을 배척하는 사람들의 가치 기준에 대해 계속 비판하신다. 예수님의 가족이 자신을 만나기 위해 왔다는 소식을 들었을 때, 예수님의 응답은 그를 따르는 무리들을 놀라게 했다. "누가 내 어머니고 누가 내 형제들이냐?"(마태 12,48) 그런 다음, 고대의 예언자들이 한 것처럼 예수님께서는 구성원들이 소속될 수 있는 공동체의 범위를 재편성하신다. "하늘에 계신 내 아버지의 뜻을 실행하는 사람이 내 형제요 누이요 어머니다." 예수님의 가르침은 고대 사람들이 생각하는 가족 형태를 뛰어넘는다. 원한과 불명예의 감정을 물려받는 윤리적 혈족 중심의 가족 체제는 무너진다. 수치심에 대한 경계와 복수를 정당화하는 혈족 중심의 체제가 더 이상 존속하지 않게 된다.

마태오 복음서에서는 예수님께서 전통적인 가족에 대한 가치에 도전하는 부분을 여러 번 언급한다. "너희는 부모를 공경하여라."는 고대 계명과 예수님을 따르기 위해 가족들을 떠나야 한다는 예수님의 말씀(마태 4,22; 8,22; 19,29)이 균형을 이루고 있다. 예수님께서 그의 제자들에게 말씀하시는 부분에서 가장 대립적인 요소들이 있음을 볼 수 있다. 예수님께서 말씀하신다. "내가 세상에 평화를 주러 왔다고 생각하지 마라. 평화가 아니라 칼을 주러 왔다. 나는 아들이 아버지와 딸이 어머니와 며느리가 시어머니와 갈라서게 하려고 왔다."(마태 10,34-35) 그리스도인들은 우리 가운데 소외된 모든 부류의 사람들을 환영하라는 새로운 가족 개념을 자주 무시하며 살아간다.

    종교가 공동체의 개념을 재정립할 때 해야 하는 것은 우리가 생각했던 가치와 인간 존엄성에 관한 판단 기준을 바꾸는 것이다. 유다 예언자들의 삶, 예수님의 삶과는 반대로 우리는 새로운 기준들을 받아들이기 어려워하고 순간적으로 무시하며 살아간다. 사람의 가치는 그가 소속되어 있는 공동체의 사회적인 위치나 어떤 제한된 장소의 의미를 지니는 가족의 자존심에 그 뿌리를 두지 않는다. 우리의 가치는 혈족의 우월성과 개인적인 유대 관계로부터 정의 내려지지 않는다. 우리의 가치와 존엄성은 모든 창조물을 "보기에 좋다."고 하신 창조주의 영원한 말씀 안에 그 기반을 두고 있다.

    가치 판단 기준의 전환, 다시 말해 사회적인 위치, 자존심, 윤리적인 정의감에서 하느님의 조건 없는 사랑으로의 전환은 사회적인 병폐로부터 상처받은 것을 치유할 수 있는 거룩한 길이 된다. 우리의 가치를 혈족으로 맺은 상처받기 쉬운 자존심에 기초를 둘 때, 우리는 그 상처에 대해 기꺼이 복수하려 들 것이다. 잃어버린 자존심을 회복하기 위해 상대방에게 공격적이 되고, 조상의 원한을 풀기 위해 싸움에 나서게 된다. 자신들이 세워 놓은 기준에 좋다고 하는 가치와 사회적인 이해타산으로 맺어진 그룹들은 항상 복수의 칼을 지니며 살게 된다. 명예를 손상시켰을 때, 그들의 본능 안에 자리 잡고 있던 복수의 칼들이 번득이게 된다. 이웃과의 다툼, 갱들의 싸움, 그리고 국가 사이의 전쟁들은 자신들을 향한 끝없는 존경을 요구하는 데서 독버섯처럼 자란다.

그러나 만약 우리의 소속감이 근원적인 가치에 그 뿌리를 둔다면, 바로 여기서 치유가 가능하게 된다. 복수 대신 용서가 자리하고 있는 것이다. 상처 입은 것에 대한 끝없는 앙갚음 대신 놀랍고도 거룩한 화해의 손길을 뻗친다면, 복수의 수레바퀴를 멈추게 할 수 있다. 우리는 사회적으로 존경받기를 원하는 강박관념을 버릴 수 있고, 기꺼이 화해하거나 화해를 청할 수 있다. 이 거룩한 행위를 하기 위해서는 세상에서 바보가 되어야 한다. 이것은 바보의 지혜이다. 과거의 역사적인 사건으로부터 내려온 수치심으로 인해 상처 입은 사람들이 상처 입힌 사람들을 용서하기란 불가능하게 보일 수도 있다. 다른 사람들의 박해와 비난 앞에 저항할 줄 모르는 바보로 보일 수 있다. 그러나 용서는 모든 가능성을 지니고 있다. 용서가 모든 것을 가능하게 한다는 것을 신뢰하고, 하느님의 은총에 힘입을 때 수치심은 힘을 잃게 되고, 복수에 대한 원한은 풀리기 시작하는 것을 느낄 수 있다. 이 용서 안에서 인간의 존엄성이 드러나고, 서로가 상처를 입을 수도 축복을 받을 수도 있는 존재로 받아들이게 되어 자신의 가치를 높이게 된다.

수치심, 그것과 마주 보기

수치심은 소속감과 다른 사람을 의식하는 것에서 생긴다. 내가 다른 사람에게 어떻게 보이느냐 하는 문제이다. 그리스도교 초기, 벌거벗겨진 예수님의 부끄러운 모습이 대중 앞에서, 그것도 사형 집행 장소에서 드러났다. 이러한 충격적 기억은 사회적 수치심으로 나타났고, 이러한 의미 안에서 그리스도교는 이 수치심에 대한 치유의 길을 열어 준다. 세 가지 인식에서 그리스도인들은 그 전환을 이루게 된다.

첫 번째 인식은 구약성경에서 찾게 된다. 한 쌍의 아름다운 부부가 낙원을 걷고 있다. "알몸이면서도 부끄러워하지 않고"(창세 2,25) 서로 완전히 드러났으나 당혹스러워하지 않았다. 아담과 하와는 숨김없이 하느님과 마주하며 살았다. 그러나 하느님께 불순명했을 때, 그들은 자신이 벌거벗고 있음을 알게 되었고, 서둘러 자신들의 몸을 가리려고 했다. 하느님의 눈에 발견되어 그들은 숙명적 질문을 받게 된다. "누가 너희에게 너희가 벌거벗고 있다는 것을 알려 주었느냐?" 그 후로 인류는 옷으로 치명적인 수치감을 가려야 했고, 창조주와의 직접적인 대면 앞에서 그들 자신을 숨겨야 했다.

두 번째 인식은 이러한 부끄러움을 보는 관점이다. 히브리서는 이를 다음과 같이 말한다. 고대 이스라엘과 많은 다른 종교적 전통에서 볼 수 있듯이, 신성한 곳은 위험한 곳으로 여겨졌다. 하느님의 특별한 거처, 거룩한 산 또는 거룩한 성전은 특별한 장벽으로 구분되었다. 인간은 그 거룩하고 근원적인 힘에 가까이 가지 못했다. 모세는 "산에 경계를 정하여 그곳을 성별하여라."(탈출 19,23)라고 한 주님의 경고를 들었다. 그리고 "산을 건드리는 자는 누구든 죽음을 면치 못할 것이다."(탈출 19,12)라는 말씀도 들었다. 시나이 산에서 모세는 하느님께 그분의 얼굴을 보여 주시기를 청했으나, 그는 다음과 같은 하느님의 말씀을 들었다. "내 얼굴을 보지는 못한다. 나를 본 사람은 아무도 살 수 없다."(탈출 33,20) 〔반면 성경의 다른 곳에서는 주님과 모세 사이에 더 친밀한 관계를 보여 주기도 한다. 모세가 사막 야영장에서 만남의 장막에 들어갔을 때, "주님께서는 마치 사람이 자기 친구에게 말하듯, 모세와 얼굴을 마주하여 말씀하시곤 하였다"(탈출 33,11).〕 인류는 하느님의 현존 안에서 자신의 얼굴을 감추는 것을 배웠고, 자신의 눈이 가려지는 것을 알았다. 성스러운 곳과 인간 사이의 구별은 예루살렘 성전에서 거룩한 하느님을 직접적으로 마주 보는 인간의 눈을 가리기 위한 장막 안에서 전례화되었다. 수많은 그리스도교에서 볼 수 있는 울타리 쳐진 제단은 대개 세속적인 영역과 구분 짓기 위해 표시되어 진 거룩한 공간에 대한 이러한 신념들의 자취들로 말미암은 것이다.

이 긴 두 번째 신념으로부터 인류는 신비적이며 근원적 힘을 지닌 하느님에 대한 경외심을 배운다. 하느님 앞에 머리를 숙이고, 목소리를 낮추고, 무릎을 꿇는다. 수치심에 대한 건강한 인식은 우리를 하느님께로 연결시키기도 하고 하느님께로부터 분리하기도 하는 취약한 영역에 대해 경각심을 불러일으킨다. 아담과 하와처럼 우리는 실제적으로 하느님의 현존 안에 머물 수 있으며, 동시에 그분에 대한 경외심을 유지할 수 있다.

세 번째 인식은 예수님의 죽음을 통한 인식이다. 예수 그리스도의 죽음은 그때까지의 종교적 경건함과 수치심을 뒤엎는 혁명적 요소들을 지니고 있다. 예수님께서는 대중 앞에서 치욕적인 죽음으로 고통을 받으셨다. 예수님께서는 모질게 심문당하고 벌거벗기운 채 조롱을 받으셨다. 그러나 신약성경이 말하는 것처럼, "[예수님은] 부끄러움도 아랑곳하지 않으시고 십자가를 견디어 내셨다"(히브 12,2). 대중 앞에서의 수치스러운 죽음은 예수님을 치욕스럽게 하지 못하였다. 예수님께서는 초연한 자세를 잃지 않으시고 당신의 죽음을 맞아들이셨다.

수치심에 관한 그리스도인들의 이야기는 예수님의 죽음 안에서 신비스럽게 완전한 순환을 이룬다. 예수님께서는 벌거벗겨졌으나 수치스러워하지 않으셨다. 그러나 예수님께서 벌거벗기움을 당한 것은 첫 번째 동산, 낙원에서의 낭만적인 노출이 아니라 공공의 장소에서, 대중 앞에서 사형 집행을 받는 자의 벌거벗기움이었다. 그러나 이러한 죽음의 굴욕적인 환경들이 예수님을 치욕스럽게 하지는 못했다. 예수님께서는 십자가의 수치스러움을 피하지 않으셨다. 죽음을 껴안으심으로써 사회적 수치스러움을 변화시키셨다. 그리스도인들은 십자가에 대한 그들의 신앙 안에서 이 변화를 기념하고 있다. 처음에 이 사건은 수치스럽고 실패한 것처럼 보였으나, 당혹스럽고 아무 의미 없어 보였던 이 사건은 치유가 이루어지는 고통의 상징으로 숭고하게 받아들여졌다.

이렇게 마지막 순간을 위엄과 품위로 껴안은 예수님의 죽음은, 어리석은 죽음의 독침을 빼냈다. 죽음의 고통이 마술적으로 제거된 것이 아니라 그 고통을 통해 십자가의 굴욕과 치욕은 숭고하게 받아들여졌다. 예수님께서 이러한 죽음의 길을 걸어가셨기 때문에 다른 모든 죽음을 인내하며 받아들일 수 있게 되었고, 예수님의 어리석음으로 모든 죽음이 덜 어리석게 되었다. 예수님의 죽음을 통한 신비스러운 변화는 수치스러움의 모든 외적 체험으로 나타나는 육체적 죽음을 뛰어넘으면서 확대된다. 어린 시절 심한 학대로 고통받아 온 그리스도인들은 자신의 수치심을 기도와 전례 안으로 가져온다. 치욕을 당했으나 그들의 가치는 손상되지 않았다. 상처받기 쉬운 것들이 모두 폭로되었으나 그들은 내면의 가치를 잃지 않았다. 사회가 그들을 거절했으나 하느님께서 그들을 껴안으셨다. 이 역설적인 사건은 그리스도인들에게 의미 있는 메시지를 준다. 용기를 내어 우리의 숨겨진 수치심을 하느님께 드러낸다면, 수치심은 그 안에서 힘을 잃게 될 것이다.

마태오 복음서에 나오는 예수님의 죽음에 대한 설명은 우리에게 다음과 같이 전한다. "성전 휘장이 위에서 아래까지 두 갈래로 찢어졌다."(마태 27,51) 인간과 거룩한 것 사이에 덮였던 것과 가려졌던 것, 그래서 낙원에서 쫓겨난 이래로 피할 수 없었던 벽이 제거된 것이다. 이 거룩하고 놀라운 계시가 십자가의 벌거벗겨진 예수님의 몸을 통해 메아리쳐졌다. 감추어진 것이 드러나고 비밀이 사람들에게 알려졌다. 고대 종교 제도는 끝나고, 이것이 사람들에게 새로운 수치심에 대한 규범이 되었다.

히브리서 저자는 베일의 찢어짐을 이렇게 해석한다. "우리는 예수님의 피 덕분에 성소에 들어간다는 확신을 가지고 있습니다. 그분께서는 그 휘장을 관통하는 새롭고도 살아 있는 길을 우리에게 열어 주셨습니다."(히브 10,19-20) 이 메시지는 육화의 혁명을 통한 선물이다. 예수님 안에서 우리는 육체를 가지고 하느님을 볼 수 있으며, 하느님을 마주할 수 있게 되었다. 하느님의 존엄한 현존으로부터 우리 자신을 가로막았던 불가항력적 요소들이 제거되었다.

우리는 이사야서의 아름다운 시에 기록되어 있는 비슷한 운명에서 예수님의 죽음을 변화시킨 힘에 대한 실마리를 찾을 수 있다. '고난받는 종'은 사회적 부끄러움으로 둘러싸인 죽음으로 심한 고통을 받는다.

> 사람들에게 멸시받고 배척당한 그는
> 고통의 사람, 병고에 익숙한 이였다.
> 남들이 그를 보고 얼굴을 가릴 만큼
> 그는 멸시만 받았으며 우리도 그를 대수롭지 않게 여겼다.
> (이사 53,3)

이 시는 고통의 신비스러운 힘을 보여 준다. "그는 우리의 병고를 메고 갔으며 우리의 고통을 짊어졌다. … 우리의 평화를 위하여 그가 징벌을 받았고 그의 상처로 우리는 나았다."(이사 53,4-5)

우리가 고난받는 종을 이야기할 때, "그의 상처로 우리는 나았다."는 것이 그리스도인들에게 의미하는 것은 무엇일까? 예수님께서 용기와 고결함으로 죽음을 맞이하는 장면은 우리에게 강한 영향을 미친다. 예수님께서 고통의 수치스러운 환경 속에서도 수치스럽지 않았던 것과 같이 우리도 마찬가지일 수 있다. 우리는 우리의 수치를 다르게 볼 수 있는 용기를 예수님의 죽음에서, 곧 수치를 당하면서도 초연히 걸어가신 모습 속에서 찾을 수 있다. 우리는 우리의 상처를 감추거나 숨길 필요가 있는지, 예수님께서 걸어가신 길 안에서 질문할 용기를 갖는다. 아마 우리 역시 하느님께, 상담자나 가까운 친구에게 우리의 부끄러움을 보여 줄 수 있다. 우리가 이러한 용기와 힘을 가질 때, 수치스러움은 우리를 조정할 수 있는 힘을 잃는다. 그리고 우리는 자신의 상처들에 대한 수치심에 연연하지 않고 "예수님의 상처로 우리는 치유 받았다."라고 고백할 수 있게 된다.

이러한 사회적 수치심에 대처하는 능력이 우리의 삶을 안전하게 해 줄 것이다. 거부당하고 치욕스러운 위협이 계속 우리에게 순응할 것을 강요하고 순명을 요구할 것이다. 그러나 다른 근원들, 곧 심리적 성숙과 종교적 믿음이 우리에게 진정한 가치가 무엇인지를 깨닫게 해 줄 것이다. 종종 사회적 부끄러움에 연루됨에도, 그리스도교 유산은 우리에게 소속감이 무엇인지 재정립할 기회를 주고, 복수하고자 하는 마음을 용서의 의지로 전환시켜 주면서 우리가 가지고 있는 부정적 수치심을 치유해 준다.

감정
스케치

　우리 모두는 사회적 수치심을 경험하고 있습니다. 우리 중 많은 사람이 수치를 당할 때, 자신만의 길들여진 독특한 방법으로 대처합니다. 최근에 일어난 일 중 사회적 수치를 당했을 때 당신은 어떻게 대처했습니까? 이를 성찰해 보십시오. 이 경우는 당신 안에서, 좀 더 넓은 가족의 범주에서, 사회나 교회 안에서도 일어날 수 있습니다.

　첫째, 어떻게 당신을 수치스럽게 했습니까? 당신을 무시했습니까? 아니면 몰아냈습니까? 아니면 따돌림을 당했습니까? 그들이 대꾸를 하지 않았습니까? 조롱당했습니까? 해당하는 예를 생각해 보십시오.

　그때 당신은 수치심의 전략에 얼마나 영향을 받았습니까? 당신이 느낀 위협을 회상할 수 있습니까? 어떻게 응답했습니까? 당신의 사고, 감정 그리고 행동들은 어떠했습니까? 당신이 이 사건을 극복하는 데 도움을 받은 것은 무엇이었습니까? 또 당신에게 수치심을 준 것을 제거한 근원은 무엇이었습니까?

　마지막으로, 사회적 수치심의 결과들을 치유하려는 당신의 노력에 도움을 준 종교적 체험이 있다면 어떤 방법들이었습니까? 또 방해되는 것이 있었다면 어떤 것이었습니까? 적어 보십시오.

4부

감추어진 선물 :
슬픔, 외로움, 두려움

화化

변화에 대한 한자 '화化'는
생물학적 변화, 문화적 변화,
그리고 영적 변화 모두를 포함한다.

슬픔의 선물

> 저는 탄식으로 기진하고
> 밤마다 울음으로 잠자리를 적시며
> 눈물로 제 침상을 물들입니다.
> 저의 눈은 시름으로 멀어집니다.
> — 시편 6,7-8

"아무도 나에게 슬픔이 공포처럼 대단하게 느껴진다고 말해 주지 않았다." 아내의 죽음 앞에 망연자실한 C. S. 루이스는 이렇게 탄식했다. 슬픔의 고통은 우리가 도망치고 싶어 하는 위협에 직면하도록 초대하는 경보처럼 들린다. 슬픔은 극히 개인적이다. 우리는 뼈에 사무치게 슬픔을 느낀다. 그리고 이 감정은 극히 사회적이다. 이 세상에 존재하는 우리의 친숙한 방식이 위험에 처해 있다. 엄청난 상실에 직면하게 되면 우리는 흠칫 놀란다. "이는 있을 수 없는 일이야. 이것은 불공평해!" 이런 반응 밑에는 '나는 살아남을 수 있을까?'라는 두려움이 자리하고 있다.

우리 대부분에게, 슬픔이라는 강렬한 감정은 단 하나의 감상感想으로 오는 것이 아니라 복합적으로, 들끓는 감정으로 온다. 이런 폭발적인 복합 감정에는 두려움, 죄의식, 슬픔, 수치심 등과 함께 오는 충격, 불신, 분노 등이 있다. 슬픔을 느낄 때, 이런 타는 듯한 감정은 우리 삶의 한 부분이 사라지고 있다는, 뇌리를 떠나지 않는 고통스러운 인식에 의해 유발되어(때로는 혼자서, 때로는 낯설게 다른 감정들과 결합되어) 종잡을 수 없이 올라온다. 우리는 상실의 이야기를 함께 나누고 이 불가사의한 힘에 대한 전통적인 설명을 다시 찾아봄으로써, 슬픔의 사막을 통과하며 우리의 길을 발견한다. 그래서 우리는 한 친구의 삶에서 나눈 이야기로 시작하고자 한다.

15년 전, 임신 8개월째 배 속에 품고 있는 아기가 움직임을 멈춘 것은 아닌가 두려워하며 끔찍한 밤을 보낸 후, 나는 "아기가 죽었습니다."라는 충격적인 말을 들었다. 응급실 의사는 이런 경우에는 대체적으로 수일 내에 진통이 시작된다고 설명했다. 이제 우리가 할 수 있는 것은 기다리는 일뿐이었다. 그래서 남편과 나는 집에 돌아와 어린 딸들에게 곧 다시 병원에 가야 된다고 설명했다. 그러나 아기는 죽었기 때문에 우리와 함께 집으로 올 수 없다고 설명하면서 나는 큰 소리로 엉엉 울었다.

일주일이 지난 후, 주치의가 진료실에서 나를 진찰했다. "어떤 여자들은 몇 주 후에 진통을 시작하기도 합니다." 나는 울음을 멈출 수 없을 것 같았다. 살아있는 아기라는 선물도 없이, 육체적으로 고통만 가져오는 진통이 시작되는 것이 두려웠다. 또한 이와 같이 삶과 죽음의 상태에 매달린 채 진통이 시작되지 않을까 봐 두려웠다.

집에 있을 때는 고립감이 내 고통을 짓눌렀다. 우리는 불과 몇 달 전에 지금 살고 있는 동네로 이사를 왔다. 그래서 지금 그 친구들이 사무치게 그리웠다. 아이들이 새로 사귄 친구들 중 한 아이의 엄마가 찾아왔다. 나는 그녀를 잘 알지 못했지만, 그녀는 내가 느끼는 분노에 대해서 듣고 있었다. 나는 내 자신에 대해서, 의사에 대해서, 하느님에 대해서 분노하고 있었다. 며칠 후에 그녀는 놀라운 선물을 가지고 다시 찾아왔다. 그 선물은 나와 함께 기도하겠다는 20명이나 되는 사람들의 명단이었다. 진통이 왔을 때, 나는 그날 그 시간에 기도해 주겠다고 약속한 사람을 불렀다. 그 사람은 다음 사람을 불렀고, 그 사람은 다시 다음 사람을… 진통 시간 내내 이 새로운 친구들과 안면이 있는 사람들의 지지와 기도를 받을 수 있었다. 냉장고 문에 붙여둔 명단에 나오는 기도하겠다는 사람들의 존재가 그다음 주까지 계속되었던 진통을 견디는 데 도움이 되었다. 진통이 시작되었을 때, 나는 의사보다 먼저 그 명단에 있는 사람을 만났다.

  아들을 사산하고 난 후 몇 달 동안 나는 그날의 사건과 느낌을 곰곰이 되새겨 보기 위해 밤마다 조용히 묵상하는 시간을 갖곤 했다. 그 아이가 태어나기로 예정되어 있던 주간은 너무나 고통스러웠다. 나는 그저 가만히 있으면서 그 감정이 나를 휩쓸고 지나가도록 했다. 나는 몇 달 동안 새 생명을 배 속에 품고 다녔었다. 그리고 3주 동안 나는 죽음을 느꼈고, 주검을 내 배 속에 담고 다녔다. 나는 내 아들의 요람이었으며, 또한 무덤이었다. 이제 나는 아들의 상실을 애도하는 고통스러운 작업을 했다. 며칠 동안은 이런 혼란스러움과 이해의 감정, 분노와 용서의 감정을 붙잡고 돌보는 대신, 아기를 안고 돌보고 싶었다. 그러나 애도하는 도중에 놀랍게도 나는 새로운 생명이 솟아오르는 것을 느낄 수 있었다.

  나는 다음해에 또 다른 아이를 가질지 남편과 의논했다. 아이를 잉태하는 가능성에 대해 긍정적으로 이야기를 나누었던 바로 그날 밤에 나는 임신을 했다. 성지 주일에 우리 아들이 태어났다. 나는 내 팔에 새 생명을 안고 죽은 모든 이와 살아있는 모든 이를 연결시키는 파스카 신비를 온전히 깨달았다.

감정으로서 슬픔은 중대한 상실을 공개적으로 드러낸다. 그러나 슬퍼하기라는 말은 이러한 평범하지만 고통스러운 감정적 반응 이상의 것을 말해 준다. 슬퍼하기는 또한 상실과 친해지는 치유 과정과 같다. 그 과정은 끝난 것과 화해하고, 과거가 어떻게 우리와 함께 여전히 계속되고 있는지 깨닫고, 앞에 놓여 있는 것에 희망을 가지고 응답하는 애도 작업을 통과하게 한다. 그러나 이런 과정이 일사천리로 이루어지는 경우는 거의 없다. 오히려 슬픔으로 인해 우리는 끝과 시작, 그리고 이러한 것들이 일으키는 상실들 사이에서 한쪽으로 기울어진다.

전통적으로 미국 문화에서는 사별한 사람들에게 슬픔을 외면하도록 조언해 왔다. 상실과 마주했을 때 우리의 목표는 감정을 제어하고, 과거를 잊고, 마음을 가다듬고 앞으로 나가는 것이었다. 이렇게 슬픔을 거부하는 것은 서구 문화에서는 오래된 유산이었다. 로마 황제이자 스토아학파 철학자였던 마르쿠스 아우렐리우스는 슬픔이란 나약함, 곧 상실의 현실을 받아들이기를 거절하는 소심함이라고 했다. 그때나 지금이나 스토아 학파에게 있어 슬퍼하는 것은 아무런 유익이 될 수 없는 것이다.

복음서들은 다른 이야기를 들려준다. 예수님께서는 당신 친구 라자로가 죽었다는 소식을 들으셨을 때, 그의 집으로 가셔서 거기에 모여 있던 문상객들을 만나셨다. 가족과 친구들이 울고 있는 것을 보신 "[예수님께서는] 마음이 북받치고 산란해지셨다. 예수님께서 '그를 어디에 묻었느냐?' 하고 물으시니, 그들이 '주님, 와서 보십시오.' 하고 대답하였다. 예수님께서는 눈물을 흘리셨다"(요한 11,33-35).

복음서 전반을 통해 우리는 예수님께서 슬픔으로 말미암아 마음이 움직이셨다는 것을 볼 수 있다. 예루살렘과 그 도성 사람들에 대한 당신의 간절한 희망이 실현되지 못할 거라는 사실을 아시고, 예수님께서는 슬픔에 가득 찬 채 앉아서 그 도성을 바라보며 한탄하셨다. 돌아가시기 전날 밤 가장 가까운 친구들에게 버림받고 홀로 남겨진 예수님께서는 명백히 실패한 것처럼 보이는 일생의 사명과 씨름하고 계셨다. 슬픔은 예수님께서 피하셨던 감정이 아니다. 그분은 상실과 마주하고 희망에 이르는 슬픔을 통해 당신 길을 애써 찾으시면서 그 요구를 받아들이셨다.

슬픔은 상실을 알려주지만 소멸消滅 그 이상의 것을 약속한다. 고통은 소중한 어떤 것이 사라지고 있다는 것을 우리에게 알려 주며 경보음을 울린다. 슬픔이 울리는 경보는 제자리를 찾아가는 것을 지연시키는 우회로迂廻路가 아니라 치유에 이르는 길을 알려 주는 신호이다. 그리고 우리가 따뜻한 지지를 받을 때, 우리의 고통은 그 자체로 필요한 슬픔의 길을 따라가도록 우리를 자극할 수 있다.

애도 과정의 길

슬픔을 통과하는 각 사람의 여정은 독특하다. 그러므로 슬퍼하는 사람의 경험을 예측하는 것은 위험하다. 그리고 우리 자신이나 다른 사람을 위해 슬픔의 진행 과정을 나타내는 특정 단계들을 규정하려는 것은 종종 고통만 가중시킬 뿐이다. 그러나 우리는 몇 가지 일반적인 요소, 곧 효과적인 슬픔의 과정을 설명하는 것처럼 보이는 몇 가지 패턴들을 인식해 볼 수 있다.

슬픔은 처음에는 흔히 충격과 부정으로 온다. 상실을 충분히 이해했을 때, 부정하는 것이 끝나고 우리는 이제 우리 앞에 서 있는 고통스러운 진실에 힘겹게 대응한다. 드디어 우리는 슬픔의 훈련 과정을 통해 변화된 이러한 새로운 현실을 받아들이게 된다. 슬픔을 통해 회복으로 나아가는 이 여정을 완성하기 위해 우리는, 잃어버린 것을 인식하고, 우리가 겪는 고통을 존중하고 표현하며, 삶을 긍정하는 방식으로 상실을 존중하기 위한 도움이 필요하다.

잃어버린 것 인식하기

충격이 있은 후 초기 단계에서 사람들은 상실이 실제로 일어났다는 사실을 받아들이기 위해 도움이 필요하다. 그러나 '삶에서 이 소중한(혹은 적어도 친숙한) 부분이 없다면, 우리는 앞으로 어떻게 살아갈 수 있을까?'와 같은 더 깊은 문제가 뇌리를 떠나지 않기 때문에, 우리는 상실을 인정하지 않으려고 저항한다.

자신에게 무엇이 끝났는지 아직 확신하지 못한다면, 상실을 현실로 받아들이는 것이 더욱 어렵게 된다. 그리고 변화된 환경을 분명하게 알아볼 수 있을 때조차도, 이런 공공연한 사실이 개인적인 상실의 깊이를 늘 잘 설명해 주지는 않는다. 한 친구는 공공연하게 드러난 모습보다 더 깊었던 상실에 대해 힘겹게 이름을 붙였던 것을 이렇게 이야기했다. "나도 모르게 슬픔이 나를 사로잡았어요. 나는 정말로 문제가 된 것이 무엇이었는지 아주 서서히 깨닫게 되었고, 이름을 붙여 주었어요."

모니카는 대학생활을 시작하기 위해 태어나서 처음으로 집을 떠나며, 혼자가 된다는 생각에 불안해했다. 고등학교를 졸업할 무렵 모니카는 거식증이라는 섭식 장애 진단을 받았다. 모니카는 치료를 받기 시작했고, 치료사는 그녀에게 대학생활로 집을 떠나 있는 동안에도 상담자와 계속 작업을 하라고 권했다.

모니카가 대학교 2학년 가을 학기를 마칠 무렵, 나는 그녀의 상담자로부터 전화를 받았다. 모니카는 정서적 장애를 겪고 있었다. 상담자는 모니카가 집중적으로 도움을 받을 수 있도록 즉시 휴학을 하도록 권했다. 모니카가 돌아갈 준비가 되었다고 의사가 동의할 때, 기꺼이 그녀는 학교로 돌아갈 수 있을 것이다. 이 전화를 받고 나도 모르게 슬픔이 나를 사로잡은 것처럼 오싹한 두려움을 느꼈다.

남편과 나는 두렵고 슬픈 마음으로 2년 넘게 모니카가 몸담았던 환경에서 그녀를 구하기 위해 출발했다. 모니카는 집으로 돌아왔고, 우리는 그녀가 필요로 하는 도움을 찾는 힘겨운 작업을 시작했다. 이런 슬픔과 상실의 시기에 우리가 공동체의 지지를 청하는 것은 어려운 일이었다. 왜냐하면 그녀가 돌아온 이유를 자세히 말하고 싶지 않았기 때문이다. 모니카나 우리 가족 모두 그 일을 실패로 여겼기 때문에, 사실 속으로는 그 일을 부끄럽게 여기고 있었다. 기대하지 않았던 한 예식을 통해 우리는 이 상실에 감사하기 시작했다. 1월의 어느 추운 날, 모니카와 나는 물건들을 가지러 기숙사 방으로 돌아갔다. 방학 동안이라 다른 학생들은 떠나고 없었기 때문에, 기숙사는 무덤처럼 조용했다. 외롭고 부끄러웠던 그 몇 시간 동안 모니카와 나는 책과 옷가지를 챙겼고 벽에서 화보(포스터)를 떼어 냈다. 집으로 출발했을 때 나는 지쳐 있었고 비통한 마음이었다. 고통으로부터 내 딸을 보호해 줄 수 있을 것이라는 내 꿈은 산산이 부서졌다.

　　집에서 나는 내 딸에게 일어나고 있는 일에 대해 마음을 열려고 노력했지만, 내 노력은 마지못해 하는 것이었다. 내가 아는 바, 내가 할 일은 모니카가 대학 과정을 마치도록 돕는 일에 집중하는 것이었다. 봄에 그녀는 기말고사 보충 시험을 치르고, 다음 과정을 결정하러 학교로 돌아갔다. 나는 여전히 그녀가 가을에 학교로 돌아가서 학업을 마치기를 희망했다. 그런데 집에 돌아온 모니카는 우리가 살고 있는 지방 대학에서 무용을 전공할 계획이라고 말했다. 모니카는 대학에서 받은 가장 인상적인 경험은 무용 수업이었다고 고백했다. 강사들은 그녀가 확실히 재능이 있다고 말했고, 더 중요한 것은 무용이 자신에게 생동감을 준다는 것을 그녀가 알고 있다는 것이었다. 나는 여전히 눈이 멀어 고통 어린 슬픔 속에서 이미 피어나고 있는 모니카의 새로운 형태의 꿈을 볼 수 없었다.

　　나는 이 결정이 모니카에게 어떤 의미인지 생각해 보는 시간을 갖는 대신 거부감부터 들었다. 여러분도 예상했겠지만, 내가 더 일리 있다고 생각하는 방향으로 그녀를 끌고 가려고 했을 때 우리의 관계는 고통스러웠다. 나와 모니카 두 사람 모두를 사랑하는 한 친구의 지속적인 도움 덕분에, 나는 모니카가 학습 장애로 고통당하고 있다는 사실을 서서히 이해하게 되었다. 이런 깨달음으로 우리는 서로를 이해하기 시작했다.

　　그리고 나는 더 깊은 상실감으로 고통당하고 있다는 사실을 점차 알게 되고 인정할 수 있게 되었다. 이렇게 힘겨운 슬픔과 저항의 몇 달을 보내는 동안 나는 엄마로서 내 정체성의 핵심에 자리하고 있는 내 아이들을 고통에서 보호할 수 있다는 꿈이 깨진 것을 슬퍼하고 있었다.

이 상실에 이름을 붙여 주는 것은, 나로 하여금 죽음을 통해 다시금 생명의 신비로 마음을 열게 해 주었다.

　　　모니카가 하고 싶어 하는 과정에 함께하며 그녀가 이루었던 어려운 과업을 이해하는 데 도움이 되었다. 모니카는 고통을 통해 우리가 느끼는 감정이 얼마나 중요한지, 그리고 어떻게 우리의 두려움과 수치심과 분노가 필요한 변화의 길을 가르쳐 주는지 우리 가족 모두에게 보여 주었다. 슬픔조차도 선물을 가져다준다.

고통스러운 감정 존중하기

슬픔의 고통을 다루는 데에는 도움이 필요하다. 최초의 충격과 불신이 사그라지면 비참함이 우리를 삼킨다. 과민함, 불안, 후회, 불면, 식욕 부진, 피로와 같은 신체적이고 감정적인 많은 증상이 우리의 고통에 신호를 보낸다. 이런 것들은 슬픔을 격렬하게 겪는 동안 일어나는 흔한 반응들이다. "이 끔찍한 감정들은 부끄럽거나 미숙하거나 비정상적인 것이 아니야. 이것은 상실이 어떤 것인지 느끼는 것이야. 슬퍼하는 다른 사람들도 이렇게 느낄 수 있어. 나도 이런 나쁜 기분을 느낄 수 있어."와 같이 고통을 정상적인 것이라고 인정하는 것은 사람들이 대처하는 데 도움을 준다.

　　　이런 고통스러운 느낌들을 표현하는 방법을 찾을 때, 우리는 수용하는 쪽으로 이동하게 된다. 슬픔은 우리로 하여금 우리의 자의식과 확고하게 자리 잡은 세상에서의 안정성을 위협하는 상실에 대해 경계 태세를 취하게 한다. 우리의 말을 들어주는 신뢰할 수 있는 사람이 있는 곳에서 우리는 슬픔이 요구하는 진실을 살펴보면서, 우리의 고통을 탐구할 용기를 갖게 된다. 우리의 관심과 혼란을 표현할 수 있는 안전한 환경은 흔히 사별의 고통을 덜어준다. 우리가 감정을 말로 표현할 때 통찰력과 위안을 얻게 된다. 이런 투쟁 과정에서, 우리는 이런 나쁜 것이 영원하지 않다는 것을 서서히 깨닫게 된다. 언젠가 우리는 지금 우리가 겪는 극심한 고통에 사로잡히지 않고, 사랑하는 사람의 죽음, 잃어버린 꿈, 실패의 경험을 기억할 수 있게 될 것이다.

점차 우리는 우리의 고통을 어떤 의미가 있는 것으로 인식하기까지 한다. 초기에는 계속, 슬픔이 마음의 문을 닫게 하고 스스로 자신을 가두어 두려고 위협한다. 이렇게 자기 안으로 침잠하는 것은 깊이 숙고하는 데 필요한 공간을 마련해 주거나 충격을 받아들일 시간을 마련해 주면서 보호막이 되어 줄 수도 있다. 그러나 슬픔의 고통스러운 자극이 계속될 때, 우리는 현실로 돌아와 회상 回想과 화해라는 필수 작업을 할 수밖에 없다.

잊혀지지 않는 상실 껴안기

효과적으로 슬퍼하는 것은 우리가 겪는 상실의 실재를 서서히 받아들이는 데 도움이 된다. 그러나 우리는 어떻게 이 상실을 우리의 미래로 가져올 것인가? 여기서 우리는 소중한 기억을 만들어 내기 위한 슬픔의 중요한 작업과 마주하게 된다. "소망할 수 있는 우리의 능력과 기억할 수 있는 우리의 능력 사이에는 밀접한 관계가 있다."고 사목자이자 신학자인 허버트 앤더슨Herbert Anderson은 주장한다. "'위로하기'가 '차분하게 하고 진정시켜 주고 고통을 완화시켜 주는' 의미라면, 기억하는 것이 곧바로 위로하는 것이 되지는 않는다. 그러나 더 깊은 의미에서는 기억하는 것이 위로하는 것이 된다. 왜냐하면 기억하는 것은 사람들로 하여금 희망하는 것을 가능하게 하기 때문이다." 잃어버린 것을 존중하기 위해서 과거를 돌이켜보는 것은 쉬운 일이 아니다. 그러나 이런 힘든 작업은 변화를 가져다준다. 점차적으로, 우리의 상실은 새로운 방법으로, 이제는 소중하고 신뢰할 수 있는 기억 속에서 실제적인 것이 된다. 이런 변화가 없으면 우리는 완전히 상실감에 빠진다. 우리가 소중히 여길 수 있는 기억들을 가질 때까지, 고통은 우리가 잃어버린 것과의 유일한 연결고리가 된다. 허버트 앤더슨은 "상실의 고통을 겪고 있을 때, 그들을 보살펴 주기를 원하는 사람"에게 다음과 같이 훌륭한 충고를 한다. "그들의 슬픔을 없애려고 하지 마라. 우리가 그들의 고통을 감당할 수 없을 때라도, 우리는 그들의 슬픔을 존중해야 하고 그들이 슬퍼할 필요가 있다는 것을 존중해야 한다. 그들이 기억할 때까지, 그것은 그들이 가진 모든 것이다."

      그러나 기억하려는 노력을 통해 우리는 과거에 대한 복합적인 감정을 만나야 한다. 슬픔은 사라져 버린 것에 대한 회한, 이루지 못한 것에 대한 후회, 자신의 행동에 대한 자책, 심지어는 병고에 시달리던 사랑하는 사람이 마침내 죽었다는 안도감… 그리고 이런 감정들을 가지고 있는 것에 대한 죄책감 등 포괄적이며 양면적인 감정(반대 감정이 양립하는) 모두를 충분히 불러일으킨다. 보편적인 방어기제는 완벽한 가족, 문제 없는 결혼생활, 아주 만족스러운 직업에 대한 잘못된 이미지를 만들어 내면서 향수에 젖어드는 것이다. 그러나 향수는 슬픔을 통해 치유로 나아가는 우리의 움직임을 지연遲延시킬 뿐이다. 우리의 치유를 도와주는 기억들은 우리가 겪는 상실들의 애매모호함과 슬픔의 양면적인 감정을 인정하도록 해 주는 것들이다.

상실의 이면에서 생명과 다시 연결하기

슬퍼하는 작업을 하는 동안에도, 삶의 작업은 계속된다. 심각한 상실의 고통을 겪은 사람들은(여전히 예측할 수는 없지만) 때가 되면 서서히 힘과 집중력을 회복한다. 이제 미래를 직면할 수 있다. 개인의 능력과 자신감이 서서히 회복됨에 따라, 슬퍼하는 일은 잃어버린 것과 화해하는 것에서 앞으로의 여정을 위한 자원을 모으는 것으로 이동한다. 우리 자신을 미래에 다시 맡기는 것은 그 미묘하고 필수불가결한 작업을 하는 것을 포함한다. 뒤에 남겨 놓아야 할 필요가 있는 것을 분명히 해야 하는 것처럼, 또한 때때로 슬퍼하는 가운데에서 간과하기 쉽지만 계속해서 우리의 삶을 이루어 가는 관계와 책임도 인식해야 한다. 우리가 미래에 있을지도 모르는 위험들을 알아보고 이런 위험들을 어떻게 하면 최소화할 수 있는지 결정하고자 할 때, 이런 안정의 근원들은 매우 중요할 수 있다. 지지를 구하는 것은 위험도 나름대로 이유가 있다는 사실을 이해하는 데 도움을 준다. 그러므로 우리의 결심을 키우고, 우리를 책임감 있게 해 주는 관계를 강화하는 것은 매우 중요하다.

효과적으로 슬퍼하는 것은 우리가 상실의 희생 제물이 아니라는 사실을 인식하도록 하는 데 도움을 준다. 우리는 이런 움직임에 참여한다. 우리는 이제 삶으로 다시 입장하는 능력 있는 사람이다. 슬퍼할 때 우리는 종종 성숙한 어른임을 특징짓는 조숙함과 통제력인 완전한 지배력을 빼앗긴다고 느낀다. 그러나 상호보완적인 힘은 친숙해진다. 슬픔의 어두운 터널에서 빠져나올 때 우리는 수용할 수 있는 뛰어난 능력을 회복하게 된다. 떠나보내는 것을 배울 때, 우리는 고통에서 벗어나게 된다. 우리는 '회복'된다. 그리고 미래에 대한 약속과 함께 다가올 희망을 믿게 된다.

영성과 슬픔 – 우리는 어떻게 상처를 붙들고 있는가

슬픔은 상처를 준다. 그리고 슬픔은 너무나 고통스럽기 때문에 우리는 그것을 밀쳐 두거나 제압하거나 눈에 보이지 않게 하려는 유혹을 받는다. 우리는 이런 상실을 원하지 않는다. 우리는 이런 실망스러운 상황을 직면할 수 없다. 그래서 슬픔을 거부하려고 애쓰면서, 관심을 다른 데로 돌린다. 슬픔을 숨기려고, 자신에게조차 숨기려고 하면서 고통을 보지 않으려고 한다. 대신에, 고통을 일시적으로 완화시키기 위해 일에 몰두하거나 술이나 약물, 또는 음란물과 같이 짧은 시간에 위안을 주는 손쉽게 구할 수 있는 구제救濟책에 의지한다. 이런 패턴에 빠져 있는 자신을 발견하면서, 우리는 이것이 하느님의 계획은 아니라고 깨닫는다. 슬픔을 거부하면 우리는 거의 새로운 삶으로 나아가지 못한다.

때때로 우리는 상습적으로 고통을 호소하고, 상처를 붙잡고 있음으로써 슬픔에 매달린다. 그때 우리는 우리의 상실을 개인의 것으로 소화하지 못하고, 대신 반복해서 사람들에게 알리게 된다. 우리는 불평하고 잘잘못을 따지지만, 전혀 치유가 되지 않는다. 성경은 이런 전략에 대한 좋은 예를 보여 준다. 우리 고대 조상들이 이집트에서 탈출한 직후, 그들의 환호는 비난으로 바뀌었다. 먹을 것도, 쉴 곳도 없고, 방향 감각마저 잃게 하는 사막은 노예생활보다 크게 나아지지 않은 것처럼 보였다. 성경은 몇몇 사람이 모세와 그들의 지도자들이 묶고 있는 천막으로 몰려와 그들에게 투덜거리며 불평을 늘어놓았다고 전한다. 그들의 불평이 책임자들에게 온전히 전달되었는지 알 수 없었다 해도, 그들은 그들의 고통을 사람들에게 알렸다. 이런 패턴은 현대에도 많은 곳에서 계속되고 있다. 우리는 잘못을 발견하고 불평하지만, 아무것도 변하지는 않는다. 이런 전략으로 좌절을 토해 내지만, 대부분의 경우 효과가 거의 없다는 것이 드러난다. 우리가 주의 깊게 본다면, 이렇게 슬퍼하는 것은 거의 아무런 위안을 주지 못한다는 사실을 알아차리게 된다.

장기간에 걸친 만성적 슬픔의 전형적인 예는 병이나 사고로 아이를 잃은 부모의 반응과 같은 것에서 볼 수 있다. 어떤 부모들은 세상을 떠난 자녀의 방을 그대로 두어 시간이 멈추어 버린 성지聖地를 만들려고 한다. 여기서도 역시, 상실에서 눈을 돌리려는 노력은 치유하는 슬픔의 힘을 늦춘다.

그러나 슬픔의 또 다른 길이 우리에게 열려 있다. 우리의 상실을 하느님께 들어 올리고 우리의 고통을 기도로 바꾸는 것이다. 이는 성경의 선조들이 탄식으로 알고 있던 건강한 응답이다. "나는 내 생명이 메스꺼워 내 위에 탄식을 쏟아 놓으며 내 영혼의 쓰라림 속에서 토로하리라."(욥 10,1) "길을 지나가는 모든 이들이여 살펴보고 또 보시오. 당신의 격렬한 진노의 날에 주님께서 고통을 내리시어 내가 겪는 이 내 아픔 같은 것이 또 있는지."(애가 1,12) 슬픔에 대한 이러한 전략의 좋은 예는 예루살렘에 있는 통곡의 벽이다. 또한 굴종의 역사와 지금도 계속되는 모욕적인 차별을 잊지 않고 있는 미국 흑인들 사이에서 '블루스'를 부르는 전통에서도 볼 수 있다. 고통을 받는 사람들은 이런 공개적인 애도에서 그들의 고통을 드러내는 리듬을 찾았고, 그들의 상실을 소리내어 표현했다. 한낮의 빛 속에서 해방되고 그렇게 나누어진 고통은 우리를 파괴하지 못한다. 오히려 우리의 슬픔은 인간적인 것이 된다.

캐슬린 오코너Kathleen O'Connor는 슬픔을 애도하는 힘을 이렇게 강조한다.

비탄은 심장을 갈기갈기 찢고 절망을 낳을 수 있지만, 역설적이게도 고통을 비추어 보게 함으로써 괴로워하는 사람들을 위로하고 치유에 이르는 길을 열어 줄 수 있다. 그것은 고통받는 사람들의 존엄성을 지지하고, 눈물을 흘리게 하고, 버림받은 경험을 극복할 수 있게 해 준다.

성서학자 월터 브루그만Walter Brueggemann은 그와 같은 기도 전략을 다음과 같이 말한다. "지상에서 열정과 날카로운 목소리로 대담한 말을 한다면 하늘의 일도 변화시킬 수 있다." 그리고 "고통이 알려지고 공동체 안에서 유용하게 된다는 희망은… 새로운 삶의 중개자이다".

예식의 역할

활력이 넘치는 공동체에 소속되어 있는 그리스도인의 믿음은 감정의 수련소가 된다. 열정적인 삶을 추구하면서 우리가 따라야 할 모범으로써 예수님의 삶을 선포하는 것은 그리스도인들의 소명 가운데 하나이다. 신학자 윌리엄 스폰William Spohn은 성경 본문이 "무엇을 해야 하는지를 직접적으로 지시하는 것은 아니다."라는 점을 일깨워 준다. 대신 성경의 이야기들은 상상력을 훈련함으로써, 우리로 하여금 예수님께서 그러셨던 것처럼 깊고 강하게 삶을 체험하도록 초대한다. 복음서의 내용, 성인들의 이야기, 전례, 공동 기도와 같은 이런 요소들은 우리의 기쁨과 우울함에 대해 어떻게 느끼고 어떻게 반응해야 하는지, 우리의 감사와 슬픔 모두를 어떻게 존중해야 하는지 보여 준다. 신앙 공동체에 머무는 많은 사람에게 종교 예식은 슬퍼하는 시기에 아주 특별한 역할을 한다.

예식은 관심을 불러일으키는 삶의 어떤 부분에 대해 신체를 통해 하는 의사 표시이다. 결혼식이나 장례식과 같은 예식은 우리의 강렬한 감정을 수용하는 법을 제시해 준다. 토마스 드라이버Thomas Driver가 말했듯이 "예식은 감정을 풀어 주면서 조절해 주고 감정을 자유롭게 해 주도록 안내한다". 예식은 우리가 감정을 충분히 표현할 수 있는 경계선을 제공한다. 우리와 함께하는 신자들이 제공하는 이런 공동의 경계는 크나큰 상실을 겪었을 때 우리를 보호하기에 충분할 만큼 강하다. 여기서 우리는 이 공동체에 받아들여질 것이기 때문에 완전히 허물어질 수 있다. 여기에서는 우리가 아무리 상심을 한다고 해도 안전하다.

예식이 주는 두 번째 선물은 우리의 고통을 더 큰 이야기 속으로 넣을 수 있다는 것이다. 우리가 겪는 상실(분명한 것은 이것이 얼마나 심각한지는 아무도 모른다는 것이다)의 힘은 우리가 고립되어 있다는 느낌을 고조시킨다. 종교 예식이 주는 선물은 평온했던 시절 우리가 받아들였던 (예수님도 이런 식으로 오셨다는) 더 큰 이야기를 기억나게 해 준다는 것이다. 그분 역시 쓰러지시고 실패하셨으며, 오해와 배반과 죽음도 알고 있었다. 그분에게 슬픔은 생명으로 가는 문이 되었다. 경건하게 기억되는 이 복음서의 이야기들은 우리 자신의 여정에도 울려 퍼진다. 지금, 이런 끔찍한 시기에도 우리는 그리스도를 따르고 있다. 우리가 당면하고 있는 문제가 그 이야기의 한 부분이 될 수 있을까?

예식이 주는 세 번째 선물은 상실을 통해 쇄신의 삶으로 이끄는 발걸음을 우리에게 제공해 준다는 것이다. 슬픔은 우리를 과거 속에 얼어붙게 하거나 끊임없는 불평의 고리 속으로 기울게 하면서 우리가 늘 하는 방식 안으로 가둬 버린다. 슬퍼하는 예식 도중에 우리는 일상생활에서 비켜 서지만, 삶은 멈추어 서지 않는다. 상실을 인식할 때 우리는 활동하는 것을 줄이지만, 과거에 뿌리내린 채 꼼짝 못하고 머물러 있는 것은 아니다. 장례식 행렬이 그 생생한 예가 된다. 우리가 신중하게 천천히 걸음을 내딛는 것은 우리의 슬픔을 공개적으로 드러내는 것이다. 그러나 예식 자체는 우리를 미래로 데려가는 힘을 갖고 있다.

병원에서 사목하고 있는 한 성직자는, 어느 슬퍼하는 가족이 비극적인 상실을 통해 앞으로 나아가도록 도움을 주었던 경험담에 대해, 곧 그들 스스로 자발적으로 행해진 애도 예식에 대해 다음과 같이 이야기했다.

그 성직자는 심각하고 치명적인 병으로 죽어가는 열 살짜리 소녀가 누워 있는 방으로 와 달라는 호출을 받았다. 부모와 형제들이 눈앞에 닥친 불행에 넋을 잃고 소녀의 침대 주위에 서 있었다. 그의 눈에는 그들이 슬픔으로 얼어붙은 것처럼 보였다. 그가 죽어 가는 소녀의 아름다운 머리카락에 대해 말했을 때, 엄마는 고개를 끄덕이며 자기 딸이 머리 손질하기를 아주 좋아했다고 덧붙였다. 이를 계기로 성직자는 모든 가족이 마지막으로 소녀의 머리를 감겨 주는 것이 좋겠다고 제안했다. 따뜻한 물이 담긴 대야와 수건을 가져왔다. 가족들은 죽어 가는 소녀의 머리에 샴푸와 컨디셔너를 아낌없이 바르며 차례차례 그녀의 얼굴을 어루만졌다. 누군가 헤어드라이어를 가져왔고 엄마는 소녀의 머리를 말리며 딸아이가 좋아했던 머리 모양을 해 주었다. 이 단순하지만 심오한 예식의 한 동작 한 동작을 통해서 가족 구성원들은 애정을 가지고 소녀를 어루만질 수 있었다. 이 예식이 끝났을 때 그들은 인공 생명 보조 장치를 끄는 불가피한 일을 받아들일 준비가 더 잘된 것처럼 보였다.

그렇다면 은혜로운 슬픔은 수용, 매우 특별한 종류의 받아들임의 문제이다. 치유의 한 방식으로 슬퍼하는 법을 배우는 것은 상실에 대한 집착에서 벗어나 우리를 자유롭게 해 준다. 우리는 상처를 멀리하거나 보지 않으려는 유혹에 저항해야 한다. 그리고 끝없고 지속적인 불평 속에 우리의 상처를 붙잡아 두려는 경향을 거부해야 한다. 우리의 상실이 존중받고 변화되도록 기도하면서 우리의 고통을 하느님 앞으로 가져 가려고 노력해야 한다. 자신의 상실에 대해 기도하면서, 우리는 그 고통에 저항할 때조차도 우리의 고통을 존중한다. 이와 같이 슬퍼하는 과정을 시작한다. 신학자 데이비드 파워David Power는 이를 아주 훌륭하게 표현했다. "슬픔 속에서 기억되는 것은 다시 회복되고 완전하게 되고 새롭게 된다." 이제 우리의 상실은 그 목소리를 찾는다. 멀리서 고통을 움켜쥐고 있는 대신, 기도는 슬픔에 대해 우리가 '예'라고 말하는 방법이 된다.

이 고통스러운 여정을 따라 우리는 잃어버린 것을 존중하는 법을 배우고, 계속되는 것을 받아들이고, 미래가 품고 있는 약속에 자신을 여는 법을 배운다. 그 여정에서 우리는 더 깊은 진리를 받아들이게 된다. 슬픔은 힘겨운 시기를 통해 우리를 인도하는 유익한 감정이며 필요한 덕목이다. 그 자극은 지극히 중요한 것이 사라지고 있다는 두려운 감정에 불을 붙인다. 슬퍼하는 과정은 우리가 무엇을 놓아 주어야 하는지 판단하는 데 도움을 준다. 그것은 극적 효과이긴 해도, 우리를 마구 흔들어서 통곡하게 하고 정화시킨다. 끝으로, 슬픔의 에너지는 우리로 하여금 지금은 알 수 없지만 하느님의 약속으로 가득 찬 미래를 향해 나아가도록 이끈다.

감정
스케치

삶에서 상실의 경험에 대한 기억을 떠올려 보십시오. 슬퍼하는 과정이 이미 시작되었던 경험에 초점을 맞추도록 해 보십시오. 그리고 자신을 돌보면서 이 훈련을 계속했을 때 떠올린 감정의 힘을 존중해 보십시오.

     기도하는 마음으로 하느님의 위로의 영 앞에 자신을 맡기면서, 이 상실의 전후 사정에 대해… 누가, 무엇이, 언제, 어떻게, 왜, 또 그 어떤 결과 등에 대해 떠올려 보십시오.

     그러고 나서 슬퍼하는 과정에서 제기되는 질문들을 떠올려 보십시오. 그대는 잃어버린 것이 무엇인지 확인할 수 있습니까? 그대는 슬픔의 요소가 되는 감정을 표현할 수 있습니까? 그대는 지금 기억 속에서 어떻게 이 상실을 붙잡고 있습니까? 일정한 형식에 의한 것이건, 마음에서 우러난 자연스러운 것이건, 어떤 예식이, 이 상실을 슬퍼하는 그대 여정의 한 부분이 되게 하였습니까?

외로움에서 배우기

저의 하느님, 저의 하느님,
어찌하여 저를 버리셨습니까?
— 마르 15,34

외로움은 홀로 되었다는 고통에 대한 우리의 반응이다. 사랑하는 사람들과 헤어지게 되면, 우리는 슬픔과 그리움, 무력감을 경험한다. 또한 화가 나거나 억울해 하고 좌절감, 심지어 쓰라림도 느낄 것이다. 무엇보다도 우리는 버려졌다고 느낀다. 우리의 고통은 특히 배우자의 죽음, 믿었던 동료의 배신이나 한때 건실했던 우정이 서서히 좀먹어 가는 것과 같은 개인적인 상실과 마주하면서 더 심해진다. 이런 경험을 하게 되면 실망감은 더욱 깊어진다. 이제 우리에게 중요했던 관계는 사라진다. 이런 혹독한 부재를 마주하게 되면, 우리는 외로움으로 고통을 겪게 된다.

외로움은 우리와 다른 사람과의 관계가 우리를 지탱해 주는 것이 아니라는 신호를 보내며, 사람과 사람 사이의 관계에 대한 판단을 하게 한다. 때때로 다른 사람에게 손을 뻗어 그들과 접촉하는 것이 어려울 때가 있다. 우리가 원할 때조차도 우리는 곤란함을 느낀다. 때로는 가까이 있는 사람들에게서도 거리감을 갖는다. 우리는 그들과 어울릴 수도 없고 소속감을 가질 수도 없다. 종종 외로움은 우리와 다른 사람을 서로 갈라서게 하는 심각한 의견 충돌과 같은 고통스러운 갈등에서 오기도 한다.

　　외로움은 우리와 다른 사람과의 관계에 의문을 갖게 한다. 어쩌면 우리는 아주 소수의 사람들하고만 관계를 맺거나 너무 피상적인 관계만 맺는지도 모른다. 또는 우리는 사람들에게서 너무 많은 것을 바라거나 또 그 사람들에게서 거의 만족하지 못할지도 모른다. 역설적이게도 이런 고통스러운 감정은 친밀함의 특별한 동맹군이 될 수 있다. 외로움이 가져다주는 고통은 우리의 삶에서 차지하고 있는 다른 사람의 자리에 대해 품고 있는 환상에 도전하게 함으로써 좋은 목적을 달성할 수 있게 한다.

　　외로움은 관계와 같은 좋은 것에 대한 나쁜 감정이다. 우리의 고통은 어떤 것이 잘못되었음을 알려 준다. 우리의 관심을 사로잡는 고통은 고통 자체를 뛰어넘어 철저한 검토를 요구하는 우리 삶의 중요한 부분을 가리킨다. 이런 불편한 감정과 마주함으로써, 우리는 우리가 느끼는 괴로움의 근원을 깨달을 수 있다.

외로워지는 시간들

외로움의 느낌은 일반적인 것이지만, 이런 느낌을 불러일으키는 환경은 중요한 측면에서 차이가 있다. 조용한 밤에 우리는 홀로 있으면서 슬픔의 찌릿한 통증이나 밀려드는 후회의 감정을 느끼곤 한다. 그러나 이런 기분이 우리를 압도하지는 않는다. 우리는 이런 느낌에 친숙하다. 그래서 우리는 참을 수 있고, 다른 곳으로 쉽게 관심을 돌릴 수 있다. 사회학자 로베르트 바이스Robert Weiss는 전 세계 4분의 1정도 되는 사람들이 특정한 달, 특정 시간에 '너무나 외롭다.'고 말했다. 우리 대부분에게 이런 경험은 큰 혼란 없이 지나간다. 그러나 때때로 외로움에 마음이 흔들리면, 우리는 그 감정을 아주 심각하게 받아들이도록 유혹을 받는다. 이런 우울한 기분을 너무 심각하게 받아들이면, 우리는 자기 연민 속으로 빠져든다. 그리고 스스로를 측은하게 여기면서 외로움이 가져다주는 통찰력, 곧 우리의 삶이 개별적이라는 것과 우리가 맺는 관계가 불완전하다는 것에 대해 더 풍성하게 감사하게 되는 그 통찰력으로부터 너무도 쉽게 다른 곳으로 관심을 돌려 버린다.

외로움의 다른 경험들 역시 친숙하다. 환경 변화는 상황에 따른 외로움을 일으킬 수 있다. 이 경우의 외로움은 그 원인을 알 수 있기 때문에 때때로 다루기가 더 쉬울 수 있다. 사랑하는 친구가 우리 삶에 커다란 빈자리를 남겨두고 죽었다. 그러나 우리는 슬퍼하면서도, 적어도 우리가 왜 외로움을 느끼는지는 알 수 있다. 혹은 직장 이동으로 새로운 도시로 이사를 갔다. 최초의 흥분이 가라앉으면 우리는 오랫동안 친교를 나누어 온 친구를 남겨 두고 떠나왔다는 사실을 불현듯이 깨닫게 된다. 우리는 극심한 공황 상태에 사로잡힌다. 새로운 곳에서 친구를 사귈 수 있을까? 이 두 가지 사례에서 우리는 중대한 변화로 인해서 우리가 관계를 유지하고 있던 관계망에 심각한 변화가 왔음을 깨닫는다. 이로써 우리는 사람과 사람 사이의 관계에서 분명한 단절을 경험하게 된다.

또 다른 외로움은 발달상의 외로움으로, 삶에서 불가피하게 일어나는 상실에 의해 생긴다. 이제 막 성인이 된 젊은이가 집을 떠나면,

자식이나 부모 모두 외로워지기 쉽다. 그러나 이러한 상실은 상황에 따라오는 상실 그 이상의 것이다. 이렇게 독립할 때 각 사람은 소중한 것, 되찾을 수 없는 자기 삶의 한 부분을 뒤로하고 떠나게 된다. 성인이 된 젊은이는 낯선 땅에서 이방인이 되는 외로움을 경험한다. 그들은 갑자기 생소하고 친숙하지 않은 방식으로 자기 자신에게 의지해야 한다. 어떤 날은 이런 독립의 경험이 아주 신날 수도 있다. 그러나 그들은 새로운 정체성을 시험하면서 종종 과거의 관계나, 심지어는 이전의 자의식과 멀어짐을 느낀다. 성인이 된 자식과 부모 모두의 외로움은 '그리운 옛 시절'에 대한 향수를 더 짙게 한다. 자식이나 부모 모두에게 성숙함은 외로움이 정상적으로 수반되는 작별을 요구한다.

발달상의 외로움은 흔히 중년기에 나타난다. 40대 초반의 남편은 마음의 동요가 커 가는 것을 느낀다. 그는 아내와 10대의 두 자녀와 함께 집에서 지내지만, 이상하게도 혼자라는 느낌이 든다. 직업에 대한 문제도 그를 괴롭힌다. '이 일이 남은 일생 내가 진정으로 하고 싶은 것인가?' 그는 아내와의 관계에도 의문을 가진다. '아이들이 떠나면 우리가 함께하는 삶은 어떻게 될까?' 이런 의문들 때문에 그는 괴로우면서 동시에 가족들에게서 소외될 가능성이 크다. 외로움이라는 고통스러운 기분은 이렇게 중요한 중년기를 재평가하게 한다. 그는 달아나지 말고 이런 의문들과 마주할 필요가 있다. 훌훌 털어 버리고 다시 헌신할 수 있는 자신만의 리듬을 찾음으로써, 그는 잃어버렸던 힘과 애정을 회복할 수 있다.

심리학자 로버트 키건 Robert Kegan은 이런 발달상의 외로움의 경험들은 일생을 통해 우리를 따라다닌다고 말한다. 인지 발달에 대한 그의 설득력 있는 모델에서 키건은 다양성과 변화를 다루는 우리 능력이

성숙해지는 법에 대해 설명한다. 그는 우리가 일상에서 마주하는 복잡성을 이해하는 능력을 확장함으로써 특징지어진 이러한 방법을 통해 일련의 전략을 알아낸다. 각각의 방법은 우리로 하여금 이전 시기에 편안하게 인지하던 방식을 뛰어넘어 나아가도록 한다. 이런 발달상의 움직임의 각 단계는 우리로 하여금 이전의 친숙했던 환경, 삶을 이해하는 이전의 만족스러운 방법 너머에 있게 한다. 이런 분기점은 우리로 하여금 자기 이해와 가치, 그리고 다른 사람들과 함께 있는 방식을 재해석하게 한다. 이는 이전에는 편안하고 친숙했던 많은 것으로부터(소외라고까지 느낄 수 있는) 분리되는 감정을 유발하며 성숙해지는 외로운 경험이다. 다행히 인지적 복잡성cognitive complexity의 새로운 단계가 더 확고하게 세워짐에 따라, 이런 발달상의 외로움은 줄어든다. 다시 한 번 우리는 자신의 세계에서 편안해진다.

    그러나 때때로 외로움은 만성적이 되기도 한다. 겉으로 보기에는 분명한 이유가 없는 것 같은데도 우리는 소외감과 슬픈 기분에 빠져든다. 특별한 상황이나 어떤 장애 요소도 없는데, 은연중에 소외감에 젖어 든다. 이런 비참한 기분은 우리로 하여금 자기 회의와 자기 비하에 떨어지게 한다. 우리는 오랫동안 외로워하다 보면, 전형적으로 환경보다는 자신을 탓하기 시작한다. '나는 매력적이지도 않고 사랑스럽지도 않기 때문에 혼자야. 내가 외로워하는 것은 당연한 거야!'라는 결론을 내린다. 이런 자기 비판은 상황을 변화시킬 어떤 것을 할 수 있는 힘을 더욱 감소시킨다. 우리는 빠져나갈 길을 찾을 수 없다. 왜냐하면 상황이 아니라 우리의 비참한 자아가 잘못이기 때문이다. 무가치하다는 생각은 더 만족스러운 관계를 수립하려는 우리의 노력을 제한한다. 오래 계속되는 외로움으로 기분이 좋지 않을 때, 우리는 점점 더 우정이나 친밀함에 대한 비현실적인 기대를 할 수 있다. 이렇게 심각하게 손상당한 기분에서 건져 줄 이상적인 파트너를 간절히 원할 때, 우리는 지금 우리를 지지해 줄 수 있는 친숙한 동료를 알아보지 못하게 된다. 종종 인식하지 못한 수치심의 동력動力은 이렇게 오래 지속되는 종류의 외로움에 일조를 한다.

외로운 남자들, 외로운 여자들

남자, 여자 모두 친밀함이 필요하다는 것, 개인적으로 상처받기 쉽다는 것, 그리고 다른 사람들에게 의존할 수 있으면 좋겠다는 욕구를 경험한다. 그러나 많은 남자가 '진정한' 남자는 이런 감정을 가져서는 안 된다고 배워 왔다. 개인적인 욕구와 성별에 따른 요구들 사이의 이런 충돌은 종종 관계에 대한 반대 감정이 양립하게 한다. 약하다는 것을 드러내기가 두려워, 남자는 다른 사람들을 필요로 한다는 사실을 자신에게나 다른 사람에게 인정하기를 꺼린다. 이런 내키지 않는 마음 때문에 남자는 신중하게 대인관계를 맺게 되고, 다소 자신이 없고, 약간은 거리를 두고, 감정적으로 차갑게 행동한다.

외로움으로 말미암은 괴로움은 스스로 만족할 수 있다는 이런 환상을 산산조각 낼 수 있다. 자주적이고 자급자족하는 남성이라는 문화적 이상을 추구해 오는 남자에게 있어, 그 고통은 살아가면서 다른 사람들을 얼마나 원하고 필요로 하는지 일깨워 준다. 외로움은 그가 다른 사람들, 특히 그와 가까운 사람들을 대하는 방식을 바꾸도록 힘을 준다. 이런 감정을 통해 남자는 여행을 하는 동안 동료를 더욱 존중하게 되고,

그들의 우정에 더욱 감사하게 된다. 외로움은 다른 사람을 필요로 한다는 사실을 인정하도록 용기를 북돋아 주고, 언제라도 진정한 상호관계의 요구에 응답할 수 있도록 준비할 때 남자에게 유익한 것이 된다.

여자들에게 있어, 외로움은 때때로 다른 정화를 유발한다. 남자나 여자 모두 자기와 가까운 사람들의 반응에서 자신에 대해 많은 것을 배운다. 남녀 모두 똑같이 위로와 지지를 받는 관계에 의존하는 경향이 있다. 그러나 많은 여자가 특별한 방식으로 성숙한 자의식과 자존감을 키울 수 있는 관계에 의존한다. 관계에 대한 이러한 의존은 적성과 직업이 여자에게 별 가치가 없다는 것을 의미하지는 않는다. 오히려 일반적인 직업 세계가 많은 남성에게 그런 것처럼, 여성들에게도 개인의 정체성의 유일한 원천은 아니라는 것이다.

전형적으로 여자들은 서로 주고받는 대인 관계 안에서 자존감과 안전감을 발전시킨다. 극단적으로 받아들이면, 관계에 대한 이런 의존으로 말미암아 여자는 자신의 자원이 충분한지 아닌지 확신하지 못하게 된다. 여기서는 심리적 생존이 경제적 생존보다 더 문제가 된다. 만약 자신의 자의식이 너무 과도하게 관계에 의존한다면, 여자가 갖는 더 깊은 문제는 '이런 관계 밖에서는 어떻게 살아갈 수 있을까?'라는 것이다. 그래서 여자는 관계에 사로잡혀 버린다. 예를 들어, 힘든 결혼생활을 하면서도 여자는 그 관계가 끝날 수도 있다는 사실과 마주하기 두려워 과감한 요구를 할 수 없다. 심지어 육체적 폭력이나 정서적 무미건조함과 같은 불행한 유대 관계가 관계를 전혀 맺지 않는 것보다 더 나은 것처럼 보일 것이다.

이와 같이 외로움의 고통은 여자에게 더 냉정하게 자신의 관계에 대해 살펴보고, 준 것과 받은 것의 불균형을 재평가하며, 혼자 힘으로는 살아갈 수 없다는 자신이 내린 확신에 도전하는 기회를 준다. 그러면 외로움은 동맹군이 된다. 왜냐하면 그녀는 관계에서 실망하고 난 후에야 자신이 가정假定한 것을 의심할 수 있기 때문이다. 과도하게 의존하는 관계에 실망하게 되면, 여자는 먼저 외로움부터 느낀다. 그러나 공포스러운 상황과 마주하고 자기 파괴적인 행동에 저항할 수 있다면, 여자는 자기 안에서 이런 중요한 힘을 발견할 수 없을 거라는 기본적인 생각에 의문을 갖기 시작할 것이다.

'나는 혼자 힘으로 살아갈 수 있어!' 많은 여자에게 이런 자신감은 외로움의 선물이다. '종종 개인적인 화해와 희생이 필요하겠지만, 나는 가깝게 지내는 사람들과 상호 협력하는 선택을 할 수 있어. 그러나 친밀한 관계의 삶은 그 정도의 불편함을 감내할 만한 가치가 있기 때문에 나는 그렇게 해. 그렇게 하는 것이 이런저런 요구 때문에 힘들지라도 보람 있고 생기를 주지. 그러나 내가 살아남아야 한다면, 나 혼자 힘으로도 살아남을 수 있다는 것을 알기 때문에, 선택의 여지가 있어.'라고 스스로 선택할 수 있다는 사실을 인식함에 따라 이러한 새로운 힘과 함께 해방감이 온다. 이는 여자가 맺는 관계에 더 많은 자유를 가져다준다. 그녀는 덜 요구하고 더 유연해질 수 있다. 왜냐하면 그녀의 생존이 문제가 되지 않기 때문이다. 친밀함의 특별한 동반자로서 외로움은 다른 사람들에 대한 기대를 정화하도록 우리를 초대한다. 이런 정화는 우리로 하여금 진심 어린 상호관계를 준비하도록 한다. 어떤 남자들에게 있어 외로움은 참으로 상호의존의 위험과 그에 따르는 요구에 마음을 열도록 도와준다. 상처받기 쉽다는 것을 인정하면, 우리는 다른 사람들이 우리에게 얼마나 중요한지, 그리고 그들을 얼마나 필요로 하는지 다른 사람들에게 알릴 수 있다. 어떤 여자들에게 있어 외로움은 관계가 요구하는 것에서 벗어나 자신의 능력에 대해 더욱 자신감을 갖도록 도와준다. 자신의 힘을 알게 되면 자신을 돌보며 살아갈 수 있다는 것을 깨닫게 된다. 이렇게 우리가 필요로 하는 것이 합당하다는 것을 인식하면서, 우리는 진심 어린 상호관계를 지지하는 방식으로 우리와 가까운 사람들에게 다가간다.

사람과 사람 사이의 관계 탐구하기

외로움은 때때로 불공평한 것 같다. 우리는 '내 삶이 이렇게 잘 나가고 있는 것 같은데, 어떻게 이런 공허한 느낌이 드는 걸까? 내게는 나를 이해해 주는 친구와 가족이 있어. 그런데 왜 이렇게 혼자라고 느껴질까?'라고 자문한다. 우리는 많은 사랑을 받을 수 있는데, 여전히 외롭다고 느낀다. 이런 역설은 우리 사회의 복잡성을 상기시켜 준다. 다른 종류의 관계들은 우리 삶에 각기 다른 기여를 한다. 예를 들어서, 우리 모두에게는 무슨 일을 하든지 우리가 믿을 수 있는 사람이 필요하다. 혈연관계든 아니든, 이들은 우리에게 가족과 같다. 다른 관계는, 곧 신뢰하는 친구에게서 받는 수용, 자신의 가치관을 함께 나누는 사람들에게서 느끼는 연대감, 친구들과 함께 즐거운 저녁 시간을 보내면서 누리는 기쁨 등은 우리에게 다른 기여를 한다. 우리는 친구들의 변함없는 헌신적인 사랑으로 돌봄을 받는다. 그러나 우리에게는 또한 우리의 솜씨를 알아주고 우리의 능력을 인정해 줄 수 있는 더 객관적인 동료들도 필요하다. 멘토의 지지, 배우자의 사랑, 자녀들의 애정, 동료들의 존경과 같은 이런 선물들은 특별한 종류의 관계에서 온다. 그러나 이런 유익함은 서로 주고받을 수 있는 것이 아니다. 예를 들어서, 친구의 헌신적인 사랑은 우리의 삶을 풍요롭게는 해 주겠지만, 우리가 일을 할 때 느끼게 되는 외로움을 상쇄해 주지는 못한다.

외로움은 관계가 고통스럽다는 신호이다. 관계들은 '개별적'으로 오는데, 각각의 경우는 각기 다른 유익함이나 부담과 함께 온다. 우리가 외로울 때 느끼는 고통은 우리가 관계를 맺고 있는 세계의 어떤 부분에 불완전한 것이 있음을 지적해 준다.

결혼생활의 실패에 대해 느끼는 고뇌와 정치적 개혁을 위한 열정에 어떤 친구도 동참하지 않을 때 느끼는 실망감은 확실히 다르다. 그러나 이 두 가지 경우 모두 우리가 다른 사람들과 실제적으로 연결되어 있다는 유대감도 없이 표류하고 있다는 외로움이라는 불편함을 불러일으킬 수 있다. 외로움을 효과적으로 다루려면, 그 고통이 가리키고 있는 곳을 식별해야 한다. 우리가 어디에서 상처가 생겼는지 알고 있을 때 치료하기가 더 쉬워진다.

고독으로의 초대

부모의 죽음, 실직, 자녀의 독립이나 친구의 이사 등 삶에 자국을 남기는 많은 이별을 통해 우리는 혼자라는 사실과 마주한다. 우리로 하여금 집에서 멀리 떠나도록 이끄는 여정을 내딛게 하는 호기심, 분노나 슬픔과 같은 감정을 수반하는 이별에서 우리는 더 많은 것을 배운다. 그러나 우리가 혼자가 된다는 것은 무엇을 의미하는 걸까? 그것은 모험, 버려짐, 아니면 축복받은 구원을 의미하는 걸까?

외로울 때 우리는 자신에게 편안하지가 않다. 우리의 내적 세계는 좋고 나쁜 기억들, 실망과 위안, 죄의식, 그리고 후회 등 많은 것으로 이루어진 왕국이다. 이렇게 많은 불편한 것들과 마주하면서, 우리는 달아나고자 하는 유혹을 받는다. 이런 고통스러운 인식을 피하기 위해 우리는 무엇이라도 하려고 한다! 그러나 마음속에 가지고 있는 것들에 대해 여전히 불편함을 느낀다면, 우리는 홀로 될 때 어려움을 겪는다. 친구가 없거나 직장을 잃었거나 오락을 즐길 수 없을 때, 슬프거나 죄책감의 기억이 차올라 치명적 공허함이 다가올 것이다. 삶의 한 부분을 이루는 한계와 잘못을 가지고 살아가는 법을 배울 때, 우리는 자신에게 더 편안해진다. 우리는 과거에 경험한 개인적인 상처로 인해 얼룩진 우리 자신의 살아온 이야기 그대로를 더 이상 숨길 필요가 없어진다.

외로울 때 우리는 다른 소중한 사람들에게서 분리된다고 느낀다. 우리는 자신의 내적 자원들도 잃어버리는 것 같이 느낀다. 이와 같은 때에, 홀로된다는 것은 특히 고통스럽다. 그래서 우리는 분주하게 더 많은 일에 매달리고, 음악의 볼륨을 높이고, 계속 술을 마신다. 그러나 고독으로의 초대라는 다른 가능성이 있다. 고독 속에서 홀로된다는 것은 공포도 아니고, 자신에 대한 처벌도 아니다. 고요 속에서 더욱 편안해지면, 우리는 따로 떨어져 소중한 시간을 가지게 된다. 고독은 자기만족의 또 다른 이름에 불과한 것이 아니다. 오히려 그것은 정직함의 신호이다.

고독은 우리로 하여금 부재不在와 친해지도록 도와준다. 친구의 죽음에 따라오는 부재는 그와의 소중한 추억을 간직하고 있다 하더라도 상실을 받아들이도록 우리를 초대한다. 여기에서 부재는 감사와 희망을 불러일으킨다. 기도하는 사람이면 누구나 부재와 친해져야 한다. 어느 날 하느님의 부재가 우리의 기도보다 더 큰 소리를 낸다. 그러나 우리가 부재와 친하게 된다면, 하느님께서 가끔씩 침묵하셔도 우리는 낙담하지 않는다. 우리는 과거의 하느님께서 현존하셨던 것을 기억해 내고, 하느님께서 다시 돌아오시리라는 희망을 가진다. 우리는 기억과 희망 사이에서, 그 침묵을 참아 낼 수 있다.

고독에 대한 그리스도인의 성경

그리스도인은 성경에서, 특히 예수님과 그분의 동료들에 대한 이야기와 기억 속에서 고독에 대한 이야기를 본다. 복음서는 예수님의 삶 안에서 혹독한 고독에 대한 사건 두 가지를 이야기한다. 요한에게 세례를 받은 후, 공생활 초기에 "성령께서는 곧 예수님을 광야로 내보내셨다"(마르 1,12). 마태오와 루카는 마르코의 기록에 예수님께서 40일 간의 단식 끝에 '시장하셨다'(마태 4,2; 루카 4,2)는 내용을 덧붙였다. 사막은 실제적으로, 그리고 상징적으로 일상생활과 친구들에게서 멀리 떨어져 고독의 요구를 충족시키는 곳이다. 이렇게 사회 활동을 중단함으로써 '사람들에게서 멀리 떠나신' 예수님께서는 내적으로 동기를 부여하고 앞으로의 여정을 위한 당신의 자원을 점검하신다.

마르코 복음서는, 예수님께서 당신의 죽음에 가까이 다가가셨을 때 짧지만, 더 끔찍했던 고독에 대해 기록하고 있다. 친구들에게서 떨어져 나와 십자가에 매달리신 예수님께서는 "저의 하느님, 저의 하느님, 어찌하여 저를 버리셨습니까?"(마르 15,34)라고 외치셨다. 이러한 그분의 고백은 신자들을 놀라게 한다. '하느님의 사랑을 받는 아드님이신 예수님께서 어떻게 그렇게 비참한 느낌을 가질 수 있으셨을까? 어떻게 그러한 혼미함과 황량함을 경험할 수 있으셨을까?' 그러나 성경에 기록된 대로 그분께서는 그러셨고… 그것은 예수님의 삶과 우리의 삶에 중요한 의미를 지닌다.

사막에서의 외로움과 서서히 다가오는 죽음 앞에서의 황폐함이라는 두 기억 사이에서뿐만 아니라 고독에 대한 다른 이야기들도 성경을 채우고 있다. 예수님께서는 선지자 세례자 요한의 죽음 소식을 들으셨다. "이 말을 들으신 예수님께서는 거기에서 배를 타시고 따로 외딴 곳으로 물러가셨다."(마태 14,13) 슬픔에 잠기신 예수님께서는 사람들에게서 벗어나 잠시 혼자 계시기 위해 떠나실 필요가 있었다. 그러나 사람들이 그분 곁을 떠나려고 하지 않았기 때문에, 고독에 대한 그분의 소망은 방해를 받았다. 예수님께서는 사람들에게 말씀하시고 나서야 그들에게서 벗어나실 수 있었다. 예수님께서는 마침내 "따로 기도하시려고 산에 오르셨다. 그리고 저녁때가 되었는데도 혼자 거기에 계셨다"(마태 14,23).

우리처럼 예수님도 조용히 머무실 시간, 이것저것 생각하실 시간, 분주하게 돌아다니거나 군중들과 함께 있을 때에는 되짚어볼 수 없는 문제들을 곰곰이 생각하실 시간이 필요했다. 예수님처럼 우리도 다른 사람들과 함께 사는 법을 배우는 동시에, 그들에게서 떨어져 지내는 법을 배우면서 친밀함과 고독에 대한 훈련을 발전시킬 필요가 있다. 성경은 우리로 하여금 외로움의 시간을 가지도록 주의를 환기시킨다. 이 고통스러운 경험은 훨씬 더 풍요로운 방식으로 삶을 받아들이도록 가르쳐 줄 것이다.

다른 사람들이 있는 가운데 홀로

심리학자들은, 아이들이 엄마가 자신이 아니라는 고통스러운 발견을 하기 시작하는 유아기의 성장 과정에 대해 오래도록 관심을 보여 왔다. 영국 심리학자 도날드 W. 위니캇 Donald. W. Winnicott은 아이들에 대한 당대의 유명한 일련의 연구를 지휘했는데, 아이들이 부모에게서 분리될 때의 반응을 관찰했다. 위니캇은 새로운 장난감과 가지고 놀기에 익숙하지 않은 사물을 다른 물건들과 함께 방 한쪽 구석에 세워 두었다. 그 방의 다른 쪽 구석에는 아이에게 지시를 하거나 아이의 행동을 간섭하지 않도록 미리 지침을 받은 아이의 엄마를 앉아 있게 했다. 이렇게 부모가 떨어져 있는 상태로 함께 있을 때, 위니캇은 아이들이 자기 주위에 있는 새로운 물건에 아주 빨리 열중하고, 호기심을 보이고, 자발적으로 무엇을 해야 할지 즐겁게 결정한다는 것을 발견했다.

위니캇은 이런 환경을 아이의 인지와 정서 발달에 중요한 '수용적 환경'이라고 했다. 위니캇에 의하면 아이들은 엄마가 언제라도 '위험을 막아' 줄 수 있는 보호자로 방에 함께 있다는 것을 인지한다고 한다. 엄마는 방해를 하지 않는다. 엄마는 서성거리지도 않고, 아이의 행동에 이런저런 지시도 하지 않는다. 부모가 함께하고 있지만 조금 떨어져 있으면, 아이는 특별한 형태로 '혼자 있음'을 경험한다. 이런 배경에서 아이는 집중하고 노는 법을 배운다. 위니캇은 이런 발달상의 중요한 의미를 지닌 경험을 '다른 사람들이 있는 가운데 홀로' 있는 것이라고 설명했다. 이런 열린 환경의 공간에서 아이는 자신의 자원을 발견해 간다. 아이는 홀로 있을 수 있는 능력을 키워 나가며 고독을 익히고 있는 중인 것이다.

위니캇은 이런 초기 경험들, 곧 '다른 사람들이 있는 가운데 홀로' 있는 경험을 하지 못했던 아이들은 집중하고 놀고 모험하는 것을 배우기가 매우 어렵다는 점을 발견했다. 그들은 혼자 있는 것이 편안하다는 사실을 아는 데 어려움을 겪는다. 영적으로 예민한 사람들은 분리되어 있지만 함께한다는 이런 심리적 상태와 하느님과의 관계 사이의 유대를 인식할 것이다. 하느님의 뚜렷한 현존을 느끼는 그런 영광스러운 순간을 예외로 하고, 우리는 종종 우리의 기도가 '다른 사람들이 있는 가운데 홀로' 있는 것과 같은 것이라고 느낀다. 우리는 우리의 삶 안에 그분이 언제나 즉시 눈에 보이게 나타나는 분은 아니지만, 그럼에도 불구하고 '위험에서 보호해 주시기 위해' 여전히 현존해 계신 그분과 점점 친밀해져 간다.

외로움에서 배움

외로움은 더 이상 도움이 되지 않는 것들을 놓아 주게 하면서, 우리가 기대하는 것들을 정화하도록 우리를 초대한다. 그러나 우리에게 도움이 되는 외로움에 대해서, 곧 외로움에 대한 느낌을 일상의 한 부분으로 받아들이도록 배워야 한다. 이 감정은 우리의 결함을 알려 주는 자동적인 신호도 아니고, 또한 언제나 끔찍하고 심신을 약화시키는 것도 아니다. 그것은 단지 외로움일 뿐이다.

외로움의 가치를 인식하게 되면, 우리는 또한 그 육체적 요구도 의식하게 된다. 외로워지는 것은 육체적으로나 정신적으로 우리에게 경종을 울린다. 외로움에 대한 성숙한 응답은 자신에게 잘하려는 노력을 포함한다. 여기에서 제안하는 것은 과식이나 과음을 하거나 과도한 섹스를 하는 것이 아니다. 자신에게 잘한다는 것은 자신이 좋아하는 활동을 하며 시간을 보낸다는 뜻이다. 따뜻한 목욕을 하거나 편안한 마사지를 받으며 즐겁게 지내거나 특별한 음식을 준비하거나 자신을 이해해 주는 친구와 만난다는 의미이다. 이런 작은 '잔치'에서 우리는 외로움에서 비롯된 불가피한 단식에 균형을 맞춘다.

외로움의 가치를 깨닫게 되면서, 우리는 외로움을 잠재적 동반자로 인식하게 된다. 외로움은 자기 자신에게 더 가까워질 수 있는 좋은 방법, 진정한 자신에게 더 어울리는 방법, 우리의 삶에 함께하는 사람들에게 더 적합한 방법, 자신의 가장 깊은 가치를 더 잘 표현하는 방법, 우리와 파트너들에게 더 가치 있는 그 어떤 방법을 가르쳐 줄 수 있다.

외로움은 우리로 하여금 행동하도록 재촉한다. 이런 강한 감정에 의해 움직여진 우리는 자신을 열고 공감하는 방법을 배우고, 더 적극적으로는 갈등과 마주하는 용기를 되찾는 등 효과적으로 행동 범위를 넓히기 위한 방도를 찾는다.

그리고 외로움은 우리에게 인내를 가르쳐 준다. 심리학자 에릭 에릭슨은 "우리 모두를 인내하게 만드는" 그러한 발달 단계의 위기에 대한 연구에 일생을 바쳤다. 진정한 인내는 수동성이나 자기 연민과는 거의 관계가 없다. 더 강한 자원인 인내는 우리로 하여금 흔들리지 않고 우리의 격정과 고통에 관심을 기울이게 한다. 인내의 덕은 우리로 하여금 그 메시지를 알 수 있을 만큼 충분히 오랫동안 고통을 참아 내도록 준비시킨다. 외로움의 감정은 이런저런 때에 "우리 모두를 참을성 있게 만든다". 인내하는 법을 배우면서 우리는 이 감정을 애정의 동반자로 받아 안을 수 있다.

고독의 시기

성숙한 상호관계를 위해 자신의 능력을 발달시키는 것은 고독의 경험을 필요로 한다. 그러나 영국의 심리학자 애덤 필립스가 경고하듯이 "고독은… 잠재적으로 치명적인 여정'이다. 이 여정에서 외로움은 자신과 같은 부류의 다른 사람들로부터 너무 멀리 떨어져서는 잘 살 수 없다고 경고한다. 그러나 외로움 때문에 우리가 보금자리로 서둘러 돌아가야 한다고 주장하는 것은 아니다. 강요된 것이건 스스로 선택한 것이건 우리의 분리는 자양분의 중요한 원천으로부터 떨어져 나가는 위험을 무릅쓴다는 것을 상기시켜 준다.

우리가 집에서 멀리 떨어져 나가는 모험을 하겠다는 용기를 낼 때, 우리는 우리의 내적 힘을 얼마나 가지고 있는지 시험하게 된다. 우리의 소망은 그 과정에서 이런 자원에 의지할 수 있음을 보여 주는 것이다. 우리는 자신의 독특함에 편안해질 수 있는 고독을 추구한다. 필립스가 환기시키는 바에 의하면, 고독은 우리를 '개인의 자유를 되찾는 쪽으로' 움직이게 하는 '사람들로부터 물러나는 것'을 인식하는 것이다. 홀로 된다는 것은 때때로 상실을 의미한다. 다른 경우에는 우리를 양육하는 개인의 자유를 의미할 수도 있다. 그리스도인으로서 우리는 쉽게 창세기의 말씀을 떠올린다. "사람이 혼자 있는 것이 좋지 않다."(창세 2,18) 그러나 삶은 그에 대한 역설을 말해 준다. 혼자 있는 것이 아주 좋을 때가, 또 다른 사람들로부터 자신을 분리시키는 것이 필요하고 유익할 때가 있다. 이 또한 외로움이 주는 교훈이다.

애덤 필립스는 고독에 대한 중요한 시기로, 곧 어린아이에서 어른으로 이동하는 불안한 과도기를 청소년기라고 지칭했다. 한 아이는 자기를 감싸고 돌보아 주는 부모의 존재로부터 점점 분리되는 경험을 하면서, 이제 10대의 어색하고 종종 반항적인 모습을 보인다. 청소년들은 갑자기 부모를 어색해 한다. 그들은 사람들이 많은 곳에서 부모와 함께 있거나 심지어는 다정한 포옹이나 키스를 받는 모습을 보여 주고 싶어 하지 않는다. 그들이 아직은 어떤 것도 스스로 부모를 대신할 수 없다고 해도, 부모의 가치관이나 관심사에 반대할 필요가 있다고 느낀다. 청소년이 지니는 일반적인 문제는 따분함이다. 외로움처럼 따분함도(집이나 학교나 나라에서) 현 상태에서 일어나는 사건들에 대해 만족하지 못하고 있음을 알리는 사회적 신호이다. 따분함은 할 만한 가치 있는 것이 아무것도 없다는 냉혹한 판단을 전해 준다. 10대들은 종종 나이든 사람들의 관심에 대해 불만을 품는다. 자신들이 무엇을 하고 싶어 하는지를 아직 알지 못하기 때문에, 청소년들은 종종 자신들이 하고 싶어 하지 않는 것이 무엇인지에 대해서만 확실히 알고 있다. 그들은 어린 시절과의 작별을 따분함이라는 단어로 말한다.

치료 과정에서 필립스는 종종 자신의 자녀들은 결코 따분해 하지 않는다고 확신하고 있는 것처럼 보이는 부모들을 만났다. 자녀에게 관심이 없다는 비난을 받지 않기 위해서 부모들은 음악 수업, 무용 연습, 축구 경기 등으로 그들의 스케줄을 꽉 채워 넣었다. 필립스는 부모들에게 따분함을 수치스러운 것이 아니라 성장 과정의 이정표로 이해해야 한다고 충고한다. 청소년은 성인생활을 위한 본질적인 유도 장치인 자기 정체성을 끊임없이 찾기 시작한다. 따분함 속에서 청소년은 기다리고 있다고, 혼자 힘으로 기다리고 있는 중이라고 알린다. 이런 어려운 시기에 부모들은 그들을 '정신없게 만들면서 고의로 그 따분함을 방해할' 것이 아니라, 이런 기다림이 불러일으키는 불편함에도 불구하고 청소년들이 스스로 그곳에서 걸어 나올 수 있도록 기다려 주는 환경을 제공하도록 도전받는다.

중년기 고독의 놀라움

심리적으로 이해력을 지닌 어른으로서 우리는 청소년들이 독립하고자 하는 욕구를 보일 것이라는 예상을 한다. 곧 우리는 그들이 이따금씩 사생활을 보호하고 고독을 찾으려는 힘겨운 노력을 하고 있다는 것을 인정한다. 그러나 우리는 종종 중년기에 이르러 진지하게 책임 맡은 일을 하고 있는 가운데 갑자기 외로움의 고통스러운 시기에 있는 자신을 발견하고는 매우 놀란다. 우리가 실망하는 한 부분은 자녀나 가족이나 친구들에게 둘러싸여 있을 때조차도 거의 혼자라고 느끼는 것이다. 이때의 외로움은 전적으로 제자리를 벗어난, 잘못된 것으로 보인다. 우리가 주관한 치료 과정에 참여한 사람들이 자신의 경험에 대해 이야기한 내용을 들어 보자.

요즈음 들어 균형을 잃은 듯한 나는 외로운 느낌이 들었다. 배가 너무나 고프고 심장에 통증을 느끼며 어둠이 나를 휘감는 느낌이다. 다른 사람들이 필요하다는 것에 압도되는 느낌이지만, 그들은 나를 충족시켜 주지 못한다. 나 자신을 계속 내주면서 나는 진정한 나로부터 멀어지고 있다고 느끼기 시작했다.

그녀가 느끼는 중년의 외로움의 실마리는 '균형을 잃은 듯하다.'

와 '진정한 나로부터 멀어지고 있다.'라는 두 구절에서 찾아볼 수 있다. 다른 시기에서처럼, 중년기에는 외로움이 중요한 관계가 위험해 처해 있다고 알려 주는 신호 역할을 한다. 어떤 이들에게 중년의 외로움은 사랑하는 사람의 죽음에 뒤이어 오거나, 이사와 같이 친구들과 헤어지게 되는 지리적인 이동처럼 상황적인 것으로부터 오기도 한다. 이와 같은 외로움은 고통스럽지만, 적어도 이해할 수는 있다! 우리는 그 고통의 근원을 알 수 있다. 그러나 다른 사람과의 관계와 무관한 것처럼 보이는 중년의 외로움이 있다.

다른 치료 과정에 참여한 사람의 경험을 들어 보자.

30대 중반에 나는 평화 봉사단으로 외국에 가서 아이들을 가르치는 어릴 적 꿈을 추구하고 있었다. 나는 즐겁게 일했고 동료들과 친구들을 좋아했다. 그러던 어느 날 기차를 타고 수도首都로 가는 도중에 갑자기 끔찍한 외로움에 사로잡혔다. 이 외로움은 어디에서 왔을까? 나는 실마리를 찾을 수 없었다. 그 기분은 두 달 동안 지속되다가 사라졌다.

20년이 지난 후 자신의 삶을 되돌아보다가, 그는 그 순간이 그가 지니고 있던 이전의 이상理想과 그가 하고 있는 업무가 서로 조화를 이루지 못함으로써, 그의 삶이 전혀 다른 방향으로 나아가고 있었음을 알려 주었다는 것을 알 수 있었다.

아마도 나의 외로움은 내 안에서 일어나는 갈등의 신호였을 것이다. 그것은 내가 이전의 자기self, 내 인생의 오래전 시기에 결정했던 꿈에서 멀어지고 있다고 나에게 말해 주고 있는 것 같았다. 이런 고통스러운 느낌은 내가 선택하려고 하는 새로운 방향을 확실하게 하라는 경고였을 것이다.

　　이 사례들은 발달 단계의 외로움을 보여 주는 것들이다. 외로움은 이제 여러 가지를 경험해 온 어른에게 새로운 희망을 일깨워 주고, 이런 희망들이 유발하는 긴장을 표현하면서 필연적으로 동요를 일으킨다. 이런 고통스러운 외로움은 가치와 업무를 내적으로 재정립하라는 도전에 직면하도록 우리를 초대한다. 그것은 우리 삶을 다시 완전하게 만들도록 우리를 초대한다.

　　때때로 외로움은 약간은 다른 발달 단계의 위기에 대한 신호이기도 하다. 우리 중 많은 이가 가족이나 종교적 유산에 의해 세워진 높은 이상으로부터 유익함을 얻는다. 10대나 20대 초반에는, '주고 대가를 바라지 않는다.'는 이런 이상이 우리로 하여금 더 너그러워지도록 도전 의식을 불러일으키며 삶의 지평을 넓혀 준다. 그러나 세월이 흐른 후 우리는 대가를 지불하지 않으면 더 많은 대가를 치러야 한다는 사실을 깨닫게 된다. 젊은 시절의 이상은 우리에게 계속 동기를 부여하지만, 이제 그것은 격려보다는 수준이나 정도를 높이는 기능을 하는 것 같다. 다른 사람을 돌보는 것과 자신을 돌보는 것 사이의 이런 불균형이 때때로 외로움으로 나타난다.

　　중년의 외로움은 또한 오래오래 숨겨진 상처가 이제는 관심을 가져 달라고 요구하며 의식 속에 다시 나타날 때 일어난다. 이는 '잊혀졌던' 그러나 너무도 깊이 새겨진 어린 시절의 상처, 곧 학대받았던 경험일 수 있다. 의식하지는 못했지만 부정하기 위해 상당한 에너지를 소모했던 이 상처는 수십 년 동안 내면에서 곪고 있었다. 이제 중년이 된 그는 새롭고 더 많은 것을 열망하기 시작한다. 상처받은 아이는 어린 시절의 학대를 인식할 정도로 충분히 강하고 더 자신감 있는 어른으로 성장했다. 이렇게 분명해진 인식은 자신이 살아가는 데 익혀 왔던 '습관적인 자기'를 불안하게 한다. 그 모든 위협과 함께 이런 회복의 조짐은 종종 극심한 외로움의 사건 속에서 처음으로 그 모습을 드러낸다.

이런 중년의 외로움의 시기는 종종 우리를 완성의 문턱으로 데리고 간다. 우리는 자신의 삶의 신비와 함께 더 완전하고 더 순수한 관계를 추구하고 있다. 자신과 덜 반목할수록, 우리는 일에 덜 몰두하게 되고 친구들로부터 덜 멀어지게 된다. 자기 방어에 소비했던 힘은 이제 자유로워진다. 이렇게 외로움에서 고독으로 가는 여정은 계속된다.

노령화와 고독

"가정은 한 사람이 시작하는 장소이다."라고 엘리엇은 말한다. "나이가 들어감에 따라, 세상은 더욱 낯설어진다." 노령화는 고독으로의 새로운 초대를 한다. 우리가, 혹은 우리와 가까운 사람들이 새로운 장소로 이동함에 따라 우리의 관계들도 달라진다. 오랜 친구가 세상을 떠남으로써, 외로움은 더욱 친숙하게 다가온다. 우리가 새로운 사람들을 만나기 위해 손을 뻗칠 때조차도, 우리는 오랜 세월 동안 공들여 왔고 경험을 같이 나누어 왔던 관계를 대체할 수 없음을 깨닫는다. 우리는 새로운 '옛 친구'를 만들 수 없다. 우리 중 어떤 이들은 사랑하는 사람이 치매의 어두운 여정에 들어감으로써 오랫동안 외로움을 겪는다.

나이가 들어가면서 마주치게 되는 많은 도전을 우리는 이미 직면해 왔다. 그러나 노년기에 들어서면서 이런 것들은 약간 다른 모습으로 다가온다. 청소년기에 그런 것처럼, 나이를 먹으면서 자신의 몸에 대해 관심이 더 많아진다. 60대를 지나면서 근육과 관절의 유연성이 떨어진다는 사실을 알게 된다. 70대에 들어서면서 기억 상실에 대해 더 많은 걱정을 한다. 80대가 되면 에너지를 비축하는 데 주의를 기울인다. 의문이 생긴다. '내가 경험하는 육체적 변화에 대해 반응하면서 나는 어떤 순응을 해야 하는 것일까? 내가 내 몸을 의지할 수 있을까? 여전히 신뢰할 수 있을까?'

70대와 80대는 따분함이라는 새로운 경험으로 우리를 놀라게 한다. 젊은이들을 매혹시키는 많은 흥밋거리가 이제 우리에게는 사소하고 중요하지 않은 것처럼 보인다. 우리는 잠시 손자들과 있는 것을 즐긴다. 그러나 집에서 자신의 관심거리에 따라 선택된 일상의 것들을 더 즐긴다. 고독을 점점 더 좋아하는 것은 소외되는 것이 아니라 그윽한 침묵을 즐긴다는 것을 의미한다. 홀로 있을 때 때때로 슬픔이 끼어들지만, 더 편안함을 느낀다. 이런 그윽함은 단순히 자축하는 경험이 아니다. 성숙한 고독은 과거에 실패했거나 완성하지 못했던 모든 것을 부인하는 것이 아니라, 오히려 우리가 특별하고 독특한 존재라는 인식에서 오는 평화를 가져다준다. 시인 세이머스 히니 Seamus Heaney에 의하면 우리는 "세계적인 상처를 받고 세계적인 기술을 가진" 우리 자신에게 감사해야 한다고 말한다.

물론 이런 고독의 여정은 결코 완성되지 않는다. 우리는 자신이 누구였는지 그리고 우리가 여전히 어떤 사람이 되어야 하는지 온전히 헤아릴 수 없다. 그러나 충분한 축복을 받은 우리는 마침내 자신과 자신의 세계를 신뢰하게 되고, 내적 생활의 조화롭지 못한 움직임을 참아 내고, 자신과 다른 사람들이 단지 사람인 것에 대해 감사하게 된다. 친구들이 죽고 세상이 변화함에 따라 우리는 다시 그리고 더 깊이 자신의 독특함과 심지어는 혼자임을 경험하게 될 것이지만, 그 기분은 소외나 박탈감이 아니다. 대신 우리는 자유롭게 개인의 자유를 재충전하는 순간을 소중히 간직하고, 고독의 평온한 힘을 자유롭게 즐기게 될 것이다. 왜냐하면 우리는 당신의 죽음에 그리고 당신의 죽음을 통해 충실히 사명을 따르신 또 다른 분의 면전에 있다는 것을 알기 때문이다.

감정
스케치

잠깐 동안의 기분이었거나, 또 문제가 있는 관계에 대해 점점 더 많은 관심을 갖게 되었거나, 또 '개인의 자유를 충전하는' 경험을 한 것처럼 당신이 혼자가 되었다고 예민하게 인식했던 최근의 일을 떠올려 보십시오. 어떤 생각 때문에, 어떤 느낌 때문에, 어떤 결정 때문에, 어떤 행동 때문에 이런 생각을 하게 되었습니까?

이제 생각해 봅시다. 이 시기의 그대의 삶에 고독이 얼마나 진실한 것이었습니까? 어떤 훈련이나 수련이 고독을 경험하는 데 도움이 되었습니까? 고독이 그대에게 어떤 선물을 가져다주었습니까? 그리고 지금 그것이 그대에게 어떤 도전을 하게 합니까?

친구로서 두려움 발견하기

> 그는 진실이다.
> 그를 불안의 왕국에서 찾아라.
> 당신은 여러 해 동안 당신의 회귀를 고대하는
> 위대한 도시로 올 것이다.
> — 위스턴 H. 오든 W. H. Auden

두려움은 위험이 가까이 있다는 것을 알려 준다. 때때로 이러한 전조는 우리에게 아주 좋은 역할을 하며, 우리를 진짜 해로운 것으로부터 보호해 준다. 그러나 불안은 흔히 우리를 잘못 이끌고, 새로운 가능성을 차단시키고, 에너지를 쇠진시키며, 삶의 기쁨을 앗아 간다.

초기 경고 체계로서 두려움은 상당한 가치가 있다. 두려움은 여전히 보호를 받거나 위협을 피할 수 있는 시간을 주는데, 대비하지 않으면 해를 입을 수 있다는 것을 예보한다. 그때 두려움은 실제로 동맹군이 된다. 그러나 내버려 둔다면, 두려움은 새로운 가능성을 차단하고 삶을 머뭇거리게 하는, 장벽으로서의 기능을 하기 시작한다. 두려움은 또한 거짓 경고에 쉽게 상처를 입게 하며, 우리에게 해가 되지도 않을 경험을 못하게 한다.

감정으로서의 두려움

두렵다는 것은 신체적인 그리고 심리적인 반응 모두를 포함한다. 두려움의 기본적인 생리 현상은 공통적이긴 하지만, 사람들은 각기 다른 신체적인 반응을 보인다. 우리 가운데 많은 사람이 가슴이 뛰고 숨이 차며 손바닥에 땀이 난다는 것을 알고 있다. 어떤 사람들은 다리가 후들거리고, 또 어떤 사람들은 위경련이 일어난다. 근육이 긴장되고, 동작이 굼뜨게 된다. 우리는 평정을 잃거나 혼란스러워 하고, 정신을 집중하기가 어렵게 된다. 그리고 이러한 신체적인 반응들과 함께 극도의 고통스러운 기분이 뒤따라온다. 우리는 공격에 쉽게 상처를 입고, 위험에 직면하여 무기력해지고, 위협적인 힘에 적대감을 느끼게 된다.

그러나 두려움이 항상 불쾌한 것은 아니다. 두려움을 일으키는 공포 영화가 상업적으로 성공하는 것과 놀이 공원에 있는 아주 아찔한 기구 앞에서 사람들이 표를 사려고 애쓰고 있는 긴 줄을 생각해 보라. 두려움은 생리학적인 쾌감으로 몸을 충전시켜 준다. 많은 사람이 영화관과 같은 보호된 환경이나 안전한 기구를 통해서 이 신체적인 자극을 찾고 음미한다.

위험할 때 우리는 주의를 집중하게 된다. 위험은 우리를 혼란스럽게 하기보다는 예리하게 지각하게 하고, 자신과 환경에 더 주의를 기울이게 한다. 두려움을 느끼는 것은 감각을 되살려 우리를 움직이게 하며, 정신을 바짝 차리게 한다. 이러한 자극에 사로잡혀 몸과 마음이 충전된다. 우리는 살아 있음을 느낀다! 두려움은 위험으로부터 달아나도록 재촉한다. 우리의 반응은 위험으로부터 벗어나기 위해서 숨거나 도망가는 것이다. 또는 위협에 맞서거나 이겨 내기 위해 다가갈 수 있다.

어떤 경우에서든 목적은 똑같다. 임박한 해악으로부터 우리 자신(또는 우리가 가치 있게 생각하는 어떤 것)을 보호하려는 것이다.

두려움은 미래 지향적으로, 앞으로 일어날 일을 예고한다. 그러나 두려움이 보내는 예보는 항상 부정적이다. 두려움은 미래가 고통스러울 거라고 예고한다. 실제적인 위험을 피하도록 우리를 준비시키는 데, 두려움이 보내는 사전 경고는 우리에게 유익하게 작용한다. 그러나 두려움이 세상을 잘못 해석할 때(실제로 기다리고 있는 것보다 더 큰 해악을 예상하거나 위협에 대처할 수 있는 우리의 힘을 과소평가하는 것) 그것은 우리에게 나쁘게 작용한다.

두려움은 환경이 안전하지 않다는, 그리고 우리의 자원이 충분하지 않다는 이중의 경고를 보낸다. 우리는 늘 이런 식으로 해석할 수 있다. 곧 우리는 예상하지 못하거나 익숙하지 않은 것은 위험할 거라고 생각하기 시작한다. 지금 우리는 미래가 고통스러울 거라고 예상한다. 이런 식으로 불안을 정박시킬 때, 두려움은 우리를 지배하게 된다. 더 이상 위급한 상황에 응답하지 못하고, 염려가 일상화된다.

두려움으로 인한 신체적 흥분은 우리 몸에 활기를 넣어 주고, 위험한 상황에서 보호해 줄 행동을 우리에게 지원하려는 것이다. 그러나 흥분 자체가 너무 압도적이어서, 우리는 두려움이 지니고 있는 진정한 정보와 접촉하지 못하고 적절한 어떤 응답을 못하게 된다.

발달 도식에서 보면, 두려움은 위급한 감정으로 갑작스러운 위협으로 인해 생기고, 신속한 대응으로 해결된다. 화가 나는 것과 같이, 두려워하는 것은 위협적인 환경에 대한 자기-보호 응답이다. 그리고 흔히 두 감정을 함께 경험하게 된다. 그러나 그것들은 각기 다른 해석을 하게 한다. 화는 힘(나는 이런 받아들일 수 없는 상황을 개선하기 위해서 조치를 취할 수 있어), 그리고 옹호(여기서 내가 하고 있는 행동은 옳은 거야), 특권 의식(나는 더 월등하게 대우받아야 해)을 전달한다. 두려움은 더 흔히 취약점(나는 위험에 처해 있어), 무기력증(내가 갖고 있는 자원은 충분하지 않아), 무력감(내가 할 수 있는 것은 아무것도 없어)을 전달한다.

무엇이 두려움을 일으키는가?

우리의 친근한 세상이 혼란스러워질 때, 우리의 힘이 더 이상 충분하지 않을 때, 우리는 두려워한다. 이 두 경험의 뿌리에는 통제라는 문제가 있다. 통제감은 심리적 성숙에 있어서 중요한 것이다. 우리가 환경의 단순한 희생자 이상이라고 인식하는 것, 우리가 자신의 행동에 책임이 있다는 것을 인정하는 것, 상황에 기꺼이 책임을 지고 사건들에 영향을 주려고 하는 것, 이러한 것들은 중요하지만 쉽게 이루어지지 않는 일들이다. 대처할 수 있는 자원이 부족하다면, 우리는 일상의 삶에 존재하는 딜레마에 빠져 당황하게 된다.

통제력은 개인의 강점에 대한 자각을 포함한다. "내가 가진 자원은 나의 삶에서 예상할 수 있는 도전들을 충족시키기에 충분하다. 나는 전능하지 않다는 것을 안다. 때때로 나는 나의 용기와 탈렌트 그리고 기술을 능가하는 현실에 직면한다. 그러나 모든 것을 고려해 보면, 나는 잘 대처할 수 있을 정도로 충분히 강하다."

이러한 힘의 균형이 위태로운 것처럼 보일 때마다 두려움이 일어난다. 위험은 신체적인 것일 수 있다. 밤에 낯선 도시를 혼자 걸을 때, 우리는 자신의 안전에 대해 염려한다. 홍수나 지진으로 재난을 당하게 되면, 우리는 자연의 무작위한 힘에 압도당한다. 고속도로에서 목격하는 끔찍한 사고는 자신의 생명을 안전하게 지키려는 우리의 시도를 조롱하는 듯하다. 각 경우에 우리는 자신을 보호하기에는 충분하지 않은 자신의 자원을 감지하게 된다. 힘의 균형이 우리를 거스른다. 우리는 실제로 통제하지 못한다.

신체적 안전에 대한 위협들은 매일 전 세계의 수백만 사람을 두렵게 한다. 대중매체들은 질병과 기근이 걷잡을 수 없이 퍼지고 있는 곳, 민족 간의 증오가 내전의 잔악한 행위들을 부추기는 곳, 테러와 자기와 반대 의견을 가진 사람을 탄압하려고 고문이 자행되는 곳에서 오는 잔인한 징후들을 보도한다. 폭력이 난무하는 곳에서 멀리 떨어진 안전한 곳에서도, 폭력에 대한 경보가 울린다. 그러나 점점 더 많은 미국인은, 신체적인 해악에 대한 두려움이 우리의 가정으로 더 가까이 성큼 다가오고 있음을 알고 있다. 전 국민은 가정 폭력의 위험에 처한 여자들과 아이들, 가족 구성원이나 돌보는 사람들에게서 신체적 학대를 받고 있는 노인들, 이민자들, 동성애자들에 대한 증오로 인한 범죄가 급격히 증가하고 있음을 증언하고 있다. 그리고 범국민적 차원에서 자기 보호를 위해 총을 소지하는 사람들이 늘어나고 있음에 대해, 이제는 그 사실 자체로 그들 스스로 신체적 안전에 대한 두려움이 증가하는 중요한 원인이 되고 있음을 알고 있다.

신체적으로 해를 입을 것에 대한 두려움이 높은 관심사가 되고 있는 반면에, 또 우리를 아주 크게 위협하는 불안은 우리가 맺는 사람과 사람 사이의 관계에서 일어난다. 여기서 위험에 처한 것은 신체적 안전이 아니라 심리적 안전 보장이다. 영국의 심리학자 존 볼비John Bowlby의 탁월한 업적은 두려움이 주는 메시지를 파악할 수 있는 방법을 제시함으로써 안전과 안전 보장 사이의 차이점을 명확히 한 것이다.

볼비가 그 용어에 대해 정의내린 것처럼, 안전은 우리가 직면하는 객관적인 위험들을 해독하기 때문에, 우리의 환경이 실제적인 위험이 전혀 없는 상태를 말한다. 안전 보장은 개인적인 취약점에 대한 우리의 느낌, 곧 우리가 상처 입을 것 같다는 우리의 자각을 평가한다. 그래서 우리는 우리에게 이용 가능한 자원들이 우리가 대면하는 위험보다 더 강하다는 것을 알 때, 우리는 안심하게 된다. 볼비가 정의한 것처럼 이러한 용어들 안에서, 우리는 안전하지 않은 환경들에서도 안심할 수 있다(그리고 물론, 사실 우리의 안전이 위협받지 않는 환경에서도, 우리의 안전이 보장되지 않을 수 있다).

집 마당에서 혼자 놀고 있는 어린아이의 예를 들어 보자. 아이의 부모는 둘 다 집안에 있으면서 아이가 잘 놀고 있는지 보려고 번갈아 가며 문을 열고 내다본다. 안전하게 담이 처져 있는 이웃 마당은 늘 조용하다. 그러나 이번 주말에는 이웃집 대학생인 아들이 새로 산 애완견(아주 크고 사람을 좋아하는)을 데리고 잠깐 집으로 돌아와 있다. 어린아이가 담장에서 약간 떨어진 곳에서 노는 데 정신이 팔려 있을 때, 이웃집 아들이 마당에 개를 풀어놓는다. 마당의 담장을 뛰어오르며 반갑다고 짖으면서 그 커다란 개가 아이를 놀라게 한다. 큰 개에 놀란 아이가 주저앉아 큰 소리로 운다. 아이 아빠가 밖으로 달려 나와 아이를 가슴에 끌어안고 달래면서 재빨리 상황을 파악한다. 아이는 다치지 않았고, 이웃집 아들이 밖으로 달려 나와 나대는 개를 진정시킨다. 개는 전혀 위험하지 않고 아주 다정스럽게 앉아 있다. 아이 아빠는 담장으로 걸어가며, 팔에 안긴 아이에게 이야기한다. "착한 개를 볼래? 아주 크지! 가서 안녕하고 말해 봐! 개가 우리와 친구가 되고 싶은가 보다." 아빠 팔에 안겨 편안해진 아이는 조심스럽게 담 쪽을 본다. 더 가까이 다가가자, 아이는 아빠를 보고 웃으며 팔에서 내려와 개에게 관심을 갖는다. 이제 개에게 관심을 보이며, 흥분한 아이는 손을 뻗는다. "착한 개를 만져 볼래?" 아빠가 얘기한다. "착한 개를 쓰다듬어도 되는지 옆 집 아저씨에게 물어보자." 이제 환경이 바뀐다. 아이는 더 이상 놀라지 않고, 바로 전에 자신을 놀라게 했던 힘이 넘치는 동물을 만져 보려고 팔을 뻗는다.

여기서 무슨 일이 일어난 것일까? 볼비의 분석을 통해 우리는 중요한 교훈을 얻는다. 아이는 위험한 곳에서도 두려워할 필요가 없다는 것을 배우고 있다. 환경이 안전하지 않은 것처럼 보일지라도, 아이는 안심할 수 있다. 중요한 차이는 진심으로 아이의 안녕을 우려하면서 보호해 주는 사람이 있다는 것이다.

우리가 모두 볼비의 이 두 가지 용어에 대한 정의에 동의하지 않을 수는 있지만, 그 차이점에 있는 진실을 인정할 수는 있을 것이다. 심리치료사 윌러드 게일린은 "삶의 첫해에 얻는 불변의 교훈은 사랑받는 아이는 안전하다는 것이다. … 가장 위험한 것은 약한 것이 아니라 사랑받지 못하는 것이다."라고 했다. 이는 성인의 삶 전반에서도 확인되는 교훈이다. 가장 무서운 것은 위험한 상황에 있는 것도, 약한 상태에 있는 것도 아니다. 우리가 가장 두려워하는 것은 버림받는 것이다. 곧 혼자가 되는 것이다.

심리학자들은 성인의 삶 전반에 걸쳐 원숙한 관계, 곧 우리가 자신의 나약함을 인정하고, 서로 보호하고 돌보는 가까운 관계가 지속적으로 중요하다는 것을 확인한다. 이와 같은 관계가 없다면, 우리는 성장하지 못한다. 이러한 관계가 없다면, 세상은 더 무서운 곳이 된다.

그때 그 관계들이 그렇게 염려하는 상황을 만들어 낸다는 것은 그리 놀라운 일이 아니다. 대인 관계의 위협은 우리가 사랑하는 보호자로부터 분리되었다고 느낄 때마다 일어난다. 심각한 분열(배신, 유기 또는 죽음)이 우리에게 깊은 상처를 준다. 그러나 못마땅해 하는 표정, 우리를 지지해 주는 것을 꺼림, 우리에게 상처를 주는 조롱하는 듯한 유머 등 아주 작은 암시조차도 우리를 전율케 한다.

사랑하는 사람이 없다면 우리는 세상에서 더 약하게 존재하기 때문에, 사랑하는 사람들로부터 분리되는 것을 두려워한다. 이러한 분리에 대한 위협은 인간의 더 깊은 취약점을 떠올리게 한다. 우리를 사랑하는 사람들조차도 해를 끼치는 것으로부터 항상 우리를 보호해 주지 못한다는 취약점이다.

내면의 위협 – 자기^{self} 안에서의 변화들

그러나 위험은 항상 외부에서만 오는 것이 아니다. 어떤 위험들은 '나는 누구인가?'에 대한 익숙한 자의식이 위협받을 때 내면에서 일어난다. 때때로 동료의 정확한 비판을 통해 우리는 우리가 하는 일이 기대에 못 미친다는 것을 알게 된다. 또는 우리는 부끄러운 방식으로 행동(인종차별적 발언을 문제 삼지 않고 넘어가는 것, 악의적인 험담을 퍼뜨리는 것, 다른 사람의 불행을 자신에게 유리하게 이용하는 것)을 하려다 급히 멈춘다. 자신의 '이상적인 자기'에 적합하지 않은 모습을 마주하게 되면서, 우리는 대부분 방어적으로 응답한다. 위험은 자존감의 상실이다. 사실 우리가 희망했던 것에 못 미치는 자신의 존재를 아는 것을 두려워한다. 이러한 축소된 자의식을 가지고 살아가는 것은 우리에게 상처(죄책감, 수치심, 변화에 대한 이행 능력에 대해)를 남길 수 있다. 우리의 이러한 두려움은 자기-인식을 가로 막는다.

또한 긍정적인 개인의 변화도 위협이 될 수 있다. 바울라는 15년 동안 전업 주부로 지내다가 학교로 돌아왔다. 처음에 그녀의 목표는 아이들의 대학 등록금을 마련하는데 도움이 되는 직장을 구하기 위해서 학위를 마치는 것이었다. 그녀는 이를 남편과 상의했다. 그러나 이러한 공부가 예기치 못한 방식으로 그녀의 지평을 넓혀 주었다. 자신에 관해서 더 많이 알게 됨으로써, 바울라는 자신이 초기에 가졌던 많은 동기와 결정을 재해석하게 되었다. 그녀는 자신의 재능을 알게 되었고, 이전의 탐구하지 않았던 것에 흥미를 갖게 되면서 미래에 대한 새로운 희망들이 솟아올랐다. '나는 더 이상 옛날의 내가 아니야!' 어떤 날은 변화를 겪으면서 기분이 좋아졌고, 또 어떤 날은 이러한 새로운 통찰력들로 걱정하곤 했다.

바울라의 두려움은 그녀 자신의 타당성과 상당히 많은 관련이 있다. '나는 지금 내가 참여하려는 더 큰 세계에서 참으로 성공할 수 있을까?' 그러나 그녀의 몇 가지 두려움은 가정에 더 집중된다. 더 이상 '나는 예전의 그 여자가 아니야.'라고 하며, 그 자신이 위협을 받았다. 이전의 정체성을 형성했던 역할과 책임 그리고 일상의 일들이 더 이상 그녀에게 적합하지 않았다. 이제 바울라는 달라졌다. 여러 면에서 그녀는 주변 사람들에게 자신에 대해 의문을 갖게 하면서 신비로운 존재가 되었다.

개인의 중요한 변화 또한 우리를 당황하게 만들며, 다른 사람들에게 압력을 가한다. 기대들은 우리의 우선순위들이 바뀔 때 재조정된다. 가장 중요한 사람, 가장 가까이 있는 사람들이 직접적으로 영향을 받는다. 그리고 우리는 그들이 응답하는 방식에 영향을 받기 쉽다. 가족과 친구들이 불편함을 토로할 때(달라졌다고 비난하거나 변화의 어떤 암시에 협조하지 않을 때) 위험이 높아진다. '내가 존재했던 방식'에서 오는 친근한 위로로 얻는 것보다 더 많은 것을 잃지 않으려고 신중을 기한다.

새로운 자기^{Self}의 탄생으로 말미암아 고아가 될지도 모른다는 두려움이 우리를 가로 막는다. 그러나 커다란 문제가 되었던 사람들이 변화를 통해 우리와 조화를 이룬다면, 그들은 지속성과 성장 모두를 지지하는 환경을 제공한다. 개인의 변화는 여전히 상당한 대가를 치르게 할 수 있지만, 반드시 관계를 잃는 것으로 대가를 치르는 것은 아니다.

실존적인 위협 – 의미와 신비

자연 재해들(산불, 허리케인, 가뭄, 홍수, 전염병)은 우리가 통제할 수 없는 힘을 지니고 있음을 상기시킨다. 인간이 서로에게 행하는 악은 사회적으로 상상 그 이상의 커다란 상처를 입힌다. 우리는 히로시마의 버섯 구름, 아우슈비츠 가스실의 연기, 뉴욕에서 9월 11일에 솟아오른 연기, 인종 청소에 뒤이어 기아와 질병에 시달리는 난민의 모습을 연상한다. 전 세계적으로 늘어나고 있는 테러리스트들의 위협에 대한 염려들은 생태학적 파괴에 대한 염려에 필적할 만하다. 약물과 포르노 그래픽(음란물)에 관한 우리의 문화 중독은 걷잡을 수 없이 퍼지고 있으며, 지구의 가정을 위험에 빠뜨리고 있다. 그리고 인류 운명의 상속자인 우리 각자는 죽음이 의심할 여지없이 기다리고 있음을 알고 있다.

이러한 두려움들은 우리가 종^{種}으로서 얼마나 취약한 존재인지,

우리가 가진 방어력이 얼마나 미약한지, 우리가 지닌 통제력에 대한 환상이 얼마나 허약한 것인지 인정하게 한다. 때때로 우리가 느끼는 불안을 가라앉히기 위해서 사용하는 문제-해결 전략들이 여기서는 비현실적인 것처럼 보인다. 우리가 대면하는 이 신비는 더 깊은 응답을, 이해보다는 경외에 더 가까운 응답을, 자기-확신보다는 희망에 더 열려 있는 응답을 불러일으킨다.

파괴하는 두려움, 구제하는 두려움

두려움이 우리에게 어떤 해악을 가져오는지 늘 정확하게 예보해 주는 것은 아니다. 왜곡은 우리가 직면하는 위험에 대해 우리가 내리는 해석으로 인해 생긴다. 어떤 때는 무엇이 해가 되는지에 대한 다른 사람들의 판단으로 말미암아 왜곡을 하게 된다. 때로는 과거에 우리 자신이 겪은 경험들로부터 왜곡을 하기도 한다.

우리를 파괴하고 좌절시키는 두려움은 우리가 현실에 대해 적절하게 반응하는 것을 방해한다. 우리의 두려움들 가운데 어떤 것은 잘못 추론된 것으로, 지금 우리를 가로막는 실제적인 위험들에서보다 과거의 미해결된 과제에서 더 많이 온다. 이전의 좌절은 흔적을 남긴다. 이 경험으로부터 무언가를 배우기보다는, 우리는 그저 두려워하기만 한다. 이 두려움은 사전事前에 우리 자신을 보호하도록 이끈다. 이와 같은 새로운 상황이 일어날 때, 우리는 상처 입을 것을 예상하고, 그래서 우리는 부딪히기 전에 움츠린다.

이러한 일반화된 두려움은, 실제 상황에서 오는 사실에 대해 판단력을 잃게 한다. 우리가 아이였을 때 만약 부모가 일관성이 없고 냉혹했다면, 우리는 삶에서 권위를 가진 사람들에 대한 의구심을 성인기로 가져오기 쉽다. 이러한 권위에 대한 두려움은 우리가 행동하는 데 있어 (직장에서, 교회에서, 시민 공동체에서) 지배적인 요소가 될 수 있다. 심리학자 마이클 코윈Michael Cowan이 우리에게 상기시킨 것처럼, 지금 우리의 삶에서 힘 있는 사람들이 우리 부모와는 다른 식일지라도 우리가 보는 것을 방해하면서, '거기서 그리고 그때'가 '여기 – 그리고 – 지금'에 그림자를 던질 수 있다. 현재의 상황이 이전의 두려움을 불러일으킨 상황과는 완전히 다를 때조차도, 우리는 적대감과 불신을 단단히 지니게 된다. 그러나 이렇게 할 때, 우리는 자기 자신에게 갇히게 되고, 더 이상 새로운 경험들로부터 배울 수가 없다. 상대역으로 다른 연기자들이 나온다 하더라도, 오랜 전쟁은 계속된다.

우리를 구제하는 두려움들은 우리가 직면하는 실제적인 위험들에 대처하도록 돕는다. 우리의 합당한 두려움들은 과거의 지혜를 현재에 전하며, 위험을 평가하고, 우리가 해악을 입기 전에 방안을 생각해 내도록 돕는다. 우리를 구제하는 두려움은 단순히 그것을 반복하기보다, 과거에 성공한 것들을 기억하고 과거의 실패들을 통해 배울 수 있도록 도움을 준다. 이러한 것들이 우리에게 용기를 북돋아 주는 두려움들이다.

우리를 구제하는 두려움 식별하기

두려움은 우리를 딜레마에 빠지게 한다. 우리를 파괴하는 두려움과 우리를 구제救濟하는 두려움을 어떻게 식별할 수 있을까? 우리는 우리가 느끼는 불안들이 실제 상황에 대해 언제나 진실만을 말하지 않는다는 것을 알고 있다. 우리의 고뇌가 신뢰할 만한지 어떻게 알 수 있을까? 존 볼비는 연구를 통해, 인간에게 있어 두려움은 단순히 타고난 본능이 아니라는 것을 보여 준다. 갓 태어난 갓난아이들은 현재의 고통에 직면해서 '경보 반응'을 보이지만, 그들이 보이는 반응은 고통을 예상한 두려움 때문이 아니다. 인간은 자신에게 해를 입히는 것을 피하는 방법을 자연스럽게 배운다.

두려움(위험을 예상할 수 있는 능력)은 습득된 반응이다. 위험을 예상할 수 없는 갓난아이들은 불리한 상황에 놓여 있다. 만약 그들이 해를 입히는 것들을 피하는 법을 빨리 배우지 않는다면, 그들은 생존하기 어렵다. 그때의 두려움은 부모가 아이들에게 주는 아주 중요한 선물 가운데 하나이다. 첫 번째는 우리 가족 안에서, 그리고 그 후에는 다른 환경들(학교, 이웃, 교회) 안에서 우리 문화는 우리에게 언제, 어떻게 두려워해야 하는지를 가르쳐 준다. 우리가 성인의 삶으로 가지고 온 것은 이러한 '받아들여진 두려움들'이다.

그러나 우리가 대부분 깨달은 것처럼, 두려움의 선물은 모호한 부분이 있다. 우리는 부모와 다른 사람들로부터, 그들이 위험할 거라고 생각하는 것들을 두려워하는 법을 배운다. 다시 말해, 이는 성장과 안녕에 그들이 한 중요한 기여이다. 물론, 문제는 다른 사람에게 무엇이 위험한 것인지를 식별하는 것이 언제나 쉬운 일은 아니라는 것이다. 만약 이러한 학습된 생존 반응들인 두려움이 우리에게 계속 도움이 된다면, 그것들은 우리가 성숙해 가면서 정화해 가야 할 것들이다.

성숙은 우리로 하여금 학습한 두려움들에 대해 다음과 같은 질문을 하도록 한다. 우리가 해야 할 첫 번째 질문은 '이것이 나에게 위험한가?'이다. 부모와 멘토들은 우리에게 해를 입힐 수 있다고 판단한 것을 두려워하라고 가르친다. 그들이 만든 위험들을 표시한 도로 지도를 사용하는 것이 여정을 시작하는 데 나쁜 것은 아니지만, 결국 우리는 우리 자신의 경험과 목표들을 안내자로 사용하면서 자신을 위한 지형 지도를 만들어야 한다. 우리가 이렇게 하려고 노력할 때 실수를 할 수도 있지만, 실로 더 큰 실수는 문제를 제기하지 않고 다른 사람들의 두려움에 기초해서 살아가는 일일 것이다. 두려움이 우리를 구제하는 두려움이 되어야 할 것이다.

두 번째 질문은 '이것은 항상 위험한가?'이다. 우리가 두려워해야 한다고 교육받은 것들 가운데 대부분은 어떤 특정 환경에서만 위험한 것이다. 흔히 우리 선생님들은 이러한 환경들에 대해 자세하게 설명해 주지 않는다. 특히 우리의 발달 초기에, 그들의 목표는 이러한 해악의 근원을 피할 수 있도록 위험을 강조하는 것이다. 우리가 진정으로 두려워해야 하는 더 한정된 환경들을 식별하고 확인하면서, 우리는 우리의 두려움들과 친숙하게 된다.

마지막 질문은 '그것은 지금 나에게 위험한가?'이다. 우리는 일찍이, 집에서 어린아이였을 적에, 또는 직장에서 신입사원이었을 때 여러 가지 두려움을 배운다. 우리는 성숙해 가면서(나이가 들고 세련되고 지혜가 자라게 되면서), 이러한 똑같은 위험들이 계속 우리에게 존재하는지 질문해야 한다. '지금 내 나이에, 이 위험들은 여전히 두려워해야 하는가? 현재 나의 발달 단계에서, 똑같은 것들이 나에게 해를 입히고 있는가?'

두려움에 응답하기

두려움은, 때로는 유익한 방식으로, 때로는 자신에게 해를 끼치는 방식으로 자기-보호 행동을 하도록 이끈다. 위험에 대한 자연발생적인 반응은 일종의 투쟁 또는 도주 행위이다. 두려움의 신체적 자극은 우리에게 즉각적인 조치를 취하도록 준비시킨다. 근육이 긴장되고, 아드레날린이 분비되고, 뇌와 몸에 산소를 공급하기 위해 호흡이 빨라진다. 우리는 자신을 신체적 공격으로부터 방어하기 위해서, 또는 위험으로부터 달아나기 위해서 요구되는 노력을 할 준비를 한다.

그러나 대부분의 성인들에게 있어서, 두려움이 신체적 공격에 대한 것만으로 발생하는 것은 아니다. 우리의 감정적 안전 보장은 개인의 안전보다 훨씬 더 자주 위험에 처한다. 감정적인 위협에 직면하면서, 우리의 투쟁-도주 반응들은 더 복잡하게 일어난다. 두려움은 위험으로부터 자신을 보호하는 노력을 하게 하지만, 감정적인 위협은 우리의 행동에 영향을 끼친다. 물리적으로 달아나는 대신에, 숨는 다른 방법들을 배운다. 자신의 진정한 의견을 숨기거나 자신의 가치들을 거부하거나 필요한 것에 관해서 침묵을 지킨다. 이런 식으로 '숨김'으로써 우리는 임박한 위험들을 피할 수 있을 거라고 희망한다.

그러나 회피가 우리의 유일한 선택은 아니다. 달아나는 대신에, 우리는 위협을 직접 대면함으로써 위험을 극복하려고 노력할 수 있다. 사실, 우리를 겁먹게 하는 사람들을 과소평가하고 당혹스럽게 하려고 작정할 때, 그것이 신체적 공격을 포함하지 않을 때라도, 대면은 적대적인 것이 될 수 있다. 그러나 대면이 항상 적대적이지는 않다. 예를 들어, 결혼생활을 하면서 점점 늘어나는 긴장으로 불안해 올 때, 우리는 더 이해하고 화해하려고 노력하면서 관심을 갖고 배우자에게 다가갈 수 있다.

두려움을 친근화하기

자신의 두려움을 친근화한다는 것은 우리를 해(害)하는 쪽으로가 아니라 돕는 쪽으로, 두려움이 가진 힘을 이용하는 법을 배운다는 의미이다. 목적은 우리의 두려움(확실히 우리를 약화시키는)을 몰아내는 것이 아니라 그것들을 길들이는 것이다. 달리 말해, 그들의 진실을 식별하고, 그들의 에너지에 초점을 맞추고, 그것들을 집으로 환영해 맞이하는 것이다.

두려움의 경험은 고통스러운 느낌들(취약점, 무기력증, 신체적 고통)과 행동하려는 힘(처음에 하는 투쟁 또는 도주 반응, 또는 대면이나 회피와 같은 더 복잡한 선택) 모두를 포함한다. 두려움의 부정적인 느낌들은 아주 불쾌하고 즉각적이기 때문에, 흔히 우리의 첫 번째 관심의 초점이 된다. 그때 '두려움을 다루는 것'은 이러한 당혹스럽게 하는 느낌들을 없애려는 노력을 의미한다. 그리고 때때로 그것은 유익하다. 우리의 무기력증이 너무 심해 공황 상태가 될 때, 우리는 위험을 효과적으로 다루기 전에 먼저 이 강렬한 느낌을 완화시킬 필요가 있다. 아마 심호흡을 몇 번 하거나 명상에 집중하는 것과 같은 단순한 어떤 것이 도움이 될 수 있다. 또는 활기 있게 걷거나 좋은 친구와 대화하는 것이 접근할 수 있는 또 하나의 방법이 될 수도 있다.

그러나 늘 이 고통스러운 느낌들을 제거하려고 애쓰면서 두려움에 반응하는 것은 위험하다. 불쾌한 자극에 사로잡힐 때, 우리는 그것이 알려 줄 수 있는 실제적인 위험을 놓칠 수 있다. 그러면 점차 그것들을 우리의 생존에 도움이 되는 신호로 환영하기보다는, 오히려 불안하게 하는 느낌들을 피하려는 데 더 노력을 기울이게 될 것이다.

두려움이라는 고통스러운 느낌들을 없애는 데에만 초점을 맞출 때, 더 오래 부정적인 영향을 받을 수 있다. 우리는 우리를 두렵게 하는 어떤 것을 피하려는 식으로 살아가려고 애쓸 수 있다. 그러나 두려움 없이 살아가려고 하는 것은 위험이 없는 삶의 방식을 낳게 된다. 그러한 삶의 방식에 있어서 변화는 적군이 되며, 개인의 선택은 안전한 것처럼 보이는 아주 좁은 경계 안에서 압박을 받는다. 우리 대부분에게 이런 종류의 가짜 안전은 아주 비싼 대가를 치르게 한다.

두려움을 친근화하는 것은 단순히 그 자극을 떨쳐 버리기보다는 그 에너지를 이용하도록 준비시킨다. 우리는 행동을 취한다. 곧 위험을 평가하고, 우리의 선택을 탐구하고, 우리의 자원들을 동원하며, 가까이 있는 위험과 대면한다. 그리고 위험에 대처하도록 우리를 돕는 초기 경보 체계의 일부분으로서 두려움의 고통스러운 자극을 인정하기 시작할 때, 우리는 두려움을 친구로 환영하기 시작한다.

두려움에 직면해서 우리의 자원을 동원하기

불확실성은 두려움을 불러온다. 그래서 정확한 정보가 가장 중요한 자원이다. 사실을 이해하는 것은 흔히 우리가 생각했던 것보다 상황이 덜 위험하다는 것을 보여 준다. 사실들이 덜 우호적일 때도, 진실을 아는 것은 우리가 직면하는 실제 위험들을 준비하도록 도움을 준다. 이러한 깨달음을 반영한 한 병원에서는 진료 관행에 변화를 갖게 되었다. 이전에는 많은 의사가 치명적인 병의 진단 결과를 환자에게 직접 이야기하는 것을 피했다. 지금은 전 직원이 환자와 그의 가족들에게 충분한 정보(병이 진행되면서 일어날 수 있는 것들, 치료 선택의 범위, 가능한 치료 요법과 있을 수 있는 부작용, 병이 나은 뒤의 예상 증세)를 제공하도록 지시받는다. 이러한 정보(잠재적으로 심각한 결과에 관한 것일지라도)를 갖는 것은 불확실성을 줄이고 개인의 통제력을 어느 정도 회복시켜 준다.

점점 늘어나는 정보는 또한 다른 환경들에서 오는 두려움도 줄여 준다. 향상된 훈련을 통해 새로 옮긴 직장에서의 위험을 줄일 수 있다. 경험이 더 많은 동료와 상의하는 것은 상사와 어려운 대화를 하는 것을 준비하도록 돕는다. 또한 자신의 두려움에 대한 경험을 꾸준히 추적함으로써 좋은 정보를 얻게 된다. 다른 어려운 감정들이 그러한 것처럼, 여기서 두려움을 대상으로 일기를 쓰거나 정기적으로 숙고할 시간을 마련하는 것은 패턴을 아는 데 도움을 준다. 나는 언제 가장 두려움을 느끼는가? 나를 가장 무능력하게 만드는 위험은 무엇인가? 나는 어디서 나의 두려움을 '일반화시켰으며' 과거의 경험들로 미래의 고통을 예측하게 되는가? 이러한 개인적인 역동성들을 알 때, 우리는 더 효과적으로 자유롭게 그에 응답하게 된다.

무기력함을 느낄 때 두려움이 생긴다. 자원이 풍부하다고 느낄 때 두려움에 대처할 수 있다. 그리고 새로운 기술들을 가질 때 위기감이 줄어든다. 그래서 우리가 이미 가지고 있는 자원들, 지지하는 친구와 잠재적인 동맹군들과 관계를 맺는 것을 포함한 자원들을 알아야 한다. 우리의 능력을 확대하고 자신감을 강화함으로써 우리는 더 강해진다. 위험에 직면할 때라도, 우리는 덜 두려워하게 된다.

보나로 오버스트리트Bonaro Overstreet는, 두려움 없이 살아가기보다, 현명하고 책임감 있게, 그리고 생산적으로 두려워하는 법을 배우는 것, 그것이 우리 성숙의 목표라고 말한다. 우리는 위험이 사실일 때 현명하게 두려워한다. 우리는 두려움이 자신의 것일 때 책임감 있게(위험과 손해에 대한 자신의 평가를 숙고하면서) 두려워한다. 우리는 두려움이 효과적인 응답(우리 자신, 우리가 돌보는 사람들, 그리고 우리가 존중하는 가치에 해를 끼치는 것으로부터 보호하는 행동)으로 이끌 때 생산적으로 두려워한다. 그때 두려움은 우리의 친구로 다가온다.

감정 스케치

이 성찰을 시작하기 위해, 평화로운 기도나 조용한 명상을 하며 잠시 시간을 보내십시오. 성찰이 어떤 식으로든 오히려 혼란스럽게 한다면, 기도하는 자세로 돌아오십시오.

고요한 분위기에 머물면서, 현재 삶에서 두려움이 되고 있는 부분을 상기하십시오. 아마 신체적인 위협에 대한 감지, 관계에서의 문제, 자신에 대한 인식의 변화, 또는 삶의 불확실성과 마주하면서 갖게 되는 더 깊은 취약점 등을 숙고할 수 있을 것입니다. 이러한 염려들을 다시 돌아볼 때 부드럽게 대하십시오.

이제 그대가 친근화하기 시작한 이러한 불안들 가운데 하나에 초점을 맞추십시오. 그곳에서 그대는 두려움이 동맹군이 될 수 있음을 알게 될 것입니다. 그곳에서는 두려움이 삶의 자원이 될 수 있습니다. 이러한 기억들을 마음에 새기기 위한 시간을 가지십시오. 그다음 숙고하십시오. 무엇이 그대의 삶에서 이 두려움과 마주하도록 도움을 주었습니까? 이 두려움으로부터 그대는 무엇을 배웠습니까? 그대는 두려움을 친근화하는 경험을 통해 어떤 축복을 받았습니까?

두려움에 관한 그리스도인의 성경

> 배는 이미 뭍에서 여러 스타디온 떨어져 있었는데,
> 마침 맞바람이 불어 파도에 시달리고 있었다.
> — 마태 14,24

성경에서 두려움은 중요한 감정이다. 복음서에서 우리는 두려움의 세 가지 다른 얼굴을 만난다. 첫 번째 얼굴은 임박한 위험을 우리에게 경고해 주는 무서움이다. 배가 폭풍우에 시달리자, 제자들은 물에 빠질까 봐 구해 달라고 예수님께 도움을 청하며 소리를 질렀다. 두려움의 두 번째 얼굴은 덜 극적이지만, 깊은 의미를 담고 있다. 곧 미래에 관해 걱정하는 불안이다. 제자들을 파견하시면서, 예수님께서는 그들이 만나게 될 어려움에 대해 경고하셨다. 그리고 예수님께서는 그들에게 "두려워하지 마라."고 용기를 북돋우셨다. 두려움의 세 번째 얼굴은 빈 무덤을 발견했을 때 슬퍼하는 여인들이 경험했던 공포와 놀라움이 뒤섞인 것이다. 예수님께서 돌아가신 후 그들 사이에서 예수님의 현존을 깨닫게 되었을 때, 제자들이 느꼈던 것은 겁에 질린 혼란스러움이었다. 위험에 직면했을 때의 두려움은 앞장에서 다루었다. 여기에서는 미래에 대한 걱정으로서의 두려움을 살펴볼 것이고, 그러고 나서 주님에 대한 두려움으로 우리의 전통 안에서 자주 이야기되는 불안과 경외심의 종교적 경험을 탐구하게 될 것이다.

미래에 관한 걱정으로서의 두려움

마태오 복음서 10장에서, 예수님께서는 제자들을 파견하시면서 주님의 이름으로 복음을 선포하고 치유하라고 명령하신다. 예수님께서는 그들에게 다가올 위험들에 대해 경고하신다. "나는 이제 양들을 이리 떼 가운데로 보내는 것처럼 너희를 보낸다." 예수님께서는 아무것도 지니지 말라고 하시며 "그 집이나 그 고을을 떠날 때에 너희 발의 먼지를 털어 버려라."고 권고하신다. 예수님께서는 그들에게 용기를 북돋우신다. "어떻게 말할까, 무엇을 말할까 걱정하지 마라. 너희가 무엇을 말해야 할지, 그때에 너희에게 일러 주실 것이다. 사실 말하는 이는 너희가 아니라 너희 안에서 말씀하시는 아버지의 영이시다." 이 장에서 예수님께서는 세 번에 걸쳐 그들에게 재차 말씀하신다. "두려워하지 마라. … 두려워하지 마라. … 두려워하지 마라."

위의 말씀에서 중심이 되는 관심사는 위협적인 미래에 관한 불안이다. 이전의 마태오 이야기에서의 초점은 걱정이다. "목숨을 부지하려고 무엇을 먹을까, 무엇을 마실까, 또 몸을 보호하려고 무엇을 입을까 걱정하지 마라. 목숨이 음식보다 소중하고 몸이 옷보다 소중하지 않으냐?"(마태 6,25) 제자들에게는 "너희 가운데 누가 걱정한다고 해서 자기 수명을 조금이라도 늘릴 수 있느냐?"라는 말씀을 상기시키신다. 예수님의 가르침은 반복되는 호소로 결론짓는다. "내일을 걱정하지 마라. 내일 걱정은 내일이 할 것이다."

"두려워하지 마라."라는 예수님의 권고는 두려운 감정에 대응하는 그리스도인의 자원이 된다. 예수님께서는 우리에게 당신을 따르는 것이 위험하다고 경고하신다. 우리는 어려움에 직면할 것이다. 우리는 때때로 거부당할 것을 예상해야 한다. 모든 것 안에서 우리는 우리의 우선순위를 정해야 한다. "너희는 먼저 하느님의 나라와 그분의 의로움을 찾아라."(마태 6,33) 그리고 목숨이 음식보다 소중하고, 몸이 옷보다 더 소중하다는 것을 기억해야 한다.

예수님께서는 그 증거로 하늘의 새와 들판의 나리꽃들을 가리키신다. 참새는 "씨를 뿌리지도 거두지도 않는다". 이 이미지 안에 열쇠가 있다. 이 말씀은 새들이 결코 죽지 않을 것을 보증하는 것이 아니다. 그러나 창조주께서 그것들을 주관한다고 약속하신다. 생명과 죽음 모두를 말이다. 그래서 오늘도 예수님께서는 약속하신다. 하느님께서는 성공과 실패, 삶과 죽음 모두에 걸쳐 우리와 함께 계신다. 이 약속을 받아들일 때, 알지 못하는 미래에 관한 우리의 불안은 줄어들 것이다. 이와 같은 위험한 세상에서 우리는 결코 완벽하게 안전할 수는 없겠지만, 우리의 안전은 보장된다.

그리스도인의 믿음이 모든 무서움과 불안을 떨쳐 내지는 못한다. 바오로 사도도 마찬가지로 자신이 보살피는 새로운 공동체들에 대한 걱정을 생각하면서, "모든 교회에 대한 염려가 날마다 나를 짓누릅니다."(2코린 11,28)라고 했다. 걱정은 사랑하는 연약한 사람들과 소중하게 여기는 가치들에 대해 우리가 지니고 있는 마음의 필요한 부산물이다. 만약 우리가 돌보지 않았다면, 우리는 걱정하지 않았을 것이다.

하느님에 대한 신뢰가 두려움과 불안을 모두 떨쳐 내지는 못한다. 그러나 우리는 성령의 보호하심을 의식할수록, 우리가 달리 감수할 수 없는 위험에서 자유로워질 수 있다.

걱정은 우리를 미래로 향하게 한다

심리학자 애덤 필립스는 걱정을, 우리가 미래를 수용하는 하나의 방식으로써 설명한다. 어머니는 자신의 십대 딸이 대학을 가기 위해 집을 떠나는 것을 지켜본다. 그녀는 더 이상 몇 년 전에 했던 그 방식으로 딸아이를 껴안을 수 없다. 그러나 최소한 그녀는 여전히 아이에 대해서 걱정하면서 아이를 가까이서 껴안을 수 있다. 또 잠을 설치면서 다음 주에 그들을 기다리고 있을 문제들과 도전들에 대해 곰곰이 생각할 수 있다.

필립스는 걱정이라는 용어가 원래 사냥할 때 쓰는 말임을 일깨워 준다. 그 용어는 개들이 먹이를 잡을 때 먹이에게 하는 행동을 묘사한다. 걱정은, 사로잡아 목을 조르는 행동을 의미한다. 곧 개는 토끼나 여우를 붙잡아 이빨로 물고는 앞뒤로 흔든다. '걱정worry'이라는 단어의 어원은 '목졸라 죽임'이라는 뜻에서 유래한다. 18세기 중엽 사무엘 존슨은 '다른 사람들을 괴롭히거나 박해하는 것'을 포함하는 용어로 그 의미를 확대시켰다. 19세기에 와서야 '어떤 것을 걱정하는' 능동의 동사가 '나는 걱정이 돼서 죽겠다.'라는 수동태의 시제로 사용되기 시작했다. 지금 우리가 하는 걱정들이 종종 우리를 잡아먹을 듯하다.

그러나 걱정이 늘 자기를 벌주는 행동은 아니다. 미래에 대한 걱정이 늘 능력을 약화시키는 시간 낭비만은 아니다. 걱정이 불러일으키는 불안은 다가올 위험에 대비하라고 우리를 재촉하는 것일 수 있다. 필립스는 다음과 같이 말한다.

걱정은 생각의 한 형태이다. 이미지 스펙트럼 한쪽 끝에는, 창조적인 명상과 유사한 어떤 것이 있다. 다른 쪽 끝에는 꼼짝 못하게 만드는 강박적인 생각이 자리하고 있다. 만약 걱정이 우리를 괴롭힌다면, 그것 또한 자기를 준비시키는 것으로써 우리에게 도움을 줄 수 있다. 그것은 무대 공포증도 아니고, 연기도 아니다.

걱정은 나선형의 불안을 만들어, 에너지를 소비하게 하면서 우리에게 전혀 도움이 되지 못한다. 그러나 걱정은 우리에게 경고를 보내려는 자극으로, 우리가 미래를 잘 준비해서 맞이하게 하기도 한다. 걱정은 앞으로 있을 일들에 대해 관심을 기울이도록 우리를 재촉한다.

수많은 다크 필름(dark films. 필름 루아르, 또는 블랙 시네마라고도 함. 범죄와 파멸이 반복되는 지하 세계의 우울한 화조와 미래에 대한 불안감으로 어쩔 수 없이 지난날의 악당으로 되돌아간 고독한 사나이의 처절한 종말을 냉소적이고도 비관적인 양식으로 묘사하는 것을 특징으로 1950년대부터 약 10년간 인기를 누렸다. 홍콩에서 인기를 누려 '홍콩 루아르Hongkong Noir'라고도 한다)으로 수상受賞한 스웨덴 출신의 영화 감독 잉그마르 베르히만Ingmar Bergman은 불안해하는 걱정과 자신의 일생과의 관계를 이렇게 묘사한다. "불안은 내 삶의 충실한 친구이며 나의 양쪽 부모 모두에게서 물려받은 것으로 나의 정체성(나를 자극하는 나의 악마이며 친구)의 한 중심에 자리하고 있다." 영화 비평가 존 라John Lahr는 베르히만의 이런 뛰어난 감정 길들이기에 대해서 다음과 같이 논평한다. "그의 탈렌트는 어두운 느낌들에 대한 접근과 그것들을 불러내어 드러낼 수 있었던 그의 능력에 있다. 그곳에서 그것들은 모습을 드러내고, 인정받고, 마침내 이해받는다." 일반 사람들에게 있어서, 골치 아픈 걱정은 효과적인 계획을 하도록 자극한다. 베르히만의 천재성은 일반적으로 무력하게 만드는 감정을 위대한 예술로 변화시키는 능력에 있었다.

두려움의 세 번째 얼굴 – 놀라움과 경외심

종교생활의 핵심에는 몹시 불안하고 신비롭게 정신이 고양되는 복합적인 감정이 있다. 이 감정은 우리를 감싸고 초월하는 신비와 조우遭遇할 때 일어난다. 이것이 발휘하는 힘은 우리를 아주 혼란스럽게 하기 때문에 우리는 이 느낌을 공포로 인식하지만, 두려움 이상의 것이 일어난다. 이 복합적인 감정은 경이, 경외, 놀라움, 초월, 심지어는 주님에 대한 두려움 등 다양한 이름으로 불린다.

욥기는 이 경험에 대한 극적인 해석을 잘 보여 준다. 자신의 충직함을 확신하는 욥은 하느님께 자신이 겪는 고통에 대해 설명해 달라고 요구한다. 마침내 하느님께서는 그러한 지각 없는 말을 물리며 맹공격하는 질문으로 욥을 놀라게 하신다. '땅을 세울 때 너는 어디 있었느냐? 너는 새벽에게 그 자리를 지시해 본 적이 있느냐? 또는 눈 곳간에 들어간 적이 있느냐?'(욥 38장 참조) 욥은 자신이 초라하고 보잘것없음을 깨닫게 된다. 그리고 인정한다. "그렇습니다, 저에게는 너무나 신비로워 알지 못하는 일들을 저는 이해하지도 못한 채 지껄였습니다. … 저 자신을 부끄럽게 여기며 먼지와 잿더미에 앉아 참회합니다."(욥 42,3-6)

여기에서는 두려움이 놀라움, 무서움, 그리고 경외심이 혼합된 복합적인 감정으로 일어난다. 이는 임박한 위험을 경고하는 두려움도 아니고, 미래를 위협하는 것들에 관한 걱정도 아니다. 대신 이 감정은 뭔가 어리둥절케 하는 환경에서 우리를 압도하는 놀라움과 매혹을 드러낸다.

놀라움으로서 두려움의 복합적인 감정의 또 다른 일면은 변모라는 강한 호기심을 자극하는 이야기에서 온다. 제자들은 갑자기 단순히 거룩한 사람 이상으로 그들 사이에 서 계시는 예수님의 현존에 대한 놀라운 깨달음을 동반하는 깊은 혼란을 경험한다. 이야기는 신화 같은 이야기로 시작된다. 그들은 산(계시의 전통적인 장소)에 올라간다. 예수님의 옷이 특별한 빛으로 반짝이며 하얀색으로 변한다. 갑자기 예수님의 모습이 빛을 발하며, 예수님께서는 고대 예언자들과 이야기를 나누신다. 제자들은 겁을 잔뜩 먹고 정신이 혼미해지는 심리적 증상을 보인다. 그들은 압도되어 일종의 지각 마비, 기면嗜眠 상태를 경험한다. 베드로는 "자기가 무슨 말을 하는지도 몰랐고"(루카 9,33), 마태오 복음서는 제자들이 얼굴을 땅에 대고 엎드린 채 몹시 두려워하였다고 전한다(마태 17,6). 그들의 혼란과 놀라움을 알아차리신 예수님께서는 그들에게 두려워하지 말라고 하신다(마태 17,7).

예수님이 돌아가시고 묻히신 후 그분의 무덤을 방문한 여인들이 이러한 유사한 감정들을 경험한다. 그들은 무덤이 비어 있는 것을 발견하고 깜짝 놀란다. 이는 무슨 의미일까? 누군가가 시신을 훔쳐 갔거나 더 놀라운 어떤 일이 일어난 것일까? 루카 복음서에서 우리는 여인들이 "당황하고" 있음을 보게 된다. 마르코 복음서에서 이야기하는 것처럼, 그들의 심장은 방망이질 친다. "그들은 무덤에서 나와 달아났다. 덜 덜 떨면서 겁에 질렸던 것이다. 그들은 두려워서 아무에게도 말을 하지 않았다."(마르 16,8) 글자 그대로, 이 장면에 등장하는 그리스 용어들은 전율과 황홀함을 암시한다. 여인들은 놀라움과 행복감에 싸여 어리둥절케 되어 정신을 잃었다. 마르코 복음서의 투박한 이야기가 나온 후 몇십 년 뒤에 쓰인 마태오 복음서에서는, 여인들은 무덤에서 지진과 번개를 만난다. 천사는 그들에게 예수님께서 부활하셨다고 알려 주고, 그들은 "두려워하면서도 크게 기뻐하며"(마태 28,8) 무덤을 떠난다.

이 어리둥절케 하는 감정은 부활하신 예수님께서 제자들에게 나타나신 이야기들 안에서도 반복해 나온다. 갑작스럽게 예수님의 현존을 깨달으면서, 그들은 "너무나 무섭고 두려워"(루카 24,37) 한다. 이는 무엇을 의미하는 걸까? 죽은 사람이 어떻게 우리에게 모습을 드러낼 수 있을까? 이러한 놀라운 경험을 한 제자들에게, 예수님께서는 "두려워하지 마라."라고 응답하신다.

오늘날 심리학자들은 경외와 초월성에 대한 감각을 포함하는 긍정적인 감정들에 대한 연구에 착수했다. 조너선 하이트[Jonathan Haidt]는 하나의 정의를 제시한다. "경외심은 순종과 관련된 느낌들과 함께 힘 있는 어떤 것의 현존 안에 있는 것을 의미한다. 경외심은 또한 혼란, 놀라움, 그리고 경이로움과 관련된 느낌들과 함께, 이해하는데 있어 어려움이 따른다." 하이트의 분석에서는 두 개의 주제가 이 경험 안에서 작용한다. "자극은 엄청나며… 순응을 요구한다." 그가 의미하는 "엄청나다."는 것은, 그것이 무서운 폭풍우이든, 생명을 위협하는 질병의 암울한 진단이든, 여기서 고찰하는 것처럼 하느님의 강력한 현존에 대해 깜짝 놀라게 하는 자각이든, "자기[self]보다 훨씬 더 큰" 어떤 것을 의미한다. 그가 말하는 "순응"은 "새로운 경험을 이해할 수 있는 정신 구조로 바꿀 필요"가 있음을 의미한다. 변모에서 그리고 빈 무덤 앞에서 제자들이 경험한 것처럼 욥의 성경적 경험들 역시 그러한 심오한 순응을 요구한다. 하이트는 "경외심은 사람들을 변화시키고, 그들의 삶, 목적, 그리고 가치들을 새로운 방향으로 돌리게 할 수 있다."고 결론내린다. 성경의 이야기를 읽으면서, 우리는 욥과 예수님의 제자들이 경험한 놀라움이 그들의 삶을 깊이 있게 새로운 방향으로 돌렸다는 것을 깨닫게 된다.

놀라움과 경외심에 대한 이러한 경험은 우리 삶에서 다양한 방식으로 일어난다. 여름에 갑자기 뇌우가 번쩍이며 극적인 빛의 향연이 우주 무대를 채운다. 매혹과 두려움이 우리의 응답 안에 섞인다. 우리는 인간의 허약함을 상기하게 된다. 또는 친한 친구가 말기 암이라는 사실을 알게 된다. 우리가 무시무시한 영향들을 숙고하기 전이라도 이러한 선언은 우리를 놀라게 한다. 임박한 죽음에 직면하면서, 우리는 친구로 말미암아, 가족으로 말미암아, 그리고 우리 자신으로 말미암아 겁을 먹는다. 그러나 두려움 이상의 것이 포함된다. 아주 중요한 어떤 것이 우리의 관심을 끈다. 우리는 변모를 목격한 산에서 제자들이 느꼈던 것처럼 깜짝 놀라 혼란스러움을 경험하게 된다. 주의를 기울여 해결해야 할 문제들이 산적散積해 있는 매일의 스케줄이 갑작스럽게 중요하지 않게 보인다. 삶과 죽음의 현실을 예리하게 실감하면서, 우리는 멍하게 된다.

이런 범상치 않은 순간에 우리는 존재의 한계에 맞닥뜨리게 된다. 이 장벽에 압력을 가하면서, 우리는 다양한 감정에 사로잡힌다. 그러나 우리가 이름을 붙여 주는 이러한 느낌들은 우리의 이해와 통제를 뛰어넘는 곳을 주목하게 한다. 그리고 보다 위대하고, 더 신비로운 어떤 것이 시작된다. 이 예민한 가장자리에 서 있음은 우리를 흥분시키기도 하고 몰아내기도 한다. 우리는 침묵하게 된다. 우리는 말을 할 수도 없고, 하고 싶지도 않다. 이렇게 겁나게 하는 느낌들이 우리를 겸손하게 하지만, 굴욕감을 갖게 하지는 않는다. 공경하는 마음으로 우리는 우리의 비전 안에 있지만, 우리의 이해를 뛰어넘는 어떤 것을 맛본다. 이러한 감정들에 마음을 열지 않는다면, 우리의 삶은 덜 풍요롭게 되고, 덜 인간적이 될 수 있다.

종교와 두려움

"두려워하지 마라." 이 격려는 복음서를 통해 반복해서 메아리친다. 임박한 위험의 순간에, 불확실한 미래를 대면할 때, 빈 무덤의 공포를 마주할 때도 우리는 두려워할 필요가 없다는 권고를 듣는다. 하느님에 대한 우리의 믿음을 키우도록 만들어진 종교적 관행들은 미래에 대한 과도한 걱정뿐만 아니라 만성적인 두려움도 서서히 놓아주도록 도와준다. 그러나 모든 기관, 아마 특히 종교 기관들은 맹종과 순응을 강화하기 위해서 두려움을 효율적으로 이용하려는 유혹을 강하게 받는다. 구약성경에 나오는 화난 하느님의 이미지는 우리가 범할 수 있는 어떤 과실들을 줄곧 감시하는 복수심에 불타는 신에 관한 경고로 바뀔 수 있다. 그러한 실수들(우리가 두려워하는 것을 배우는)은 지옥에서 영원한 벌을 받는 것을 당연시할 수 있다. 엄격한 교서와 격한 설교를 통해 보강된 이러한 유해한 환경에서, 종교의 믿음은 건강하지 않은 감정적 관습을 통해 그와 같은 공모자가 된다. 여기서 종교는 은총의 도구가 아니라 배임 행위의 도구 역할을 한다. 그때 종교적으로 소속됨은 지나치게 신중하게 되고 용기가 꺾이게 된다. 이러한 배임 행위는 호기심을 없애고 위험을 무릅쓰는 모험을 하는 능력을 없애는 분위기를 서서히 불어넣는다. 그리고 지속적으로 계속되는 낮은 수준의 두려움은 우리의 삶을 만성적인 불안으로 둘러싼다. 유머 작가 게리슨 케일러Garrison Keillor는 자신이 받은 종교 교육이 그에게 끼친 상처에 대해 이렇게 이야기한다.

당신은 내게 상실에 대한 두려움을 가르쳤는데, 그것은 호기심과 발견의 쾌감을 느끼지 못하게 했다. 낯선 도시들에서, 나는 거리들을 기억하고 항상 내가 어디에 있는지 정확하게 알고 있었다. 아주 화려한 장소 한복판에서, 나는 호텔로 돌아가는 길을 다시 확인했다.

용기: 자신의 두려움을 끌어안는 방식

두려움은 우리에게 필요한 마음의 동요로서, 생존 목록에서 중요한 요소이다. 우리는 이 불안정한 느낌을 어떻게 끌어안을 수 있을까? 실제 위험들에 대해 우리에게 경고해 줌으로써, 이 감정은 우리를 뒤흔든다. 그리고 두려움은 우리를 멈추게 하고, 쉽게 무서움으로 확대된다. 두려움으로 인해 마비됨으로써, 우리는 위험의 기미가 있는 생각과 목표들을 거부하려는 유혹을 받는다. 그때 조심이 용기를 대신하는 것처럼, 우리는 애쓸 가치가 있는 위험들을 점점 더 배제하게 된다.

토마스 아퀴나스는 용기가 "겁이 나는 것을 대면하도록" 우리를 움직인다고 말한다. 용기는 두려움이 없다는 의미가 아니다. 신학자 요제프 피퍼는 용기가 우리의 취약함을 떠맡는다고 상기시킨다. 용기는 위험을 인식하는 것에서 생기기 시작하며, 그다음 용기는 두려움에도 불구하고 응답할 수 있도록 기운을 북돋운다. 우리는 심각한 위험에 직면해서 중요한 가치를 추구하도록 격려받는다. 중국의 현자 맹자는 이 신념을 아주 예리하게 적고 있다.

> 나는 생명을 사랑하지만, 내가 생명보다 더 사랑하는 것이 있다.
> 그것이 바로 내가 어떤 희생을 치르더라도
> 삶에 매달리지 않는 이유이다.
> 나는 죽음을 미워하지만,
> 내가 죽음보다도 더 미워하는 것이 있다.
> 그것이 바로 내가 피하지 못하는 어떤 위험들이 있는 이유이다.

우리는 용기를 내는 것에 익숙하지 않다. 우리의 개인적인 안녕은 중요한 가치이지만, 우리는 자신의 안전보다 더 가치 있는 다른 어떤 것에 헌신하는 사람을 존경한다. 자신의 생명을 보호하려는 생존 본능은 더 마음을 끄는 가치들에 대한 윤리적 인식에 필적한다. 그런데 우리는 아이들을 위해서, 전쟁 시기에는 국가를 위해서, 우리가 생명처럼 존중하는 다른 이상들을 위해서 위험을 감수한다. 놀라 까무러칠 정도로, 우리는 여전히 더 나쁜 운명이 있다는 것을 인식한다. 또한 우리에게는 "내가 피하지 않는 어떤 위험들이 존재한다".

좋은 것과 또 다른 좋은 것이 우리 앞에 놓여 있을 때, 용기는 종종 가치들을 비교 평가할 것을 요구한다. 개인의 명성, 금전적 보상, 직장에서의 승진 등 이러한 진정한 유익들은 때때로 우리의 성실한 행위에서 온다. 그러나 이러한 유익들을 일편단심 추구하는 것은 우리의 용기를 약하게 한다. 이러한 상급들을 잃을 것이 두려워서 우리는 주저하게 되고, 도전들에서 물러나고, 다른 가치들을 버릴 수 있다. 여기서 요한 복음서는 우리에게 "자기 목숨을 사랑하는 사람은 목숨을 잃을 것이다."(요한 12,25)라고 경고한다. 삶에서 이러한 유익한 것들 가운데 어떤 것을 고수할 때, 우리는 더 깊은, 생명을 주는 가치들을 놓칠 수 있는 위험에 처하게 된다. 이러한 상황에서 용기는 우리에게 유익을 주는 것들과의 충돌에 직면하도록 힘을 준다. 우리가 이러한 복합적인 결정들을 비교 검토할 때 어떤 '올바른' 해답을 즉각적으로 얻을 수 있는 것은 아니다. 용기는 위기에 처한 가치들을 알려고 하는, 우리가 하는 선택들의 가능한 결과들을 식별하는, 불안스러운 염려들에 직면하면서 확신을 갖고 행동하려는 우리의 노력을 지원할 것이다.

인내로서의 용기

용기에 대한 가장 초기의 문화적 상징(아이콘)은 전사였다. 구성원들이 공동선을 위해서 기꺼이 생명의 위협을 감수하고자 했기에 그 부족은 살아남을 수 있었다. 한 문화는 그러한 용감한 정신과 영웅적 자질을 장려함으로써 생존했다. 초기 그리스 말과 중국 말에서의 '용기'는 남자다움의 중요한 특징으로 이해되었기 때문에, '용기'라는 말은 '남자'에게 어울렸다. 용기에 대해 이야기하면서, 아퀴나스는 이 덕목의 의미를 확대하고 그의 초점을 바꾸었다. 아퀴나스는 용기는 공격(전사의 초점으로)에 관해서보다 인내에 관해서 더 초점을 맞추는 것이라고 제시했다. 어려움과 위협을 마주할 때조차도 이 내적 자원의 가장 위대한 선물은 자신에게 가장 가치 있는 것들을 추구할 수 있는 힘을 부여한다는 것이다. 용기 있게 인내하기 위해서, 아퀴나스는 동반자인 인내라는 덕목이 필요할 거라고 판단했다. 어려움들 앞에서 "지나치게 슬퍼하지 않게" 함으로써, 인내는 용기를 지지한다.

　　　유익을 주는 것들이 충돌하는 것은 두려움뿐만 아니라 슬픔도 가져온다. 우리는 아주 소중히 여기는 윤리 원칙들을 옹호함으로써, 성공한 직장생활이나 잘 쌓은 명성을 위험에 빠뜨렸을 때 후회한다. 이러한 가치들 가운데 하나가 다른 것을 위태롭게 할 때 우리는 슬프다. 왜 삶은 이러한 선택들을 요구는 걸까? 우리가 이러한 필요한 상실들을 경험할 때, 인내는 우리를 보호한다. 리 이얼리는 "인내는 사람들이 자신의 상태를, 그리고 세상의 상태를 적절히 슬퍼하게 하며, 가치 있는 선한 것들을 추구하고 고수하는 데 방해받지 않게 한다."고 말한다. 가치들이 충돌하는 세상에서, 슬픔은 적절한 감정이다. 후회와 실망은 피할 수 없다. 우리의 슬픔에서 생존할 수 있도록, 상실들 때문에 좌절하지 않고 우리에게 필요한 상실들을 껴안을 수 있게 하는 것이 바로 인내(용기의 한 형태)이다. 피퍼는 아퀴나스의 사상을 "인내는 슬픔 때문에 영이 부서져 그 위대함을 잃을지도 모르는 위험에서 인간을 지켜 준다."고 요약한다.

용기와 희망

용기는 두려움과 분노의 한복판에서 일어나며, 위험들이 받아들일 가치가 있다는 우리의 확신을 지지한다. 이얼리는 용기가 "아주 가까이에 안전이 있다고 기대"하는 희망에 기초하고 있다고 말한다. 신앙인들에게 용기는 하느님께서 승리하실 거라는 확신에서 생긴다. 이 승리하실 거라는 말이 우리의 죽음을 막지 못할 수 있다. 그러나 우리는 "죽음보다도 더 불쾌한 어떤 것들이 있으며, 그래서 내가 피하지 못하는 위험들이 있다."는 것을 확신하게 된다. 이 확신, 용기 있는 희망의 기반은 위험의 한복판에서 우리가 하는 행동들에 의미와 목적을 부여한다.

용기의 기반이 되는 희망은 폭 좁은 자기 – 염려에서 벗어나게 하여 우리의 관심을 하느님께 두게 한다. 우리가 자신보다 더 큰 신비에 속해 있다는 것을 믿을 때, 우리는 우리보다 더 오래 지속되는 목표들을 추구하면서 자유롭게 삶의 위험을 무릅쓰게 된다. 우리가 생명보다 더 사랑하는 어떤 것이 있기 때문에, 우리는 세상의 눈으로 보기에는 실패로 보이는 그것에서도 자유롭게 된다.

두려워하지 마라!

"두려워하지 마라!" 이 용기를 주는 말은 성경 전반을 반복해서 메아리친다. 그러나 만약 두려워하지 않는다면, 우리가 어떻게 응답할 수 있겠는가? 임박한 위험의 순간에, 불확실한 미래를 마주할 때, 초월성에 대해 불안하게 하는 인식을 대면할 때조차도, 이러한 환경들 각각에서 복음서의 이야기들은 그 증거들을 제시한다.

첫 번째 증거로는 그들의 배가 폭풍우에 전복될까 봐 두려워하는 제자들에게 하시는 예수님의 격려(마태 8,25)를 통해서 볼 수 있다. 여기서 "왜 겁을 내느냐?"는 "너무 겁먹지 마라."로 적절하게 번역될 수 있다. 현재의 위험에 직면해서 우리는 더 용기를 내야 한다. 물론 삶은 위협적인 상황으로 가득 차 있다. 용기를 내라. 주님께서 우리와 함께 계신다.

두 번째 증거는 미래에 관해 우리가 하는 걱정에 대해 이야기한다. 복음은 필요한 것을 미리 다 알고 계시는 아버지의 돌보심으로 존재하는 공중의 새들을 생각하라고 권고한다. 이 신뢰는 우리가 하는 모든 노력의 성공이나 슬픔과 상실로부터의 보호를 보장해 주지는 않는다. 사실 우리는 위태롭다. 그러나 여기에서의 초대는 죽음보다도 더 강한 생명의 활동, 아가페(신앙인들의 사랑)로서 예수님을 통해 우리에게 드러난 현존을 신뢰하고 그에 동조하는 것이다.

세 번째 증거는 놀라운 믿음의 경험(우리의 삶에서 하느님 영의 실재를 깨닫는 것)에 응답한다. 엠마오로 가는 길에서 낯선 사람과 빵을 나눌 때, 제자들은 그리스도의 현존을 갑자기 깨닫게 된다(루카 24,31). 또 다른 아침 새벽녘에, 호숫가에서 쉬고 있는 제자들 앞에 어떤 사람이 나타난다. "제자들 가운데에는 '누구십니까?' 하고 감히 묻는 사람이 없었다. 그분이 주님이시라는 것을 알고 있었기 때문이다."(요한 21,12) 여기에서의 의도는 경건한 경외심이다. 우리의 일반적인 지각 안에서 그리고 그 지각을 뛰어넘어서 신성한 것에 대한 놀라움이 있다. 하느님께서는 이해를 뛰어넘는 신비이시다. 이 실재에 대한 우리의 순간적이고 불완전한 이해가 당혹스러움과 혼돈을 불러일으킬 수 있다. 그러나 이는 평상시의 어떤 의식 안에 있는 두려움이 아니다. 여기에서는, 두려워하는 것이 아니다. 놀라는 것이다.

우리가 오늘날 거주하는 세상은 진실로 무시무시하다. 자살 폭탄 테러들, 인종 청소, 가정 폭력, 불치병 등 두려워할 이유들이 많다.

두려움에서 걱정과 놀라움에 이르기까지 이러한 모든 경험에 직면하면서 결론은 우리가 안전하지 않다는 것이다. 그러나 우리의 안전은 보장된다. 우리가 살아가면서 그리고 죽어 가면서 우리는 성령에 사로잡힌다. 이러한 신뢰를 통해 즉각적인 위험들과 미래의 위험한 모험들에 직면해서도 우리는 용기를 내게 된다. 또한 이러한 신뢰를 통해 우리는 우리를 둘러싸고 있는 피조물에서 쏟아져 나오는, 때때로 숨이 멎을 정도로 경이로운 광채에 마음을 열게 된다.

감정
스케치

그대의 삶에서, 이러한 각각의 두려움을 표현하는 예들을 회상해 보십시오. 위험에 직면했을 때의 공포, 미래에 대한 걱정, 신비로운 현존과 마주했을 때의 놀라움들을 말합니다. 그대에게는 이러한 경험들이 서로 어떻게 닮았습니까? 서로 어떻게 다릅니까? '두려움의 얼굴들' 가운데 어느 것이 그대와 가장 비슷합니까?

그다음 명상을 하며 잠시 시간을 보내십시오. 예수님 위로의 말씀(두려워하지 마라)이 어떻게 그대가 걷고 있는 영적 여정의 일부분이 되고 있습니까?

결 론 °

고통스러운
감정의 길

도 道

'도道'라는 한자는
우리의 감정들과 친해지는 신비한 길,
우리의 열정들을 성취하고
온전한 인간이 되는 길을 의미한다.

고통스러운 감정의 길

> 내 인생 여정의 한복판,
> 그 컴컴한 숲 속에서 감각을 되찾았을 때
> 난 바른 길을 잃어버렸다는 사실을 알았다.
> — 단테 Alighieri Dante

우리 삶의 여정에는 항상 재앙들이 도사리고 있다. 그러나 우리가 목적지로 가는 길은 다른 길이 없다. 오랜 여정을 걸어온 종교 전통들이 이에 대한 해답을 준다. 이집트 탈출 사건과 유배의 삶이 유다인들의 인생 여정을 잘 대변해 준다. 순례 여행들 – 메카 성지, 예루살렘 성지 또는 파티마 성지 – 이 구도자들을 다양한 전망으로 서서히 움직이게 한다. 모든 탐구의 궁극적 질문들은 '우리가 여기서부터 그곳까지 어떻게 도달할 것인가?'에 관한 것이다. 자주 어두운 숲 속에서 이런 질문을 하게 된다. 곧 우리는 그곳에서 '내가 완전히 잃어버렸던 올바른 길을 인식한다'.

우리 길의 발견

도교의 도와 같이 고통스러운 감정들의 길은 우리의 삶이 펼쳐지는 가운데 나타나는 것으로 신비적이며 역동성을 지닌다. 도는 "침묵, 거대함, 독립성 그리고 무변"이라 정의할 수 있다(「도덕경Tao Te Ching」 25). 이것은 길의 표시들을 확실하게 알려 주는 방법을 제시하기보다 실마리를 찾아 준다. 자신의 욕망을 찾아 나서는 것은 목표 지점 없이 트랙을 도는 것과 같다고 할 수 있다. 만약 우리가 인내하며 항구하게 나아간다면, 이 길은 과거의 해로운 습관들을 발견하게 해 주고, 기대하지 않았던 축적된 에너지의 저장고가 있음을 보여 줄 것이다. 이 길은 과거에 친밀한 것들이 반복해서 따라다니는 것처럼 바람과도 같이 주기적으로 나타난다. 우리는 이 길을 따라가면서 변화하기 때문에, 우리가 지나가는 길들은 다르게 나타난다.

대부분의 사람들은 고통스러운 감정의 길, 곧 신비로운 길로 들어서려고 하지 않는다. 대신 심각한 자포자기의 삶으로 시간을 허비한다. 지루함을 느끼거나 죄로 둘러싸여 있다. 본성이 이끄는 대로 맹목적으로 따라간다면 우리는 결코 그곳을 떠날 수 없고, 깊고 형언할 수 없는 신비로운 감정의 세계로 들어갈 수 없다.

우리가 진정으로 용기 있게 시작할 때 우리는 자신에게 요구되는 영적 수련들을 즉시 알게 된다. 곧 어두운 숲 속을 나와 나 자신의 감정들을 형성해 온 역사와 조화를 이루게 되며, 이 길을 걸음으로써 포기했던 기대들을 더욱 인식하게 되고, 그 본질적인 길을 향해 여행하게 된다. 우리는 산만하게 시도하려고 했던 다양한 기교들, 그리고 이를 통해 자신의 감정으로부터 멀리 달아나려고 했던 것들을 버리게 된다. 우리 역시 인내를 가지고 이 길을 간다. 불행한 삶을 살아가고, 가정의 기능이 정상적으로 돌아가지 못하는 곳에서 한탄하며 그 희생자가 되었던 상황에서, 이제 우리는 여전히 피난처로 삼고 있는 복수심과 죄책감의 공범자임을 인식함으로써 내면의 삶의 주역이 된다. 이 길을 따라 열정과 책임을 가지고 삶의 위기들을 짊어짐으로써 우리는 열성을 다하기 시작한다.

고통스러운 감정의 길은 우리가 함께 손을 잡고 가야 하는 두 번째 인식으로 우리를 이끌어 준다. 우리는 혼자서는, 영웅적 치유의 길을 가는 개인의 드라마를 연출할 수 없다. 우리가 건강을 해치는 환경으로 말미암아 상처를 입는 것처럼, 우리는 건강한 모임에서 마음을 함께 나누는 친구들에 의해 치유를 받는다. 이와 같이 고통스러운 감정의 길은 사회적 연대로 같이 가야 하는 길이다.

인내 배우기

이 책은 '참을 인忍'이라는 글자로 시작했다. 칼이 가슴 위에 맴돈다. 부정적 감정을 표현하기 위해서는, 우리가 느끼고 있는 것을 인식하기에 충분한 긴 시간을 통해 용기 있게 시작해야 한다. 이러한 인내는 차분히 그냥 따라가는 것이 아니라 삶을 초대하고 바꾸고자 하는 용기를 가지고 신중하게 나아가야 한다.

"끈기 그리고 인내로서 그것을 몰아냈다."라는 말을 통해, 자신의 삶에서 좁은 길을 선택해 걸어간 시인 애드리안 리치Adrienne Rich의 노력을 잘 볼 수 있다. "나의 삶의 사십구 년"에서, 그녀는 '분노와 온

유: 나의 자아들'의 갈등하는 에너지를 하나로 통합하기 위해 투쟁한다. 삶의 흐트러진 요소들을 통합하는 작업은 시간과 인내를 필요로 한다. 그 인내는 투신하는 우리에게 건강한 열매를 맺게 한다.

리치의 인내는 무모하리 만치 대단하다. 이것은 여성들, 가난한 사람들, 그리고 소수 민족들이 지시받아 온 수동적인 굴종이 아니다. 인내는 전통적 덕목 안에서 나쁜 평을 받기도 한다. 거기에서부터 정치, 종교 지도자들은 아랫사람들에게 그들의 운명을 받아들이기를 권하고, 예속하여 순종하기를 요구했다. 여기서 말하는 인내는 용기를 꺾고 순종적으로 길들여지는 것이다. 리치는 그녀의 시에서 삶의 신비로움을 통해 자신의 길을 발견하기 위해서는 수련이 필요하다고 상기시킨다.

부정적 감정의 놀라운 선물들을 받아들이기 위해서는 많은 인내가 필요하다. 우리는 철저한 인식하에 그들에게서 오는 고통들을 껴안아야 하며, 자신에게 다가오는 나쁜 것들을 느낄 수 있어야 한다. 우리의 고통스러운 감정들을 맛보는 것은 그것을 단순히 삼켜 버리는 것보다 나은 것이다.

주의를 기울임

부정적 감정으로 고통을 받을 때 우리는 주의를 집중하게 된다. 인내심을 가지고 견딜 때 산만하게 움직이는 감정으로부터 우리의 주의를 집중시킬 수 있다. 고대의 현인들과 현대의 사회 과학자들은 이 덕의 가치에 그 의견을 같이한다. 유교의 윤리 항목에서 중심이 되는 덕은 '주의注意'이다. 이는 '주의 깊은 인식'을 말한다. 공자는 인간 상호 간의 아홉 가지 마음가짐이 우리의 특별한 주의를 요하는 것들이라고 믿었다. 이 중에 여덟 번째가 "화火인데, 화가 날 때는 뒷일을 생각하라."이다. 화는 본질적으로 위험한 감정으로 주의를 가지고 대해야 한다. 공자에 대한 주석서에서 저자 웨일리Waley는 다음과 같이 말한다. "우리는 오히려 '주의'를 외부로부터 받자마자 즉각적으로 다시 행동화할 수 있는 느낌에 대해 적절한 관심을 기울여야 한다는 뜻으로 받아들여야 한다."

현자 맹자에게 주의는 윤리적인 문제였다. "만약 어떤 사람이 주의를 집중한다면, 그는 그것을 얻으리라. 반대로 그렇지 않다면, 그것을 얻지 못할 것이다." 중국학자 리 이얼리는 주의를 "선택적으로, 그러나 구체적인 방식으로 집중할 수 있는 내면의 능력"으로 정의한다. 이얼리는 맹자의 용기에 관한 시각을 연구하면서, 숙련된 주의 집중을 때때로 화 안에서 자라나는 심리학적, 영적 에너지인 기氣와 연관시킨다. 사람이 불안정한 에너지의 근원에 주의를 기울이지 않는다면, 기는 점점 희미하게 시들어 가거나 분노로 폭발해 버릴 것이다. 주의를 기울인다는 것은 용기를 가지고 인간 생명의 에너지를 성숙시키도록 하는 데 도움을 주는 원리이다.

이 중국의 신념들을 뒷받침해 주는 시카고 대학의 미하이Mihaly의 연구가 있다. 그는 「몰입 : 미치도록 행복한 나를 만나다Flow : The Psychology of optimal Experience」에서, 일과 여가를 통해 사람들이 살아 있다는 느낌과 만족한 삶을 살고 있는 경험에 대해 설명한다.

사람들이 감정의 몰입 – 생동감 넘치고 흥미로운 것에 사로잡혔을 때 – 안에서 경험할 수 있는 최상의 것은 주의를 집중할 때 나타난다. 이러한 경험의 극치에 도달하기 위해 사람들은 특별하고 왕성한 에너지로 모든 주의를 집중해야 한다. 이때 우리는 산만함이 사라지고 시간이 정지한 듯한 느낌을 가진다. 우리가 어떤 것에 도전하기 위해 몰두할 때 이러한 경험은 점점 더 커 간다. 예를 들면, 이러한 현상은 목공들과 도공들이 심혈을 기울여 작업할 때 나타난다. 자신이 하고 있는 일에 온전히 몰입할 때 한곳에 초점을 맞추고 열매를 맺는 상황으로 들어가게 된다. 야구선수가 타석에서 번득이듯 날아오는 볼에 집중할 때 공이 커 보인다고 한다. 이 짧은 시간 동안 그는 자신이 할 수 있는 모든 주의를 집중시킨다. 주의를 산만하게 하지 않고 온전히 집중할 때 그는 평상시와 다른 뛰어난 능력을 발휘하게 된다.

이러한 두 가지 경험의 특성에 우리는 주의를 기울일 필요가 있다. 첫째, 어떤 일을 하거나 놀이를 하면서 몰두할 때 우리를 새롭게 하는 어떤 것에 자신을 빼앗긴다. 둘째, 이러한 행동을 하고 있을 때 시간에 대한 느낌이 바뀐다. 더 이상 시계를 보지 않게 되고, 끝날 때까지 시간이 어떻게 지나갔는지 의식하지 못하게 된다. 반면에 시간은 빨리 지나가게 되고(책에 몰두하여 아침 시간이 언제 지나갔는지 모를 때 이 책에서 큰 감동을 받고 있었음을 발견한다), 또는 시간이 멈춘 듯하다(시간이 지나가는 것을 의식할 수 없다).

우리는 이 능력을 '몰입한다.'고 한다. 왜냐하면 자동적으로 주어지는 것도, 자기 마음대로 되는 것도 아니기 때문이다. 몰입하는 것은 숙련을 통해서 얻어지는 것으로 발전시켜야 하는 기술적인 요소가 필요하다. 고통스러운 감정에 자신을 몰입시키는 능력은 부정적 감정의 길을 걸을 때 터득하게 된다. 몰입할 때 마음 안의 소음이 사라지고 조화를 이루게 되는 것처럼, 우리는 혼란스러운 소음에서 조화로움으로 가는 내면의 소리를 잘 들을 수 있다는 것을 깨닫게 된다.

서양 문화에 상당히 큰 영향을 준 그리스 말 '듣는다'와 '복종하다'라는 말은 같은 어원을 갖고 있다. 가장 일반적인 의미의 순명은 굴종적인 복종을 의미하지 않고, 주의를 다해 듣는 것을 뜻한다. 먼저 무슨 말을 하고 있는지 집중하지 않는다면, 우리는 복종할 수 없다. 이런 의미에서 인내와 몰입은 삶의 의미를 듣는 것이다. 이 두 가지는 우리를 순명하게 한다.

그리스 말의 '듣는다'와 '복종하다'는 청취 능력이라는 의미를 내포한다. 청취 능력은 무엇이 진행되고 있는지 듣도록 하는 환경적 요인이다. 어떤 건물의 음향 시설은 음악을 들을 수 없게 잡음이 나고, 의사소통을 방해한다. 우리 역시 마음들 안에 나쁜 음향 시설을 가지고 있을 때가 있다. 전파 방해를 일으키는 잡음들과 목소리를 고르게 하는 조절기의 소음들은 우리가 경험하고 있는 것에 주의를 집중하는 것을 방해한다. 주의를 집중하는 삶을 위해 우리는 마음의 청취 능력을 성장시켜야 한다. 잘 들음으로써 우리는 자신의 슬픔에 경의를 보내고, 여기서 들려오는 소리를 우리 삶 안으로 초대할 수 있게 된다.

우리의 감정에 이름을 짓는 일은 위험이 따른다. 우리는 자주 잘못된 이름을 지어 자신을 속이고, 단순히 분위기를 통해 이름을 지음으로써 치유가 된다고 맹목적으로 믿어 버리는 우를 범한다. 그러나 이름을 짓는 것은 여전히 감정의 징표들을 통해 우리가 갈 수 있는 유일한 길이다. 실수와 자가당착에 빠질 수 있다는 것을 겸손하게 인정할 때, 우리는 자신에게 밀려오는 감정들의 이름을 계속 지을 수 있다. 우리 감정들의 이름을 지을 때 우리는 그것들로부터 희생되는 것을 줄일 수 있고, 또한 그들을 완전히 지배할 수 있다는 자만심을 극복할 수 있다. 점진적으로 빛 안으로 우리의 감정들을 가지고 올 때 무엇을 해야 하는지 알게 된다.

듣는 장소 — 신성한 곳

침울한 남편, 우는 아이, 그리고 짖어 대는 개, 참으로 너무한다. 마리아는 십대 아들에게 우는 아이를 보라고 하고 밖으로 뛰쳐나갔다. 길을 두 번 건너 짙은 벽으로 되어 있는 텅 빈 성당으로 갔다. 혼자만의 공간이 허락된 그곳에서 마침내 그녀는 울 수가 있었다. 두려움, 화, 그리고 후회가 고요한 장소로 스며들어 왔다. 드디어 그녀는 자신이 얼마나 나쁜 상태에 있었는지 인식하게 되었다.

  종교는 단절된 시간 안에 거룩하고 편안한 천상의 장소를 제공한다. 중세기의 교회 건물은 법적인 보호 시설의 기능을 했기에, 도망 다니고 있는 범죄자들이 그 안에서 보호받을 수 있었다. 1980년대 그리스도인 모임은 미국을 중심으로 다른 지역과 연합해서 정치적으로 핍박받으며 피해 다니고 있는 사람들을 보호하기 위한 거룩한 운동을 전개했다.

  신성한 장소는 안전한 곳이다. 같은 의미로 감정적으로 신성한 곳은 우리에게 위험한 감정을 안전하게 경험할 수 있는 장소를 제공한다. 단어들이 우리의 감정을 변화시킬 수 있는 것과 같이, 신성한 것들은 우리가 피할 수 있는 장소가 될 수 있다. 종교적인 예절들은 고통스러운 감정들을 피할 수 있도록 숨을 수 있는 장소를 우리에게 제공할 수 있다. 이름 짓는 것과 길들이는 작업 대신, 우리는 신성한 공간에서 감정들을 준비시키는 전례들을 통해서 만족스러운 체험을 할 수 있다.

  우리의 부정적 감정을 길들이기 위해 감정을 진실하게 볼 수 있는 성스러운 곳을 찾아야 한다. 신성한 곳들은 여러 가지 모습으로 나타날 수 있다. 조용하고 편안한 성당, 상담자의 개인 사무실, 병원의 안전한 시설 등이다. 우리는 삶의 여정에서 우리의 생각을 신뢰해 주는 공동체와 우리를 지지해 주는 곳에서 천상을 발견한다. 영화 '흐르는 강물처럼'에서 아버지와 두 아들은 낚시를 하기 위해 가까운 냇가로 자주 간다. 서로 말은 않지만 그들은 서로 깊이 몰두하고 있다. 특별한 그 장소에서 그들은 함께 있을 수 있는 특혜를 누리고 있다. 어려운 시기를 겪을 때 그들은 그 강으로 부정적 감정들을 가져간다. 이 강이 그들에게 거룩한 장소 역할을 하는 것이다.

열정을 가지고 살기

부정적 감정의 길이 계속 될지라도 우리는 그 목적지를 알고 있다. 열정을 가지고 사는 것이다. 인내라는 어려운 작업, 이름을 짓는 것, 그리고 길들이는 작업들은 우리의 본성을 신뢰하도록 가르친다. 해명과 복수 사이의 차이점을 알 때 우리는 화를 낼 수 있다. 우울증에 직면해서 우리의 슬픔들을 식별할 수 있을 때 우리는 진정으로 비탄을 허락할 수 있다. 유해한 수치심으로부터 영향을 받지 않을 때 우리는 우리의 감정적 응답에 신뢰를 줄 수 있다.

로버트 블라이의 말에 의하면, 우리에게 드러나는 감정에 대한 신뢰가 생길 때 우리는 작은 열정들을 성숙시킬 수 있다. 삶의 초반에는 자신을 방어하느라 많은 에너지를 소비하게 되며, 다른 사람들의 요구에 적응하는 데 에너지를 다 써 버리게 된다. 의무감에 싸여서, 그리고 주의가 산만하기 때문에 우리는 자신이 항해해야 할 최선의 길을 놓치게 된다. 우리는 너무 허약하기 때문에 깊은 열망들의 요구에 응할 수 없다. 어렴풋한 희망과 불확실한 꿈으로 나약해진 열망은 일과 가정에서의 바쁜 일과 속으로 파묻히게 된다.

  몇 십 년 후에 위기, 병, 또는 상실이 우리를 멈추어 세울 것이다. 이 안에서 우리의 시야는 바뀌게 된다. 이때 우리는 우리가 애써 무시했던 열망들을 다시 인식하게 된다. 우리가 가지고 있었던 음악에 대한 초기의 사랑이 되살아난다. 지금 55세인 우리가 새로운 악기를 배우기를 갈망하게 된다. 너무 늙어서 시작할 수 없을까? 개인적인 열망이 무시되고 50년 동안 잊혀진 꿈들이 미래를 위한 희망과 지표들로 되돌아온다. 부서지기 쉬운 열망들 안에서 우리는 우리가 참으로 원하는 것들을 알게 된다.

  블라이는 이 열망하는 것들에 관해 윌리엄 제임스^{William James}의 고찰을 인용한다.

  우리의 바람들은 신뢰받아야 한다. 그것들이 일으키는 불안감은 여전히 우리 삶에 최고의 인도자가 되어 현재 판단할 수 있는 힘들을 뛰어넘어 완전한 출구로 인도할 것이다.

  익숙하고 잘 발달된 사회성, 책임감 있는 강한 외적 인격^{Persona}에도 불구하고 우리의 바람들은 이러한 것들을 뛰어넘어 도약한다. '그것들이 일으킨 불안감은' 오래도록 무시된 열정들을 회상하게 한다. 부정적 감정들을 길들임으로써 우리는 열정적인 미래로 갈 수 있는 길을 열어 주는 작은 열정들을 다시 들을 수 있을 것이다.

우리의 그림자 끌어안기

열정을 가지고 기쁘게 사는 것은 우리의 그림자와 화해하는 데 도움을 준다. 물론 그림자의 비유는 우리 인격의 다른 면을 나타낸다. 곧 여기에 갈등의 해학들이 있고, 소설에서 볼 수 있는 것과 같이 우리 자신이 어두움 속에 가려져 있기를 바라는 사고들과 거의 같은 맥락이다. 우리의 그림자는 열등감에서 오는 질투, 습관적인 빈정거림, 다른 사람들의 실패에 기쁨을 느끼는 것 등을 포함한다. 우리의 그림자는 우리가 지닌 장점들의 정반대에 자리하고 있다. 좋은 지향으로 시작한 계획들 안에서 프로젝트들을 완성해야 하는 부담감이 따른다. 또는 정의롭지 못한 정치적 구조들은 빨리 알아차리지만, 우리가 하는 일의 동기가 무엇인지 또는 우리의 견해가 무엇인지 물어보는 사람들에게는 관용을 베풀지 못한다.

우리 각자는 자신의 긴 그림자를 껴안지 못한다. 곧 우리가 싫어하는 어두운 모습으로 드러나는 것들을 다른 사람들에게 투사시키고, 자주 자신의 못마땅한 부분을 딴 데로 돌린다. 만약 우리가 이렇게 투사하고 있다는 사실을 인식하지 못한다면, 이 그림자들은 우리의 관계를 어둡게 하고 우리의 삶을 방해할 것이다.

우리 자신 안에 있는 그림자는 그 자체로 역사가 있다. 이카로스와 같이 정열을 가지고 이상을 추구하고, 젊음을 가지고 의욕적으로 다가가서 태양을 향해 곧장 날아갈 수 있다. 독단적인 태도가 우리 뒤에 있는 그림자를 더 짙게 한다. 우리의 눈이 태양을 향했을 때처럼, 이는 우리의 시야를 완전히 잃어버리게 한다. 우리가 성숙했을 때 이 그림자는 숨어 있는 장소에서 밝은 빛이 비치는 바깥으로 나오게 된다. 이때 태양이 더 이상 우리를 장님으로 만들지 못한다. 우리 눈이 숨겨진 구석을 봄으로써 우리는 자신의 그림자를 발견할 수 있다. 우리를 혼란스럽게 하는 친근해진 것들의 어두운 실체들을 중년의 삶에서 발견하게 된다. 우울증에 시달릴 때 태양은 우리 뒤에 감추어져 있던 것들을 꺼내 우리 자신의 그림자와 직면하도록 한다. 이때 우리의 결점들과 한계들이 크게 부각된다. 이 때문에 우리는 그들에 대한 초점을 잃을 수도 있다. 우리의 그림자는 우리 앞으로 길게 드리워져 주의력을 빼앗고 우리의 길을 애매하게 한다.

우리의 분노, 죄책감, 그리고 수치심으로 쌓여 있는 상처들을 인정할 때, 우리는 치유의 과정을 시작한다. 한 중년 간부는 경영 능력이 뛰어났기 때문에 자신이 확실하게 성공하고 있다고 생각한다. 그는 성취하고자 하는 일에 자신을 몰입시키면서 다른 것들은 외면해 버린다. 지금 그는 그림자의 세력을 인식한다. 곧 성공에 대한 강박관념에 사로잡혀 있다는 것을 인식한다.

삶 전반에 걸쳐 죄책감으로 고통받고 있는 한 여인은 다른 사람으로부터 도움의 손길을 받는 것을 용납할 수 없었다. 모든 빚들은 빨리 갚아야 하고, 신세를 졌을 때는 선물로 되갚음으로써 상쇄시켜 버렸다. 그녀는 자신의 삶을 괴롭혀 왔던 죄책감을 없애기 위해 의식적으로 신세를 지는 생활을 즐길 수 있도록 스스로 허락했다. 그래서 지금 그녀는 다른 사람들과 유대를 맺고 사는 방법을 알게 되었다. 그녀 역시 그녀의 '그림자를 끌어안기' 시작한 것이다.

차츰차츰 우리는 우리에게 더 이상 필요하지 않은 부분으로부터 자유로워진다. 우리의 그림자는 우리의 일부분이기 때문에 우리는 완전하게 그것을 제거할 수 없다. 그러나 그림자를 우리 안으로 받아들일 때, 껴안은 그림자는 신기하게도 성숙하게 된다.

우리의 감정 껴안기

부정적 감정의 길에는 은유적인 표현으로 껴안음의 길이 있다. 이 길로 나아가기 전에 자신의 세계와 감정들에 대한 조율은 필수적인 요소이다. 그러나 슬픔의 다리를 건너는 과정에서 우리는 '예수님을 따르는 것이 세상을 변화시키는 것이 아니라 그것을 껴안는 것'임을 배웠다. 차츰 우리는 완벽하고자 하는 야망에서 해방되고, 복음이 이야기하는 것처럼 통제하고자 하는 마음을 비울 때 우리에게 놀랄 만한 열매를 가져온다는 것을 배운다. 로베르토 웅거의 말을 통해 보자.

당신은 헛되이 주체적으로 상처, 재난, 정체성의 상실을 통제하려고 했다. 그러나 이제 쉽게 빠져 들었던 그 세계에서 벗어난다. 그리고 그 세계를 계속 고수하려고 하거나 멀리하려고 애쓰지 않기 때문에, 당신은 마음과 의지를 통해 이해할 수 있는 세계로서 그것을 다시 회복한다.

희망을 하느님께 둘 때 우리는 다시 주님의 분노와 자비, 예수님의 실망과 기쁨을 맛볼 수 있는 성경으로 기꺼이 돌아간다. 여기서 우리는 다시 부정적 감정을 어떻게 껴안을 수 있는지를 배우고, 참을성 있게 문제가 되는 우리의 감정들을 열매 맺는 열정으로 전환하는 신비의 세계로 들어서게 된다.

감정 스케치

마지막 성찰로 자신의 여정을 살펴볼 수 있도록 당신을 초대합니다. 당신에게 익숙한 고통스러운 감정의 길을 이해하고 때때로 기도 안에서 그 순간들을 성찰하면서 여정을 시작해 보십시오. 그 무엇도 강요하지 말고 당신 자신을 표현하십시오.

　　　　지금 당신에게 때때로 문제가 되는 감정을 생각해 보십시오. 이것은 우리가 살펴온 주제들인데, 다음 네 가지 중에 하나가 될 수 있습니다. 분노, 수치심, 죄책감, 그리고 우울증 등을 말합니다. 또는 지금 당신에게 문제가 되는 다른 감정이 될 수도 있습니다. 일단 당신이 선택했다면, 이 부정적인 감정의 길의 원리를 통해 그 감정을 추적하십시오. 인내를 가지고 출발하십시오. 예를 들면, 원리를 적용할 때, 문제가 되었던 감정들에 주의를 기울이는 데 더 효과적이었습니까? 당신은 어떻게 마음의 청취 능력을 길렀습니까? 성찰하는 데 서두르지 마십시오. 인내를 가지고 수행할 때 다른 질문들과 함께 통찰력을 갖게 되고, 무슨 의미가 있었는지 깨닫는 데 도움을 줍니다.

　　　　그러면 다른 원리들을 통해 계속해 보십시오. 이름 짓는 것, 친해지는 것, 그리고 열정으로 살아가는 것, 각 부분에 시간을 두고, 과거의 경험을 탐구하고 지금 품고 있는 희망이 무엇인지 자신의 속도에 따라 움직여 가십시오. 하나의 도표를 완성하는 것보다 자신에게 중요한 것이 무엇인지 인식하고 맛보는 것이 더 중요합니다. 찬미와 기도, 감사, 또는 슬픔 안에서 이 성찰을 계속하십시오. 후에 시간이 허락될 때, 당신이 초점을 맞춘 것에 따라 다른 감정 안에서 이 수련을 또 해 보십시오.

보충자료

아래에 열거된 책과 논문들은 '참고 문헌'에 실려 있다.

1부° 우리 열정의 전환

감정, 친구 같지 않은 친구

오늘날 심리학자들은 감정에 대한 연구에 임하면서 서로 다른 다양한 관점들을 가지고 있다. 특별히 관심이 가는 것은 폴 에크먼Paul Ekman의 「Emotions Revealed」, 캐럴 마가이Carol Magai와 자네트 하빌랜드-존스Jeannette Haviland-Jones의 「The Hidden Genius of Emotion : Lifespan Transformations of Personality」, 리처드 S. 라자루스Richard S. Lazarus의 「Stress and Emotion : New Syntheses」이다. 캐서린 테오도시우스Catherine Theodosius는 「Emotional Labor in Health Care」에서 간호사들과 다른 돌보는 사람들의 전문적인 일 안에서의 감정 역할을 시험한다. 우리는 그의 학술 논문 "When Health Workers Stop to Mourn"에서 인용한다.

    부정적인 감정을 긍정적인 측면으로 보는 개념에 대해 읽을 만한 책은 심리학자 윌러드 게일린의 「Feelings : Our Vital Signs」이다. 이 장에서 인용한 글들은 이 책 1장에서 인용한 것이다. 심리치료사 노먼 로젠탈Norman Rosenthal은 「The Emotional Revolution」에서 실제 필요한 예시들을 제공하기 위해 "harnessing the power of emotions for a more positive life"라는 현재의 연구 자료에 의거한다.

철학자 마사 누스바움[Martha Nussbaum]은 「Upheavals of Thought」에서 인지적 자원들로써 감정의 포괄적 분석을 제공한다. 또한 안토니오 다마지오[Antonio Damasio]의 「Descartes' Error」와 「Looking for Spinoza」를 참조하라. 로버트 솔로몬은 책임 있는 삶의 전략으로써 감정을 강하게 주장한다. 그의 「The Passions」의 소개 부분 19쪽에서 인용한다. 로베르토 웅거는 「Passion : An Essay on Personality」에서 인간의 삶에 열정이 기여하는 바를 환기시켜 주고 있다. 여기에서 인용한 논평을 보려면 101쪽과 그 이하를 참조하라. 리처드 소라뷔[Richard Sorabji]는 「Emotions and Peace of Mind」에서 초기 그리스도교 사상 안에서의 금욕주의의 영향을 추적한다. 하느님의 창조적 숨결[ruach]에 관해 탁월하게 개관해 놓은 부분을 보려면, 버나드 리[Bernard Lee]의 「Jesus and the Metaphors of God」을 참조하라. 열정과 은총 사이의 관련성에 대한 탐구를 보려면, 제임스 D. 화이트헤드[James D. Whitehead]와 에벌린 이튼 화이트헤드[Evelyn Eaton Whitehead]의 「홀리 에로스[Holy Eros : Pathways to a Passionate God]」을 참조하라.

감정과 사귀기

다니엘 골먼[Daniel Goleman]은 감정에 관한 토론에서 달라이 라마[Dalai Lama]와 서구학자들을 포함하는 몇몇 모임을 후원했다. 그는 「The Destructive Emotions」와 「Healing Emotions」에서 이러한 대화들의 열매를 보고한다. 「The Regulation of Emotion」에서 피에르 필리포트[Pierre Philippot]와 로버트 펠드먼[Robert Feldman]의 현재의 감정적 고통의 이해와 치유에 관한 보고는, 뛰어난 심리학자들에 의한 중요한 학술 논문들에서 비롯된 것이다. 엘리자베스 노먼 Elizabeth Norman은 「Women at War」에서 베트남 전쟁에서 일한 간호사들 사이에서 나타나는 정신 외상 후 스트레스 장애에 대해 보고한다.

토머스 버클리는 "the Seven Deadly Sins"에서 화를 고찰한다. 스캇 펙은 「The Road Less Traveled」 1장에서 고통과 아픔을 구별한다. 윌리엄 스트링펠로우는 「A Simplicity of Faith」에서 슬픔을 뛰어넘는 움직임을 도표로 만든다. 아나톨 브로야드는 자신의 죽음에 이름을 짓고 길들이고자 했던 그의 적극적 노력을 설명했다. 우리는 「Intoxicated by My Illness」에서 7쪽과 61쪽을 인용했다.

폴 리쾨르는 「The Symbolism of Evil」에서 언어의 역할을 탐구한다. 우리는 7쪽을 인용한다. 피터 브라운은 「The Body and Society」에서 수도원 생활과 그리스도교 금욕주의 안에서 성을 버리는 것과 사회를 버리는 것 사이의 관련성을 흥미롭게 추적한다. 열정에 대한 그의 언급은 129-130쪽을 보라. 마르쿠스 아우렐리우스의 「명상록」은 로브 고전 문고 Loeb Classical Library 시리즈에서 볼 수 있다. 우리는 그루브 G. M. A. Grube의 번역판 66쪽, 79쪽, 그리고 129쪽에서 인용했다. 「Clemment of Alexandria」에서, 살바토레 일라 Salvatore Lilla는 열정은 "혼의 가장 심각한 병이다."(96쪽)라고 말하는 초기 신학자의 판단에 대해 이야기한다. 요제프 피퍼 Josef Pieper는 「The Four Cardinal Virtues」에서 토마스 아퀴나스의 인내에 관한 이해를 탐구한다.

2부 ° 화 : 위기 시의 감정

분노라는 호랑이를 추적하기

심리학자 케롤 태브리스Carol Tavris는「Anger」에 대한 폭넓고 이해하기 쉬운 연구 자료를 비평한다. 심리학자 제임스 애버릴은 일상의 화를 이해하는 데 중요한 기여를 했다. 그의「Anger and Aggression」과 후기 논문 "Studies on Anger and Aggression : Implications for Theories of Emotion"을 보라. 우리는 그의 논문 1149-1150쪽을 인용했다. 신학자 바바라 해리슨은 "The Place of Anger in the Works of Love"에서 화의 긍정적인 잠재성을 이야기한다. 우리는 14쪽을 두 번 인용했다.

해리엇 골드허 러너는「The Dance of Anger」에서 친근한 화의 유익성과 남용에 관한 개념을 정립했다. 특히 여성의 경험을 관찰하면서, 러너는 화의 응답의 건강하지 않은 패턴들을 깨는 실제적인 방법을 제시한다. 다나 크로울리 잭은「Silencing the Self」에서 우울증을 폭넓게 분석하면서 개인적 그리고 사회적 변화를 위해 화가 어떻게 기여하는지 시험한다. 우리는 41쪽에서 인용했다.

윌러드 게일린은「The Rage Within : Anger in Mordern Life」에서 현대 삶의 복합적 요구 안에서 긴박한 감정으로서의 화를 포괄적으로 제시한다. 또한「The psychological Descent into Violence」안에서 그의 설명을 참조해 보라. 제임스 Q. 윌슨은「The Moral Sense」에서 현대 사회에 만연해 있는 적개심을 누그러뜨리기 위해 필요한 윤리 의식을 강조한다. 코넬 웨스트는「Race Matters」에서 미국 내 흑인들의 허무주의를 다룬다. 224쪽을 인용했다. 마야 안젤루Maya

Angelou의 화와 비꼼 사이의 구분은 「Writing Lives : Conversations between Women Writers」에서 인터뷰 부분을 인용했다. 월레스 스테그너의 비꼼에 대해서는 「All the Little Live Things」 12쪽에 나온다.

리 이얼리는 맹자가 언급한 정의나 용기와 밀접한 관련이 있는 '초자연적 특성'을 지닌 '심리학적 에너지'로서의 기氣를 고찰한다. 「Mencius and Aquinas : Theories of Virtue and Conceptions of Courage」, 특히 152-154쪽을 보라. 아리스토텔레스의 화에 대한 언급을 보기 위해서는 「Nicomachean Ethics」 1125B-1126B를 참조하라. 토마스 아퀴나스의 화에 대한 관찰은 「Summa Theologiae」의 질문Questions 46-48 Ia-IIae를 보라.

우리는 우리의 화를 어떻게 다루는가?

화에 대해 효과적인 응답을 하는 데 도움이 되는 중요한 자료들이 있다. 예를 들어, 로널드 포터-에프론Ronald Potter-Efron의 「Angry All the Time : Emerging Guide to Anger Cotrol」과 그의 동료 파트리카 포터-에프론Patricia Potter-Efron과 공동 작업한 「Letting Go of Anger : Common Anger Styles and What to Do about Them」을 참조하라. 캐시 스비틸Kathy Svitil의 「Calming the Anger Storm」과 리노 페리보이Reneau Peurifoy의 「Anger : Taming the Beast」에서는 화를 인식하고 다룰 수 있는 실제의 전략들을 발전시킬 수 있는 연구 결과들에 대해 논하고 있다.

빌라세뇨르의 '주목할 만한 가족의 역사 이야기'의 원작은 그의 저서 「Rain of Gold」를 참조하라. 레너드 버코위즈Leonard Berkowitz는 분노에 주의를 기울이는 중요성을 강조하는 연구 조사를 "On the

Formation and Regulation of Anger and Aggression"을 통해 논하고 있다(501쪽 인용). 로셀 알빈^{Rochelle Albin}의 분노를 표현하는 것에 대한 의견은 그녀의 저서 「Emotions」 83쪽에 나와 있다. 바바라 해리슨의 의견은 그녀의 학술지 "The Place of Anger in the Works of Love" 15쪽에 나와 있다.

「Cold Anger : A story of Faith and Power Politics」는 메리 베스 로저스의 작품으로 저자는, 그 지역 사회에 깊게 뿌리내리기 위해 노력한 산업지역재단^{IAF}의 사람들과 원칙을 소개하고 있다(190-191쪽). 에드워드 챔버스와 미카엘 코완^{Edward Chambers and Michael Cowan}은 「Roots for Radicals : Organizing for Power, Action, and Justice」에서 그것의 창시자, 솔 앨린스키^{Saul Alinsky}로부터 현재까지 IAF의 역사와 전략을 추적한다.

마틴 도브마이어^{Martin Doblmeier}의 주목할 만한 다큐멘터리 영화를 기반으로 한, 케네스 브리그^{Kenneth Briggs}의 「The Power of Forgiveness」는 개인적인 그리고 사회적인 화해를 포함한 종교적, 심리적, 그리고 역사적 요소들을 폭넓게 검토한다. 스테파니 도릭^{Stephaine Dowrick}은 「Forgiveness and Other Acts of Love」에서 인간 공동체를 유지하는 덕들을 숙고한다. 또한 루이스 스머즈^{Lewis Smedes}의 유익한 토론 「Forgive and Forget : Healing the Hurts We Don't Deserve」를 참조하라.

화의 영성

「Transforming Fire : Women Using Anger Creatively」에서 캐스린 피셔^{tuKathleen Fischer}는 화의 긍정적인 잠재력을 발견하기 위한 영

적 지침을 제공한다. 다나 크로울리 잭은 「Silencing the Self」 140쪽에서 개인의 화의 중요성에 대해 이야기한다. 메리 캐서린 베이트슨은 「Composing a Life」 205-206쪽에서 화가 그녀에게 준 선물에 대해 이야기한다. 틱낫한Thich Nhat Hanh은 「Anger : Wisdom for Cooling the Flames」에서 불교의 화의 이해에 대한 현대적 고찰을 한다.

성서학자 존 맥캔지John McKenzie는 화를 구약성경 안에서 중심적인 열정으로 인정한다. 예언자 나탄은 다윗 왕의 부정에 대한 이야기를 비유로 들려줌으로써 그의 화를 불러일으킨다(2사무 12,1-4). 예언자 호세아가 그랬던 것처럼(호세 5,10), 에제키엘 역시 하느님의 진노를 선포한다(에제 8,18).〔「The Jerome Biblical Commentary」 753쪽을 참조하라.〕 신학자 필리스 트리블Phyllis Tribble은 「God and the Rhetoric of Sexuality」 33쪽에서 동정과 태내 사이의 정확한 관련성을 설명한다. "단수 명사형 '레헴rehem'은 '자궁'이나 '태내'를 의미한다. 복수 '라하밈rahamim'의 구체적인 의미는 동정, 자비, 사랑의 추상적 개념으로 넓혀진다. 따라서 우리는 여성의 몸이 신체적인 기관으로부터 정신적인 형태로 바뀐다는 것을 비유적으로 설명할 수 있다."

「Ministry : Leadership in the Community of Jesus Christ」에서 에드워드 스킬레벡스Edward Schillebeeckx는 초대 교회 공동체 안에서의 예언직을 연대순으로 기록한다. 특히 그의 주석 145쪽을 참조하라. 현대 예언직의 함축성에 대해서는 「The Promise of Partnership : A Model for Collaborative Ministry」 안에 있는 '오늘날 예언직의 지도력'을 참조하라.

「The Body and Society」에서 역사학자 피터 브라운은 초기 그리스도교의 새로운 문화적 맥락 안에서 '육체와 영혼'에 관한 바오로 사도의 개념들을 해석한다. 예를 들어, 그의 뛰어난 해석을 보려면 48쪽과 418쪽을 보라. 브라운은 129쪽에서 열정에 대한 클레멘스의 스토아적 이해를 간략하게 언급한다. 마르쿠스 아우렐리우스의 인용은 그루브 B. N. A. Grube가 옮긴 「명상록」을 참조했다. 6쪽, 9쪽, 11쪽, 46쪽, 53쪽, 118쪽을 참조하라.

요제프 피퍼는 「The Four Cardinal Virtues」에서 격노, 화, 그리고 용기에 대해 탐구한다. 리 이얼리는 「Mencius and Aquinas : Theories of Virtue and Conceptions of Courage」에서 용기와 관련하여 기氣를 이야기한다. 특히 152쪽 이하를 참조하라. 헨리 페어리의 화에 대한 언급은 「The Seven Deadly Sins Today」 87쪽에서 볼 수 있다.

아리스토텔레스의 화에 대한 언급을 보기 위해서는 「Nichomachean Ethics」 1125b26‒1126b10을 참조하라. 토마스 아퀴나스는 「신학대전」 2부(Ia‒IIae)의 첫 번째 항의, 질문 46‒48에서 화에 대해 탐구한다. 아퀴나스의 열정에 대한 낙관적인 해석은 질문 59에 나온다. 여기서 아퀴나스는 열정에 대한 두 가지 다른 관점을 주의 깊게 구분한다. "만약 우리가 스토아 사상에서 그런 것처럼 열정이 과도한 감정을 의미한다면, 그때 그것은 완덕이 열정이 없는 것임에 틀림없다. 그러나 만약 열정이 '모든 감각적 욕구의 움직임'을 의미한다면, 그때 그 자체로 열정을 가진 윤리적인 덕은 열정 없이는 성취될 수 없다는 것이 자명하다." 존 오스텔리 John Oesterle가 번역한 「St. Thomas Aqunas : Treatise on the Virtues」 96쪽을 참조하라. 덕을 순수한 영의 힘보다는 몸의 재원으로서 보는 개념은 아우구스티노와는 다르지만 초대 그리스도교에서 이야기하는 개념과는 상당히 비슷하다(폴 곤드로Paul Gondreau

의 「The Passions of Christ's Soul in the Theology of St. Thomas Aquinas」를 참조하라).

알래스데어 매킨타이어는 「After Virtue」 160쪽과 206쪽에서 갈등의 긍정적 역할을 고찰한다. 그는 철학자 존 앤더슨의 말을 인용하면서 153쪽에서 사회 안에서의 갈등의 계시적 역할을 이야기한다. 그는 "Sophrosune : How a Virtue Can Become Socially Disruptive"에서 절제의 혁명적인 잠재성을 시험한다.

3부° 수치심과 죄책감 : 소속의 대가

소속의 경계선

헬렌 메릴 린드 Helen Merrill Lynd는 그의 초기 작품 「On Shame and the Search for Identity」에서 오늘날 이 문제의 심리학적 이해의 기초를 세운다. 게션 카프만 Gershen Kaufman은 「The Psychology of Shame」에서 현대에 만연해 있는 이 감정의 이론과 치유에 대해 고찰한다. 특히 "Facing Shame over the Life Cycle"을 참조하라.

칼 슈나이더는 「Shame, Exposure, and Privacy」 34쪽에서 노출의 중요성을 탐구한다. 수치심과 자아 인식에 대한 언급은 25-28쪽을 보라. 에릭 에릭슨의 수치심에 대한 정의는 그의 고전 「Identity and the Life Cycle」 71쪽에서 볼 수 있다. 또한 그의 「The Life Cycle Completed : A Review」에서 이 주제에 대해 새롭게 이야기한다. 시드니 캘러한은 그녀의 책 「In Good Conscience : Reason and Emotion in Moral Decision Making」에서 성숙한 양심의 발달에 있

어서 감정들의 역할을 이해하기 쉽게 다룬다. 우리는 이 에세이의 75쪽을 인용했다.

존 브래드쇼는 「Healing the Shame That Binds You」에서 수치심이 지닌 독성에 대해 잘 정리하고 알기 쉽게 설명한다. 여기에서 인용한 구절은 237쪽이다. 로버트 블라이는 「Iron John : A Book About Men」 147쪽에서 어린아이 안에 있는 수치심의 잠재력에 대해서 이야기한다. 닐 쉬한의 퓰리처 수상작 「A Bright Shining Lie」는 베트남 전쟁의 영웅이었던 존 폴 반 John Paul Vann 의 삶을 그린 책이다.

크리스토퍼 거머 Christopher Gerner 는 「The Mindful Path to Self-Compassion」을 통해 수치심과 다른 자기-파괴의 감정들을 대면하고 뛰어넘는 지침서를 제공한다. 또한 로널드 포터-에프론과 파트리카 포터-에프론의 「Letting Go of Shame」을 참조하라.

죄책감의 모습

윌러드 게일린은 그의 죄책감에 대한 긍정적인 생각에 관한 논평을 「Feelings : Our Vital Signs」 40쪽 이하에서 묘사하고 있다. 「Guilt Is the Teacher, Love is the Lesson」에서, 임상 연구가인 조앤 보리센코는 부끄러움과 죄책감의 명확한 분석과 이러한 감정에 대처할 수 있는 성찰 자료를 제공한다. 보리센코의 접근 방법 중 하나를 들어 보면, 종교와 신앙심은 꼭 필요한 양분이라는 사실이다. 그녀는 건전한 죄책감의 유전적 신앙심과 가장 건전하지 못한 형태의 종교적 죄책감을 확실하게 구분하고 있다(27쪽). 종교와 죄책감의 더 균형 잡힌 논의를 보려면, 브루스 나라모어 Bruce Narramore 의 「No Condemnation : Rethinking Guilt Motivation in Counseling, Preaching &

Parenting」을 참조하라. 제랄드 메이Gerald May의 훌륭한 작품 「Addiction and Grace : Love and Spirituality in the Healing of Addiction」에서도 자세하게 설명하고 있다.

에릭 에릭슨은 학습에 도움이 되는 죄책감과 자아의식, 인생의 초기 단계에서의 긴장감 발달에 관한 탐험을 「Identity and the Life Cycle」에서 설명하고 있다. 우리는 솔선수범에 관한 그의 의견을 84쪽에서 찾아볼 수 있다.

필립 리프는 "열성적인 것뿐만 아니라 지성적이고 숙고하는 것으로서의 양심의 종교적인 관점"을 「Freud : The Mind of the Moralist」에서 "양심은 사회적 권위에 의해 제공되고, 숙고하지 않고 그것에 의해 좌우된다."라는 프로이트의 신념과 구분한다(299쪽). 「The Splendor of Truth(Veritatis Splendor)」에서 교황 요한 바오로 2세는 도덕에 관해 보내는 교서를 통해 우리가 갈망하는 하느님의 음성을 통해 드러나는 솔선수범의 음성을 다시 한 번 확인시켜 준다(314-316쪽).

「Tragic Redemption : Healing Guilt and Shame」에서 히람 존슨Hiram Johnson은 죄책감에서 은총으로의 개인적 치유 여정을 감동적으로 설명한다. 심리학자 데이비드 번스David Burns는 죄책감에서 파생된 왜곡되지 않은 인식으로부터의 양심의 가책을 구분하고 있다. 아울러 그는 잘못된 행동뿐만 아니라 나쁘게 되는 것 자체에 대해서도 설명하고 있다. 그의 저서 「Feeling Good」 178쪽을 참고하라. 폴 토니어Paul Tournier의 「Guilt and Grace : A Psychological Study」에서는 건강하고 그리고 건강하지 않은 죄책감 모두에 관한 지혜가 풍요롭게 펼쳐진다. 중요한 죄책감에 관한 철학적 논쟁은 폴 리쾨르의 「The Symbolism of Evil」 100-150쪽과 리처드 스윈번Richard Swinburne의

「Responsibility and Atonement」를 참조하라.

건강한 수치심

「Shame, Exposure and Privacy」에서 수치심의 긍정적 요소에 대해 심도 있는 연구를 한 칼 슈나이더에게 우리는 특히 감사한다. 우리는 이 장에서 16쪽을 인용했다. 버나드 윌리엄스는 「Shame and Necessity」에서 수치심의 건강한 덕의 역할을 제시한다. 윌리엄스는 '윤리 이전'의 사회적인 준거로써 많은 역사학자에 의해 이루어진 부정적 평가를 통해 수치심에 대한 초기 그리스의 감각을 되찾기 위한 노력에 힘을 쏟는다. 특히 4장에서 '수치심과 자율성'에 대해 언급한 부분을 참조하라.

에릭 에릭슨은 「Identity and the Life Cycle」 70-71쪽에서 의지의 발달에 대해 이야기한다. 마이클 루이스Michael Lewis는 「Shame : The Exposed Self」에서 수치심의 긍정적 치료에서 발전된 접근을 한다. 질 맥니쉬Jill McNish는 「Transforming Shame : A Pastoral Response」에서 수치심의 변화의 가능성을 시험하는데, 그녀는 심리학적 그리고 신학적 자료들에 의거한다. 루이스 스메데스Lewis B. Smedes는 「Shame and Grace : Healing the Shame We Don't Deserve」에서 수치심의 건강한 차원을 탐구한다. 특히 4장과 8장을 보라.

나탄 샤렌스키의 모욕에 관해서는 그의 자서전 「Fear No Evil」 8쪽을 보라. 시드니 캘러한의 건강한 수치심과 성숙한 양심 사이의 관계성에 대한 고찰은 「In Good Conscience: Reason and Emotion in Moral Decision Making」 64쪽에 나온다. 애덤 필립스의 평정에 관한 고찰은 「On Kissing, Tickling and Being Bored : Psychoanalytic Essays on the Unexamined Life」 42쪽 이하를 참조하라.

사회적 수치심의 전환

도널드 나탄슨Donald L. Nathanson은 「Shame and Pride : Affect, Sex, and the Birth of the Self」에서 사회적 맥락에서 현대의 수치심에 대한 다양한 시각들을 종합한다. 또한 그의 초기 작품 「The Many Faces of Shame」을 참조하라. 엘리자베스 제인웨이는 「Improper Behavior : When and How Misconduct Can Be Healthy for Society」에서 수치심에 대한 사회적 역동성을 다룰 수 있는 지혜롭고 적극적인 조언을 한다. 「Vital Involvement in Old Age」에서 에릭 에릭슨, 조앤 에릭슨Joan M. Erikson, 헬렌 키브닉Helen Q. Kivnick은 수치심에 대한 초기 단계에서의 개인적 경험과 후반기 삶의 경험 사이의 관련성을 추적한다.

종교 공동체 안에서의 전략으로 사용된 침묵에 대한 예는, 신학자 찰스 커란Charles Curran이 「Faithful Dissent」에서 자신의 개인적인 그리고 전문적인 경험을 묘사한 내용을 보라. 영성에 관한 그의 논의에서, 존 맥네일John McNeill은 「Taking a Chance on God」에서 레지비언, 게이, 그리고 성전환 그리스도인들의 종교적 경험과 수치심과의 관련성을 살펴본다. 또한 그의 「Sex as God intended」에서 그에 관한 저자의 숙고를 참조하라.

4부° 감추어진 선물 : 슬픔, 외로움, 두려움

슬픔의 선물

경험이 많은 상담자는 슬픔을 겪고 있는 사람들에게 정보와 지지 모두를 준다. 다음의 책들을 참조하라. 데보라 코르엘Deborah Coryell의 「Good

Grief : Healing through the Shadows of Loss」, 토마스 엘리스Thomas Ellis의 「This Thing Called Grief : New Understandings of Loss」, 엘리자베스 퀴블러-로스Elisabeth Kübler-Ross와 데이비드 케슬러David Kessler의 「On Grief and Grieving : Finding the Meaning of Grief through the Five Stages of Loss」이다.

사목자이자 신학자인 허버트 앤더슨은 슬픔의 정신 역학을 분류하고 효과적인 사목적 응답을 서술함으로써 지대한 공헌을 했다. 예를 들어, 케네스 미첼Kenneth Mitchell과 공동 집필하여 현재 대표적 논고가 되고 있는 다음의 문헌들을 참조하라. 「All Our Losses, All Our Griefs : Resources for Pastoral Care」. 우리는 여기에서 그의 말년의 수필 "What Consoles"의 378쪽을 인용한다.

캐슬린 오코너는 「Lamentation and the Tears of the World」에서 통곡의 치유하는 힘에 대해 검토한다. 월터 브루그만은 그의 책 「The Prophetic Imagination」에서 슬퍼함에 대해 살펴본다. 콜린 머레이 파크Colin Murray Parkes는 그의 책 「Love and Loss : The Roots of Grief and Its Complications」에서 슬픔의 과정을 둘러싼 심리적 문제에 대한 통합된 관점을 보여 준다. 「Healing through the Dark Emotions : The Wisdom of Grief, Fear and Despair」에서 미리암 그린스팬Miriam Greenspan은 개인의 성장에 있어 고통스러운 감정이 하는 역할에 대한 통찰력 있는 의견을 제시한다. 이 책에는 이러한 '어두운 감정들' 각각에 대해 더 살펴보기를 원하는 독자들을 안내하는 가치 있는 훈련법이 있다.

슬픔에 대한 의견은 데이비드 파워의 "Households of Faith in the Coming Church" 253쪽을, 윌리엄 스폰의 "Jesus and

Christian Ethics" 104쪽을, 또한 토마스 드라이버의 「The Magic of Ritual」 156쪽을 보라.

외로움에서 배우기

「Loneliness : Human Nature and the Need for Social Connection」에서 존 카치오포^{John Cacioppo}와 윌리엄 패트릭^{William Patrick}은 외로움이 행복과 건강에 미치는 육체적, 감정적 영향을 입증한다. 「The Restless Heart : Finding Our Spiritual Home in Times of Loneliness」에서 로널드 롤하이저^{Ronald Rolheiser}는 위안과 지지를 주는 것에 대해 고찰한다. 「Playing and Reality」에서 도날드 위니캇은 '환경 유지'의 중요성에 대해 고찰한다. 또한 해리엇 골드허 러너의 「The Dance of Connection」을 참고하라.

스테파니 다우릭^{Stephanie Dowrick}은 「Intimacy and Solitude : Balancing Closeness and Independence」에서 친밀감과 고독 사이의 균형을 찾는 심리적 영적 중요성에 대해 논한다. 애덤 필립스는 「On Kissing, Tickling and Being Bored : Psychoanalytic Essays on the Unexamined Life」 3장에서 위험과 고독 사이의 연관성에 대해 고찰한다. 에스터 브흐홀츠^{Ester Buchholz}는 「The Call to Solitude : Alonetime in a World of Attachment」에서 인간의 삶을 통해 고독이 지속적으로 필요하다는 것을 고찰했다. 「Solitude : A Return to the Self」에서 앤서니 스토^{Anthony Storr}는 고독과 창의성 사이의 연관성에 대해 고찰한다.

로버트 키건은 「In over Our Heads : The Mental Demands of Modern Life」에서 인지 발달에 관한 그의 도식을 설명한다. 자기

친밀감의 덕목을 발달시키는 고독의 역할에 대한 논의는 에벌린 이튼 화이트헤드와 제임스 D. 화이트헤드의 「Christian Adulthood : A Journey of Self-Discovery」를 참조하라.

엘리엇의 시구는 「Four Quartets」에 나오는 시 '이스트 코커 East Coker'에서 인용했다. 세이머스 히니의 '세계적인 상처를 받고 세계적인 기술을 가진'에 대한 내용은 「The Redress of Poetry」 114쪽에서 인용했다.

친구로서 두려움 발견하기

에드몬드 본Edmund Bourne과 로나 가라노Lorna Garano는 「Coping with Anxiety : 10 Simple Ways to Relieve Anxiety, Fear, and Worry」에서 불안과 두려운 느낌들의 정상적인 범위를 다루는 사려 깊고 실제적인 접근법을 제공한다. 「Calming Your Anxious Mind」에서 제프리 브랜들리Jeffrey Brantley는 도움이 되는 전략들로 마음 챙김과 묵상 훈련을 제시한다. 또한 「How Not to Be Afraid of Your Own Life」에서 매일의 묵상 훈련을 위한 수전 파이버Susan Piver의 프로그램을 참조하라. 보나로 오버스트리트Bonaro Overstreet의 두려움의 심리학적 역동성들에 관한 초기의 논의 「Overcoming Fear in Ourselves and Others」는 가치 있는 자료를 담고 있다.

경험이 풍부한 치료사 해리엇 골드허 러너는 「The Dance of Fear」에서 두려움이 개인의 성장을 억누르는 방식들을 조사하고 치유와 변화에 대한 실제적인 응답들을 탐구한다. 안젤라 닛-바넷Angela Neal-Barnett은 「Soothe Your Nerves : The Black Woman's Guide to Understanding Anxiety, Panic, and Fear」에서 아프리카계 미국인 여성들 안에 있는 불안과 두려움의 원인이 되는 요소들에 대해서 이야기한다.

발달 심리학자 존 볼비는 「A Secure Base : Parent-Child Attachment and Healthy Human Development」에서 아이들의 두려움과 불안의 경험, 그리고 그것들이 성인의 삶에 미치는 영향들에 관한 연구 보고서를 제공한다. 우리는 윌러드 게일린의 「Feelings : Our Vital Signs」 30 - 31쪽에서 두려움에 대한 논의를 인용했다.

「Feel the Fear and Do It Anyway」에서 수전 제퍼스 Susan Jeffers는 두려움과 매일의 삶에서 두려움을 다룰 수 있는 방식들을 시험한다. 에릭 H. F. 로우 Eric H. F. Law는 「Finding Intimacy in a World of Fear」에서 편견과 사회적 두려움에 의해 야기된 양극화를 극복하는 데 도움을 주는 의사소통 지침서들을 내놓았다. 「Comforting the Fearful : Listening Skills for Caregivers」에서 르로이 호우 Leroy Howe는 두려움에 대한 사목적 응답을 위한 전략들을 검토하면서 두려움을 믿음의 삶과 사목적으로 연결시킨다.

이 장을 열어 준 인용 문구는 오든의 시 '잠시 동안 For the Time Being'에서 옮겼다.

두려움에 관한 그리스도인의 성경

캐슬리 피셔 Kathleen Fischer는 「The Courage the Heart Desire : Spiritual Strength in Difficult Times」, 특히 6장 'Praying When We're Scared'와 8장 'The Core of Courage'에서 두려움의 영적 차원들을 숙고한다. 케리 월터스 Kerry Walters는 「Jacob's Hip : Finding God in an Anxious Age」에서 두려움, 연약함, 그리고 불안을 다루

었다. 라삐 슈물리 보티치^{Shmuley Boteach}는 「Face your Fears : Living with Courage in an Age of Caution」에서 두려움을 영적 삶을 위한 자원으로 변화시키기 위한 설득력 있는 제안을 한다.

애덤 필립스는 「On Kissing, Tickling and Being Bored : Psychoanalytic Essays on the Unexamined Life」에서 걱정의 애매모호한 역동성을 탐구한다. 우리는 57쪽에서 인용한다. 개리슨 케일러^{Garrison Keillor}는 「Lake Wobegon Days」에서 그가 받은 종교 교육으로 말미암은 고뇌를 묘사한다. 우리는 254쪽에서 인용한다. 존 라는 "악마 애인^{The Demon Lover}"에서 잉그마르 베르히만의 불안에 관해 이야기한다. 우리는 67쪽에서 인용한다.

리 이얼리는 토마스 아퀴나스의 사상을 통해 그리고 중국 철학자 맹자의 저서를 통해 용기에 관한 이해를 비교한다. 「Mencius and Aquinas : Theories of Virtue and Conceptions of Courage」를 참조하라. 특히 120-130쪽을 보라. 요제프 피퍼는 「The Four Cardinal Virtues」에서 아퀴나스의 작품을 인용한다. 우리는 127-130쪽에 있는 두려움과 용기에 관한 논의를 인용한다.

심리학자 조너선 하이트는 윤리적 감정으로서의 경외심에 관한 연구를 개척했다. 그의 논문 "Approaching Awe : A Moral, Spiritual, and Aesthetic Emotion"을 참조하라. 우리는 297쪽, 303쪽, 304쪽, 그리고 312쪽에서 인용한다. 대거 켈트너^{Dacher Keltner}는 「Born to Be Good : The Science of a Meaningful Life」에서 이러한 연구 결과들을 확대하고 더욱 쉽게 설명한다.

결론° 고통스러운 감정의 길

고통스러운 감정의 길

에이드리언 리치의 시 '완전함'은 그녀의 책 「A Wild Patience Has Taken Me This Far」 8쪽을 참조하라. 토마스 모어 Thomas Moore 는 「Care of the Soul」에서 관대하고 깊이 있는 영적 여정을 고찰한다. 융학파의 심리학자인 그는 그림자에 대해 자주 언급한다. 「The Wisdom of the Ego」에서 조지 베일런트 George Vaillant 는 '몸의 면역 체계와 같은 통증을 여과하고 자기 위로를 허락하는 다양한 상상을 제공하면서'(1쪽) 우리를 보호하는 마음의 방어들의 긍정적인 기능을 증명한다.

공자의 화에 대한 소견은 「논어」 16권 10장에 나온다. 아서 웨일리 Arthur Waley 는 자신이 번역한 「The Analects of Confucius」 번역문 45쪽에서 주의主意에 대해 주석을 단다. 맹자의 주의에 대한 이해에 대해서는 리 이얼리의 「Mencius and Aquinas : Theories of Virtue and Conceptions of Courage」 63쪽을 참조하라. 맹자의 의견은 6a. 15에서 언급된다. 제임스 레그 James Legge 가 번역한 「The Works of Mencius」 885쪽을 참조하라.

로버트 블라이의 '희미한 욕구들을 발견하는 것'에 대해 관심을 끄는 제안들은 「무정한 존 Iron John」 167쪽에 나와 있다. 윌리엄 제임스의 글은 「The Will to Believe」 131-132쪽에 있다.

미하이 칙센트미하이 Mihaly Csikszemtmihalyi 는 「Flow : The Psychology of Optimal Experience」 4쪽에서 감정의 몰입에 대한 정의를 내리고, 54쪽에서 관심의 역할을 고찰한다. 로베르토 웅거의 마지막 인용은 「Passion : An Essay on Personality」 111쪽에서 따온 것이다.

참고 문헌

Albin, Rochelle Semmel. *Emotions.* Philadelphia : Westminster Press, 1983.

Anderson, Herbert. "What Consoles?" *Sewanee Theological Review*(1993) : 378.

Angelou, Maya. "Interview with Maya Angelou." In *Writing Lives : Conversations between Women Writers,* ed. Mary Chamberlain. London : Virago Press, 1988.

Aquinas, Thomas. *St. Thomas Aquinas : The Treatise on the Virtues.* Translated by John Oesterle. Notre Dame, IN : University of Notre Dame Press, 1966.

_____, *Summa Theolgiae.* Latin text with English translation by the English Dominican. New York : McGraw-Hill, 1963.

Aristotles, *Nicomachean Ethics.* In *The Basic Works of Aristotle,* ed. Richard McKeon. New York : Random House, 1941.

Auden, W.H. "For the Time Being." In *Collected Poems.* Modern Library Edition. New York : Random House, 2007.

Aurelius, Marcus. *The Meditations.* Translated by G. N. A. Grube. Indianapolis : Bobbs-Merrill, 1963.

Averill, James R. *Anger and Aggression : An Essay on Emotion.* New York : Springer-Verlag, 1982.

_____, "Studies on Anger and Aggression : Implications for Theories of Emotion." *American Psychologist*(November 1983) : 1145-1160.

Bateson, Mary Catherine. *Composing a Life.* New York : Penguin, 1990.

Bausch, Richard. *Rebel Powers.* New York : Houghton Mifflin, 1993.

Berkowitz, Leonard. "On the Formation and Regulation of Anger and Aggression." *American Psychologist*(April 1990) : 494-503.

Borysenko, Joan. *Guilt Is the Teacher, Love Is the Lesson.* New York : Grand Central Publishers, 1991.

Boteach, Shmuley. *Face Your Fears : Living with Courage in an Age of Caution.* New York : St. Martin's Press, 2004.

Bourne, Edmund, and Lorna Garano. *Coping with Anxiety : Ten Simple Ways to Relieve*

Anxiety, Fear, and Worry. Oakland, CA : New Harbinger, 2003.

Bowlby, John. *A Secure Base : Parent-Child Attachment and Healthy Human Development.* New York : Basic Books, 1988.

Bradshaw, John. *Healing the Shame That Binds You.* Deerfield Beach, FL : Health Communications, 2005.

Brantley, Jeffrey. *Calming Your Anxious Mind.* Oakland, CA : New Harbinger, 2003.

Briggs, Kenneth. *The Power of Forgiveness.* Based on a film by Martin Doblmeier. Minneapolis : Fortress Press, 2008.

Brown, Peter. *Body and Society : Men, Women, and Sexual Renunciation in Early Christianity.* New York : Columbia University Press, 1988.

Broyard, Anatole. *Intoxicated by My Illness.* New York : Clarkson Potter, 1992.

Brueggemann, Walter. *The Prophetic Imagination.* Philadelphia : Fortress Press, 1978.

Buchholz, Ester. *The Call to Solitude : Alonetime in a World of Attachment.* New York : Simon and Schuster, 2000.

Buckley, Thomas. "The Seven Deadly Sins." *Parabola* (Winter 1985) : 6.

Burns, David D. *Feeling Good : The New Mood Therapy.* New York : HarperCollins, 2000.

Bly, Robert. *Iron John.* New York : Addison-Wesley, 1990.

Cacioppo, John, and William Patrick. *Loneliness : Human Nature and the Need for Social Connection.* New York : Norton, 2008.

Callahan, Sidney. *In Good Conscience : Reason and Emotion in Moral Decision Making.* New York : HarperCollins, 1991.

Chambers, Edward, with Michael Cowan. *Roots for Radicals : Organizing for Power, Action, and Justice.* New York : Continuum, 2003.

Cheever, John. *Journals,* New York : Vintage, 2008.

Clement of Alexandria. *Le Pedagogue.* Edited by M. Harl with Introduction by H. I. Marrou. Sources Chretiennes. Vol. 158. Paris : Editions du Cerf, 1970.

_____, "Stromata." In *Alexandrian Christianity,* Vol. II. Edited by Henry Chadwick. Philadelphia : Westminster Press, 1954.

Confucius. *The Analects of Confucius.* Translated by Arthur Waley. London : Allen and Unwin, 1983.

Coryell, Deborah. *Good Grief : Healing through the Shadows of Loss.* Rochester, VT : Healing Arts Press, 2007.

Csikszentmihalyi, Mihaly. *Flow : The Psychology of Optimal Experience.* San Francisco : HarperCollins, 1990.

Curran, Charles. *Faithful Dissent.* Kansas City : Sheed and Ward, 1986.

Damasio, A. R. *Descartes' Error : Emotion, Reason, and the Human Brain,* New York : Putnam, 1994.

_____, *Looking for Spinoza : Joy, Sorrow, and the Feeling Brain.* Orlando, FL : Harcourt Brace, 2003.

Dowrick, Stephanie. *Forgiveness and Other Acts of Love.* New York : Penguin Global, 2005.

_____, *Intimacy and Solitude : Balancing Closeness and Independence.* New York : Norton, 1998.

Driver, Thomas. *The Magic of Ritual.* Harper San Francisco, 1991.

Earle, Ralph, and Gregory Crow. *Lonely All the Time.* New York : Pocket Books, 1998.

Ekman, Paul. *Emotions Revealed : Understanding Faces and Feelings.* 2d edition. New York : Henry Holt, 2007.

Eliot, T. S. "East Coker." in *Four Quartets.* New York : Harcourt, 1943.

Ellis, Thomas. *This Thing Called Grief : New Understandings of Loss.* Minneapolis : Syren Books, 2006.

Erikson, Erik. *Identity and the Life Cycle.* New York : Norton, 1980.

_____, *The Life Cycle Completed-A Review.* New York : Norton, 1982.

Erikson, Erik, Joan M. Erikson, and Helen Q. Kivnick. *Vital Involvement : the Experience of Old Age in Our Time.* New York : Norton, 1994.

Fairlie, Henry. *The Seven Deadly Sins Today.* Notre Dame, IN : University of Notre Dame Press, 1979.

Ferrucci, Piero. *What We May Be.* New York : Jeremy Tarcher, 1982.

Fischer, Kathleen. *The Courage the Heart Desires : Spiritual Strength in Difficult Times.* San Francisco : Jossey-Bass, 2006.

_____, *Transforming Fire : Women Using Anger Creatively.* New York : Paulist Press, 2000.

Fossum, Merle, and Marilyn Mason. *Facing Shame.* New York : Norton, 1986.

Gaylin, Willard. *Feelings : Our Vital Signs.* New York : Harper and Row, 1989.

_____, *Hatred : The Psychological Descent into Violence.* New York : Public Affairs Press, 2003.

_____, *The Rage Within : Anger in Modern Life.* New York : Penguin Press, 1989.

Gentry, W. Doyle. *When Someone You Love Is Angry.* New York : Penguin, 2002.

Gerner, Christopher. *The Mindful Path to Self-Compassion : Freeing Yourself from Destructive Thoughts and Emotions.* New York : Guilford Press, 2009.

Goldberg, Carl. *Understanding Shame.* London : Aronson, 1991.

Goleman, Daniel. *Healing Emotions : Conversations with the Dalai Lama.* Boston : Shambala, 2003.

_____, *The Destructive Emotions : A Scientific Dialogue with the Dalai Lama.* New York : Bantam Books, 2004.

Gondreau, Paul. *The Passions of Christ's Soul in the Theology of St. Thomas Aquinas.* Munster : Aschenndorff Verlag, 2002.

Greenspan, Miriam. *Healing through the Dark Emotions : The Wisdom of Grief, Fear, and Despair.* Boston : Shambala, 2003.

Haidt, Jonathan. "Approaching Awe : A Moral, Spiritual and Aesthetic Emotion." *Cognition and Emotion* (2003) : 297-314.

Hanh, Thich Nhat. *Anger : Wisdom for Cooling the Flames.* New York : Berkeley Group, 2002.

Harper, James, and Margaret Hoopes. *Uncovering Shame.* New York : Norton, 1990.

Harrison, Barbara. "The Place of Anger in the Works of Love." In *Making the Connections : Essays in Feminist Social Ethics,* ed. Carol S. Robb. Boston : Beacon Press, 1985.

Heaney, Seamus. *The Redress of Poetry.* New York : The Library of America, 1988.

Hillard, Erika. *Living Fully with Shyness and Social Anxiety.* New York : Marlow, 2005.

Howe, Leroy. *Comforting the Fearful : Listening Skills for Caregivers.* New York : Paulist Press, 2002.

Jack, Dana Crowley. *Silencing the Self : Women and Depression.* Camvridge, MA : Harvard University Press, 1991.

James, William. *The Will to Believe.* New York : Longmans, Green, and Company, 1907; first edition 1897.

Janeway, Elizabeth. *Improper Behavior : When and How Misconduct Can Be Healthy for Society.* New York : William Morrow, 1989.

Jeffers, Susan. *Feel the Fear and Do It Anyway.* New York : Ballantine, 2008.

John Paul II. *The Splendor of Truth(Veritatis Splendor). Origins*(October 14, 1993).

Johnson, Hiram. *Tragic Redemption : Healing Guilt and Shame.* Austin, TX : Langmarc, 2006.

Kaufman, Gershen. *The Psychology of Shame : Theory and Teatment.* 2d edition. New York : Springer, 2004.

Keen, Sam. *Inward Bound.* New York : Bantam, 1992.

Kegan, Robert. *In over Our Heads : The Mental Demands of Modern Life.* Cambridge, MA : Harvard University Press, 1998.

Keillor, Garrison. *Lake Wobegon Days.* New York : Viking, 1985.

Keltner, Dacher. *Born to Be Good : The Science of a Meaningful Life.* New York : Norton, 2009.

Kubler–Ross, Elisabeth, and David Kessler. *On Grief and Grief and Grieving : Finding the Meaning of Grief through the Five Stages of Loss.* New York : Scribner, 2007.

Lahr, John. "The Demon Lover." *The New York Times*, May 31, 1999.

Law, Eric H. F. *Finding Intimacy in a World of Fear.* St. Louis : Chalice Press, 2007.

Lazarus, Richard S. *Stress and Emotion : A New Syntheses.* New York : Springer, 2006.

Lee, Bernard. *Jesus and the Metaphors of God.* New York : Paulist Press, 1993.

Lerner, Harriet Goldhur. *The Dance of Anger.* New York : Harper and Row, 2005.

_____, *The Dance of Connection.* New York : HarperCollins, 2002.

_____, *The Dance of Fear.* New York : HarperCollins, 2004.

Levine, Marvin. *The Positive Psychology of Buddhism and Yoga : Paths to a Mature Happiness.* Boca Raton, FL : Taylor and Francis, 2009.

Lewis, C. S. *A Grief Observed.* New York : Seabury, 1961.

Lewis, Michael. *Shame : The Exposed Self.* New York : Free Press, 1995.

Lilla, Salvatore. *Clement of Alexandria.* New York : Oxford University Press, 1971.

Lorde, Audre. *Sister Outsider : Essays and Speeches By Audre Lorde.* Freedom, CA : The Crossing Press, 1984.

Lynd, Helen Merrill. *On Shame and the Search for Identity.* New York : Harcourt, Brace, 1958.

MacIntyre, Alasdair. *After Virtue.* Notre Dame, IN : University of Notre Dame Press, 1981.

_____, "Sophrosune : How A Virtue Can Become Socially Disruptive." In *Ethical Theory : Character and Virtue,* ed. P. A. French, T. E. Uehling, and H. K. Wettstein. Notre Dame, IN : University of Notre Dame Press, 1988.

Magai, Carol, and Jeannette Haviland-Jones. *The Hidden Genius of Emotion : Lifespan Transformations in Personality.* New York : Cambridge University Press, 2007.

May, Gerald. *Addiction and Grace : Love and Spirituality in the Healing of Addiction.* San Francisco : HarperOne, 2007.

McKay, Matthew, Peter Rogers, and Judith McKay. *When Anger Hurts : Quieting the Storm Within.* 2d edition. Oakland, CA : New Harbinger Publications, 2003.

McKenzie, John. "Anger." In *The Jerome Blblical Commentary.* Englewood Cliffs, NJ : Prentice-Hall, 1968.

McNeill, John. *Sex as God Intended.* Maple Shade, NJ : Lethe Press, 2008.

_____, *Taking a Chance on God.* Boston : Beacon Press, 1996.

McNish, Jill. *Transforming Shame : A Pastoral Response.* New York : Haworth Press, 2004.

Mencius. *The Works of Mencius.* Translated by James Legge. New York : Dover, 1970.

Mitchell, Kenneth, and Herbert Anderson. *All our Losses, All Our Griefs : Resources for Pastoral Care.* Philadelphia : Westminster, 1983.

Moore, Thomas. *Care of the Soul.* New York : Harper Perennial, 1994.

Narramore, Bruce. *No Condemnation : Rethinking Guilt Motivation.* Portland, OR : Resource Publications, 2002.

Nathanson, Donald L., ed. *The Many Faces of Shame.* New York : Norton, 1987.

_____, *Shame and Pride : Affect, Sex, and the Birth of the Self.* New York : Norton, 1992.

Neal-Barnett, Angela. *Soothe Your Nerves : The Black Woman's Guide to Understanding Anxiety, Panic, and Fear.* New York : Simon and Schuster, 2003.

Norman, Elizabeth. *Women at War : Studies in Health, Illness, and Caregiving.* Philadelphia : University of Pennsylvania Press, 1990.

Nussbaum, Martha. *Upheavals of Thought : The Intelligence of Emotions.* New York : Cambridge University Press, 2001.

O'Connor, Kathleen. *Lamentation and the Tears of the World.* Maryknoll, NY : Orbis Books, 2003.

Overstreet, Bonaro. *Overcoming Fear in Ourselves and Others.* New York : Collier, 1964.

Parks, Colin Murray. Love and Loss : The Roots of Grief and Its Complications. London : Routledge, 2008.

Patteson, Stephen. *Shame : Theory, Therapy, Theology.* New York : Cambridge University Press, 2000.

Peck, Scott. *The Road Less Traveled.* New York : Rider, 2003.

_____, *A World Waiting to Be Born : Rediscovering Civility.* New York : Bantam, 1993.

Pembroke, Neil. *The Art of Listening : Dialogue, Shame, and Pastoral Care.* New York : T&T Clark, 2002.

Peurifoy, Reneau. *Anger : Taming the Beast.* New York : Kodansha America, 2002.

Philippot, Pierre, and Robert Feldman, eds. *The Regulation of Emotions.* Mahwah, NJ : Lawrence Erlbaum, 2004.

Phillips, Adam. *On Kissing, Tickling, and Being Bored : Psychoanalytic Essays on the Unexamined Life.* Cambridge : Harvard University Press, 1998.

Pieper, Josef. *The Four Cardinal Virtues.* Notre Dame, IN : University of Notre Dame Press, 1966.

Piver, Susan. *How Not to Be Afraid of Your Own Life.* New York : St. Martin's Press, 2007.

Potter-Efron, Ronald, *Angry All the Time : Emergency Guide to Anger Control.* 2nd edition. Oakland, CA : New Harbinger Publications, 2005.

_____, and Patricia Potter-Efron. *Letting Go of Anger : Common Anger Styles and What to Do about Them.* Oakland, CA : New Harbinger, 2006.

_____, *Letting Go of Shame.* San Francisco : Harper Collins, 1989.

Power, David. "Households of Faith in the Coming Church." *Worship*(May 1983) : 237-255.

Rich, Adrienne. "Integrity." In *A Wild Patience Has Taken Me This Far : Poems* 1978-1981. New York : Norton, 1981.

Ricoeur, Paul. *The Symbolism of Evil.* Boston : Beacon Press, 1967.

Rieff, Philip. *Freud : The Mind of the Moralist.* New York : Doubleday, 1959.

Rogers, Mary Beth. *Cold Anger : A Story of Faith and Power Politics.* Denton : University of North Texas Press, 1991.

Rohrer, Norman, and Philip Sutherland. *Facing Anger.* Minneapolis : Augsburg, 1981.

Rolheiser, Ronald. *The Restless Heart : Finding Our Spiritual Home in Times of Loneliness.* New York : Image Books, 2006.

Rosenthal, Norman. *The Emotional Revolution : Harnessing the Power of Your Emotions for a More Positive Life.* New York : Kensington, 2002.

Schillebeeckx, Edward. *Ministry : Leadership in the Community of Jesus Christ.* New York : Crossroad, 1981.

Schneider, Carl. *Shame, Exposure, and Privacy.* New York : Norton, 1992.

Sharansky, Natan. *Fear No Evil.* New York : Random House, 1988.

Sheehan, Neil. *A Bright Shining Lie.* New York : Random House, 1988.

Smedes, Lewis B. *Forgive and Forget : Healing the Hurts We Don't Deserve.* San Francisco : HarperCollins, 2007.

_____, *Shame and Grace : Healing the Shame We Don't Deserve.* San Francisco : Harper Collins, 1998.

Solomon, Robert. *The Passions : The Myth and Nature of Human Emotions.* 2d edition. Indianapolis : Hackett Publishers, 1993.

Sorabji, Richard. *Emotions and Peace of Mind : From Stoic Agitation to Christian Temptation.* New York : Oxford University Press, 2000.

Spohn, William. "Jesus and Christian Ethics." *Theological Studies* 56(1995).

Stegner, Wallace. *All the Little Live Things.* New York : Penguin, 1991.

Storr, Anthony. *Solitude : A Return to the Self.* New York : Free Press, 2005.

Stringfellow, William, *A Simplicity of Faith : My Experience of Mourning.* Eugene, OR : Wipf and Stock, 2005.

Svitil, Kathy A. *Calming the Anger Storm.* New York : Alpha Books, 2006.

Swinburne, Richard. *Responsibility and Atonement.* New York : Oxford University Press, 1990.

Tangney, June Price, and Ronda L. Dearing, *Shame and Guilt : Emotions and Social Behavior.* New York : Guilford Press, 2003.

Tavris, Carol. *Anger-The Misunderstood Emotion.* New edition. New York : Simon and Schuster, 1989.

Theodosius, Catherine. Emotional Labor in Health Care. New York : Routledge, 2008.

Tournier, Paul. *Guilt and Grace : A Psychological Study.* New York : Harper and Row, 1985.

Trible, Phyllis. *God and the Rhetoric of Sexuality.* Philadelphia : Fortress Press, 1978.

Unger, Roberto. *Passion : An Essay on Personality.* New York : Free Press, 1984.

Vaillant, George. *The Wisdom of the Ego.* Cambridge, MA : Harvard University Press, 1993.

Villaseñor, Victor. *Rain of Gold.* New York : Dell Publishers, 1991.

Walters, Kerry. *Jacob's Hip : Finding God in an Anxious Age.* Maryknoll, NY : Orbis Books, 2003.

West, Cornel. *Race Matters.* Boston : Beacon Press, 2001.

"When Health Workers Stop to Mourn." *New York Times.* June 25, 1992.

Whitehead, Evelyn Eaton, and James D. Whitehead. *Christian Adulthood : A Journey of Self-Discovery.* Liguori, MO : Liguori Press, 2005.

_____, *Community of Faith : Crafting Christian Communities Today.* Mystic, CT : Twenty-Third Publications, 1992.

Whitehead, James D., and Evelyn Eaton Whitehead. *Holy Eros : Pathways to a Passionate God.* Maryknoll, NY : Orbis Books, 2009.

_____, *The Promise of Partnership : A Model for Collaborative Ministry.* San Francisco : Harper Collins, 1993.

Williams, Bernard. *Shame and Necessity.* 2d edition. Berkeley and Los Angeles : University of California Press, 2008.

Wilson, James Q. *The Moral Sense.* New York : Free Press, 1993.

Winnicott, D. W. *Home Is Where We Start From.* New York : Norton, 1986.

_____, *Playing and Reality.* Chatham, Kent : Tavistock, 1971.

Yearley, Lee. *Mencius and Aquinas : Theories of Virtue and Conceptions of Courage.* Albany : State University of New York Press, 1990.

옮긴이 문종원은

서울대교구 소속 사제로 1992년 사제서품을 받았으며, 미국 로욜라 대학에서 사목학과 사목상담 그리고 영적지도를 공부하였다. 평화방송 라디오 주간을 거쳐, 성령쇄신봉사회 전담 지도 신부를 지냈으며, 서울 구로2동성당에서 사목하였다. 현재는 우울증, 수치심, 죄책감, 상실감, 슬픔, 분노, 두려움, 외로움, 걱정, 스트레스 등 부정적인 감정을 다스리기 위한 프로그램을 개발 및 기획하고 있으며, '영정 성장을 위한 감성 수련', '상처의 치유', '내면의 아이의 회복', '영적 지도', '생태 심리학'과 관련된 내용을 연구, 강의하고 있다.

심리 영적 단상, 묵상, 강의 동영상, 상담 등 다양한 자료는 다음 카페(cafe.daum.net/mj1992 : 영적 성장을 위한 감성 수련)에서 볼 수 있다.

저서로는 「길을 묻는 그대에게」, 「우울증, 기쁨으로 바꾸기」, 「상실과 슬픔의 치유」, 「화를 내라, 그러나 잘 내라」, 「외로움 안아주기」 등이 있고, 옮긴 책으로는 「행복 찾기」, 「기도 산책」, 「학대 받은 아이에서 학대하는 어른으로」, 「스트레스 말씀으로 사귀자」, 「느낌을 마주하라」, 「두려움」, 「낙담」, 「걱정」, 「스트레스」, 「우울증」, 「화, 제대로 내기」, 「감정, 예수님께 가는 징검다리」, 「사랑하는 사람을 잃었을 때」, 「신앙, 집착에서 참 열정으로」, 「영혼과 육체의 치유」, 「내 일생의 치유」, 「꿈, 하느님의 잊혀진 언어」, 「마음의 그림자」, 「외로움과 영적성장」, 「사랑이 두려움을 만날 때」, 「영적 지도 기법」, 「정신외상 후 스트레스 장애」, 「21세기 은사 회복」, 「자연과 인간 혼 1, 2」, 「혼 soul 만남으로 가는 길」, 「당신의 내면의 아이 회복」, 「내면의 아이 워크북」, 「사랑은 선택이다」 등이 있다.